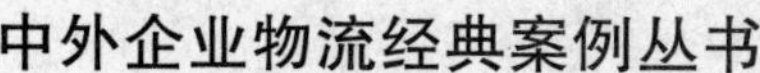
中外企业物流经典案例丛书

食品行业与服装行业供应链管理案例集

田　雪　主编

中国财富出版社

图书在版编目（CIP）数据

食品行业与服装行业供应链管理案例集/田雪主编．—北京：中国财富出版社，2015.12
（中外企业物流经典案例丛书）
ISBN 978-7-5047-5945-0

Ⅰ.①食…　Ⅱ.①田…　Ⅲ.①食品行业—供应链管理—案例 ②服装工业—供应链管理—案例　Ⅳ.①F407.825 ②F407.865

中国版本图书馆 CIP 数据核字（2015）第 268669 号

策划编辑　张　茜　　**责任编辑**　曹保利　禹　冰
责任印制　何崇杭　　**责任校对**　杨小静　　**责任发行**　斯　琴

出版发行　中国财富出版社
社　　址　北京市丰台区南四环西路 188 号 5 区 20 楼　　**邮政编码**　100070
电　　话　010-52227568（发行部）　　010-52227588 转 307（总编室）
　　　　　010-68589540（读者服务部）　　010-52227588 转 305（质检部）
网　　址　http://www.cfpress.com.cn
经　　销　新华书店
印　　刷　中国农业出版社印刷厂
书　　号　ISBN 978-7-5047-5945-0/F·2508
开　　本　787mm×1092mm　1/16　　**版　　次**　2015 年 12 月第 1 版
印　　张　13　　**印　　次**　2015 年 12 月第 1 次印刷
字　　数　316 千字　　**定　　价**　38.00 元

前言

很多年以前，我们就听说过那句著名的言论：未来的竞争，不是企业之间的竞争，而是供应链之间的竞争。然而，多少年过去了，在我们的民族工业中，仍然很难看到成功的供应链运作。我们的企业大量地处在供应链管理的上游，从事着低端的代工业务，而没有能够形成对国际供应链的控制和影响能力。在新的经济形势下，“互联网＋‘一带一路’”战略的实施对于传统产业的供应链管理又提出了新的挑战和增加了新的机遇。我国供应链管理如何在逆境中获得进步？我想认真地学习已有的成功经验可能是速成的方法之一。

编写这本《食品行业与服装行业供应链管理案例集》，源于我工作中的一些困惑。在我多年的教学经验中，其实一直被这样的问题困惑着：随着竞争环境的不断变化，供应链管理理念已经逐步深入人心。每年大量的学生接触和学习了供应链管理课程，但是在实际的运作中还是会觉得无从下手。如何让没有任何企业管理经验的学生们接受、理解和学会应用供应链管理的理念和技能呢？供应链管理需要企业之间的协同运作，需要对组织之间关系的抽象思维和博弈推演。但是我们的学生，尤其是在校的本科生，却很少能够有机会接触到企业这一层面的运作和决策。这就给我们的教学带来很大的难度。但是，现代企业的市场竞争中，供应链管理的手段和技术的飞速发展，又要求我们的毕业生迅速掌握实战中的供应链管理的技能。尝试弥补这一鸿沟是我写作的初衷。

这期间我也走过很多的弯路。我曾经尝试将国外的哈佛英文案例资料翻译过来，直接拿给学生使用，但是由于写作习惯的不同和语言表达方式的不同，加上这些案例篇幅过大，使用效果并不理想。我也尝试着让学生整理和描述自己去实习的企业中供应链管理的经验，但是发现很多的企业还处在急需完善的状态，不能够给学生提供成功的范式和经验。最终，我决定找出那些在供应链管理方面做得较好的企业，用中国人的视角进行整理，控制资料篇幅并带有评论和导向，希望通过这种方式帮助学生更好地理解供应链的个性化和共性化的内容。

书中选取了在2014年5月22日美国凤凰城举行的供应链管理者大会上，市场研究机构高德纳公司（Gartner）评选出的全球供应链25强企业。为了保障所选取案例相互之间的可比性，在本书中，我们重点选取了食品行业和服装行业的国际领军企业作为主要研究对象。我们首先简单介绍了这两种供应链的基本特点，然后选取了相关的典型企业供应链管理案例进行研究。在每一部分的最后通过国内企业和国际标杆企业的对比，抛砖引玉，为中国企业的供应链管理提升提供一点借鉴。

本书由田雪担任主编，刘莹莹、司维鹏、郑彩云、李晓义等参与资料整理工作和勘误工作。在此，感谢北京物资学院2009级、2010级、2011级物流管理专业的毕业生们，你们的热情、好学和支持是我写作的不竭动力，向所有帮助和支持过我的领导、同事和朋友表示感谢。在编写过程中参考和引用了国内外很多书籍和网站的相关内容，由于涉及的网站和网页太多，没有一一列举，在此一并予以感谢。最后特别感谢中国财富出版社为本书出版所做出的努力。

由于时间仓促、学识有限，书中不足和疏漏之处在所难免，恳请广大读者将意见和建议通过中国财富出版社反馈给我，你们的关注是我持续改进的力量源泉！

田　雪

2015年8月

于北京物资学院

目　录

第一篇　食品行业篇

第二篇　服装行业篇

第一篇　食品行业篇

第一章　浅析食品供应链管理

民以食为天，食品是人们生活中息息相关的事情，所以食品供应链对于食品的安全性、快速性有着重要的影响。本章首先对食品供应链的概念进行了阐述。其次，介绍了食品供应链的特点，列举了几个国家食品供应链的特点。再次，对我国食品供应链的现状、主要结构以及面临的挑战进行了分析。最后，针对食品安全问题提出了一些策略。

一、食品供应链的定义及特点

（一）食品供应链的定义

对于食品供应链的定义不同学者有不同的看法。

斯樊锋认为，一般而言，食品供应链由不同的环节和组织组成：产前种子、饲料、肥料、农药等生产资料的供应环节（农户供应商）；产中种养业生产环节（农户）；食品加工企业；食品通过配送企业进行包装、储藏配送到各零售商或者餐馆，最后到达消费者手中，如图 1－1 所示。

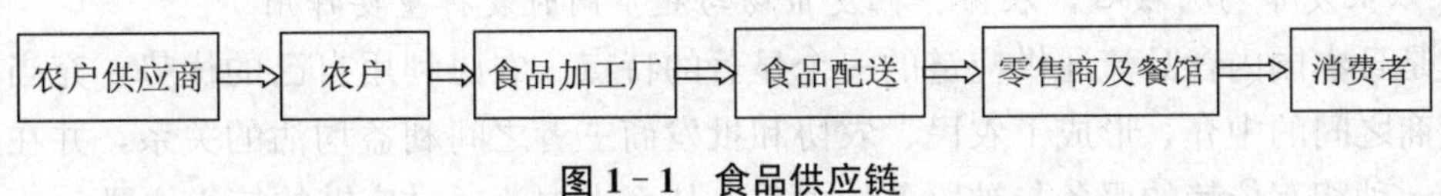

图 1－1　食品供应链

刘同利等认为，食品供应链是由食品的初级生产者到消费者各环节的经济利益主体（包括其前端的生产资料供应者和后端作为规制者的政府）所组成的整体。食品供应链类似食品产业链或农业产业化体系，即从田间到餐桌，是对同一事物的不同观察视角，其间涵盖了农业、食品加工业、批发零售业和物流配送业等相关产业。

李慧认为，食品供应链是由农业、食品加工业和物流配送业等相关企业构成的食品生产与供应的系统，主要围绕食品生产、食品供应、食品物流、食品需求四个领域组织实施。其目标是根据最终消费者的要求，合理安排从原材料到产品生产、加工、销售及物流的整个过程。

（二）食品供应链的特点

1. 食品供应链对质量的要求更加严格

食品的质量问题往往在供应链的末端——消费者那里被发现，从而反过来影响整个上游环节，其所造成的后果和不良影响往往无法在短时间内消除，甚至可能使整个供应链崩溃，比如三鹿奶粉事件。

2. 食品供应链对顾客的需求必须做出快速反应

消费者对食品的期望越来越高，希望食品具有安全性、保健性和特殊包装，这使得产品生命周期不断缩短。食品供应链面临着市场更为细分、响应更为迅速、价值链不断向下游转移等方面的挑战。

3. 食品供应链相对复杂

食品供应链覆盖种植、养殖、屠宰、生产和流通以及餐饮管理等环节，这些环节互相衔接、互相影响，使得保障食品安全不仅仅是某个企业的事情，而是整个供应链企业共同的任务。

4. 不同食品产品的供应链呈现个性化特征

客户的需求由单一市场的单一需求转变为细分市场的多样化需求，企业的生产由大规模生产转变为大规模定制经营，而且不同食品有着不同的特点，对于环境条件要求也不同，所以最终产生的食品供应链也呈个性化特征。

二、国外食品供应链管理特点

（一）日本食品供应链特点

日本的食品供应链管理部分地建立在独特的农业协同组合（简称“农协”）基础之上。农协将分散的小农整合成为了一个统一的庞大经济组织，并在生产与流通领域起着主导性作用。这使得日本的食品供应链与我国的食品供应链存在许多差异，其主要特点包括以下几点。

1. 以批发市场为核心，农协、批发市场与超市同时发挥重要作用

这是日本国内食品流通供应链的一个显著的特点。农协利用自己的优势，充当了农民与批发商之间的中介，形成了农民、农协和批发商三者之间利益均沾的关系，并在三者中间建立一种相互依赖的服务与被服务的关系，从而占据流通供应链的核心位置。

2. 日本进口食品主要通过综合商社来实施

综合商社指的是融生产、流通、金融、技术为一体的企业集团。综合商社在日本经济活动中扮演着重要角色，其销售额约占日本国内生产总值的20%左右。综合商社规模巨大，机能广泛，经营项目多，交易金额大，以贸易为中心高速地进行着多种多样的业务活动。日本综合商社通过贸易进口食品以后，大多数经由这些商社自己的流通渠道直接进入批发和零售环节，只有少部分进入渠道以外的批发市场。为了保证日本食品产业中的海外原料供应，日本各个综合商社主要采取了建立进口食品供应基地和委托生产方式。

（二）英国食品供应链特点

英国是全球第六大经济体，食品供应链管理是英国农业发展的重要特征，代表着现代农业的发展趋势。在英国，食品供应链对于生产者、加工厂、零售商和消费者都非常重要。生产者通过食品供应链获取信息和稳定收入；加工厂通过食品供应链增加产品附加值；零售商通过食品供应链降低成本；消费者通过食品供应链保证食品安全。英国食品供应链从生产、加工、销售和售后四方面来说有以下特点。

1. 农场生产机械化程度高

英国农场机械化程度高，农场规模较大，虽然直接从事农业生产的总人数不多，但生产水平高，人均产量居世界前列。

2. 食品加工厂与上下游企业联系紧密

英国食品加工厂与上下游企业以合约的方式联系紧密，使产品、信息在供应链中连续地、灵活地流动，在增加产品附加值、优化储存和配送方面发挥了重要的作用。

3. 以超市为主导的食品供应链模式

超市作为英国食品供应链的领导者，协调供应链的各个环节，将产品信息传递给消费者，又将消费者信息传递给生产者和加工者，并制定相关标准以降低成本和经营风险。

4. 严格的追溯制度

由于英国在食品供应链中实现了严格的追溯制度，一旦发生食品质量问题，消费者可以根据产品的条码找到各个环节的生产者，进而追究相关企业的责任。

三、我国食品供应链的发展情况

(一) 食品行业现状

食品是人类赖以生存和发展的基本物质，是人们生活中最基本的必需品。随着经济的迅速发展和人们生活水平的不断提高，食品产业获得了空前的发展。各种新型食品层出不穷，食品产业已经在国家众多产业中占支柱地位。根据国家统计局提供的数据，目前全国已拥有初具规模的食品企业 18811 家，2013 年上半年，全国规模以上食品工业增加值同比增长 8.5%，比全国工业增速低 0.8 个百分点，比上年同期回落 4.9 个百分点；不计烟草制品业，2013 年上半年，全国规模以上食品工业增加值同比增长 9.8%，比全国工业增速高 0.5 个百分点。

分行业看，2013 年上半年农副食品加工业增长 9.1%；食品制造业增长 11.8%；酒、饮料和精制茶制造业增长 9.7%；烟草制品业增长 5.0%。

从月度食品工业增加值增速来看，2013 年上半年最低值在 5 月，为 7.6%，6 月的增速明显回升，达到 9%，年内首次超过全国工业增加值增速，食品工业生产呈现企稳态势。其中，酒、饮料、精制茶制造业和烟草制品业回升速度明显，比 5 月分别提高 1.5 个和 3.6 个百分点。

据测算，2013 年 1—6 月，食品工业完成工业增加值占全国工业增加值的比重达到 11.7%，对全国工业增长贡献率为 10.4%，拉动全国工业增长 0.97 个百分点。食品工业完成增加值所占比重比 2012 年全年的 11.2%提高了 0.5 个百分点，食品工业为全国工业增长做出了贡献。

当前中国食品工业还是以农副食品原料的粗加工为主，精细加工的程度比较低，正处于成长期。食品行业为完全竞争行业，集中度较低、中小企业比例高、技术水平低、同质化严重、价格竞争激烈、利润空间狭小，随着行业整合及行业成熟度的提高，行业利润向大企业迅速集中，行业龙头企业将担当起行业资源整合的重任。

农业是食品业发展的基础，农产品的加工程度决定着食品业的规模和竞争力。目前发达国家农产品加工产值与农业产值之比是 3：1，中国仅为 0.5：1；发达国家深加工用粮占粮食总产量的比重在 70%以上，中国只有 8%；发达国家农产品加工程度在 80%以上，中国不足 50%。这既是差距，也是潜力之所在。

（二）物流配送情况

食品行业的物流运输和仓储具有特殊的要求，如保鲜度要求和特殊冷藏要求，也就是特色的物流、冷链物流等要求。此外，还要缩短运输时间、降低运输仓储成本。我国每年的蔬菜产量达 3 亿吨，水果产量超过 6000 万吨，位居世界前列。但因我国无法实现冷链有效流通，加上储藏方式和消费方式原始，每年有 8000 万吨的果蔬腐烂。国内的冷链系统还处于早期的冷冻设备市场。同时，食品市场需求的不确定性，季节、气温、促销或竞争对手的营销变化，任何一个因素的改变都会影响市场预测的准确性。企业如何根据预测的销售计划展开生产物流，如何按照市场的节拍进行后勤保障反映出行业内企业水平的高低，同时供应链的差异也直接决定了竞争的差异。

（三）质量情况

近年来，国内频繁发生的食品质量安全事故使得尽快寻找这些偶发事件背后的原因成为各界人士的共同诉求。最终产品的质量并非只取决于供应链上单个企业，它是供应链上所有节点企业所提供的产品和服务质量的综合反映。正因为食品供应链在运行环节上出现的漏洞，才导致食品生产和消费安全性无法得到有效的保障。

一般而言，食品供应链比较长而且复杂，涉及种植、养殖、屠宰、生产加工和流通以及最终消费管理等各个环节。要想提高最终产品或服务的质量，需提高供应链上每个企业的产品质量，还需要食品供应链的核心企业或者其他专门的机构进行监督。

（四）可追溯现状

食品供应链追溯体系作为提升食品质量和安全性的有效途径，正成为欧洲、美国和日本等国家和地区保障食品安全的一个主要手段，而我国在该领域的建设尚未全面展开。

我国对食品供应链追溯体系的研究和实际应用开始时间相对较晚。国内最早关于农牧业信息标识的法规是农业部于 2002 年颁布的《动物免疫标识管理办法》，要求凡国家规定对动物疫病实行强制免疫的，均须建立免疫档案管理制度，给猪、牛、羊佩戴免疫耳标，该办法在 2006 年被《畜禽标识和养殖档案管理办法》所替代。之后，我国于 2006 年颁布了《农产品质量安全法》，2009 年颁布了《食品安全法》，对食品的生产、加工、销售流程提出了跟踪和检测的要求。2003 年，我国开始尝试进行追溯系统的试点建设，但其目的多是为避免国际贸易的绿色技术壁垒或专门针对特定消费市场。食品追溯体系作为一项系统工程，只有在全行业广泛使用才能达到最大的利用效率。因此，现阶段我国食品行业的追溯体系总体还处于起步阶段，亟须进一步发展。

四、我国食品供应链的主要结构

食品供应链是“从农田到餐桌”的过程，包括了从产前种子、饲料等生产资料的供应环节，到产中种养生产环节，再到产后分级、包装、加工、储藏、销售环节，最终到达消

费环节。然而，由于我国特殊的农产品生产模式，使得食品加工制造商无法直接与上游分散农户形成供应关系，而是需要通过农产品批发市场获得加工食品所需要的初级农产品。另外，由于我国食品加工制造商规模小，多数是家庭作坊式加工模式，使得下游的食品销售渠道很复杂，具体如图 1-2 所示。从图中可以看出，我国食品供应链长而复杂，很难形成一个核心企业，使得链上协调和交流不够，给食品供应安全和供应链运作的稳定性埋下巨大隐患。

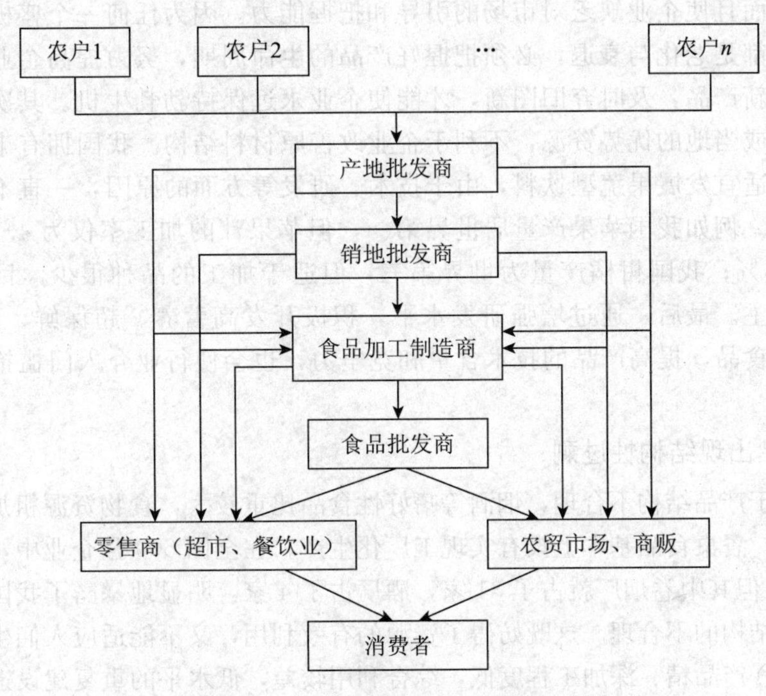

图 1-2 我国食品供应链结构

五、我国食品供应链面临的挑战

(一) 生产集中度不够高

目前，我国食品行业企业数量过多，整体水平较低，多为中小型企业，形成规模生产的不多。以饮料行业为例，整个行业企业年平均产量仅 3000 多吨，平均销售收入仅 1000 多万元，销售利润率仅 3%左右。目前，国内软饮料年产量最大的娃哈哈集团仅为 176 万吨，而可口可乐公司年产量达到 2450 万吨。市场内共存企业过多、过小，必然引发两大难题，一是产生过度、无序的竞争，引起价格大战。以目前食品行业生产技术水平低下和产品技术含量较低的情况来看，一旦引发价格大战将会是非常惨烈的，产生的后果将会比目前家电行业中的“价格大战”更为严重。二是大型企业无法在市场中树立产品品牌和企业形象，不能迅速扩大市场占有率，无法形成规模效应，严重影响企业今后的发展；另一些中小企业由于利润率过低，会产生生存困难，进一步影响整个市场的秩序。

(二) 产品开发能力不足、开发速度慢

当前我国食品行业技术水平、产品研发能力与国际企业相比有较大的差距。一些大中型企业的技术、产品研发机构的水平和能力低,而大多数中小企业基本上没有研发机构。例如“健力宝”十几年来的口味几乎一成不变,缺少必要的产品更新换代和系列产品的开发。而与可口可乐合资后的“醒目”就推出了苹果、西瓜、哈密瓜等一系列碳酸饮料,年销售量增长达10倍以上。在技术研发方面的落后,首先不仅不利于企业提高市场占有率,而且使企业缺乏对市场的引导和把握能力。因为任何一个盛极一时的产品所伴随而来的都是老化与衰退,必须把握好产品的生命周期,努力提高企业技术创新能力,大力开发新产品,及时弃旧图新,才能使企业永远保持勃勃生机。其次,企业不能充分利用国内或当地的优势资源,不利于企业改善原材料结构。我国拥有丰富的水果和蔬菜资源,很适宜发展果蔬型饮料,由于技术、研发等方面的原因,一直不能得到有效的开发和利用。例如我国苹果产量居世界第一,但苹果汁的加工率仅为4.7%,而国际平均水平为23%;我国柑橘产量为世界第三,但适于加工的品种很少,目前浓缩柑橘汁仍以进口为主。最后,通过增强研发水平,积极开发高营养、超保鲜、天然、生物、保健、医药型食品,提高产品的技术含量和竞争力,也会使行业介入门槛抬高,减少不必要的竞争。

(三) 产品出现结构性过剩

首先,由于产品结构不合理,烟酒等嗜好性食品比重较大,食物资源粗加工多,深加工、精加工少,餐桌食品基本上没有实现工厂化生产。在全国500强企业中,尽管食品企业占了71家,但其中卷烟厂就占了31家,酒厂占了4家,明显地暴露了我国食品行业产业结构和产品结构的不合理。这既妨碍了资源的有效利用,又不能适应人们生活水平的日渐提高。其次,产品精、深加工程度低,综合利用较差,低水平的重复建设造成了大量产品过剩,部分企业出现亏损。时下我国城乡居民消费的食品中,仅四成经过加工,而且其中的80%为粗加工食品,深加工比例仅占20%。未经加工的六成食品是自然形态的农副产品。在发达国家和地区,经过加工的食品占居民消费食品的70%~90%,其中粗加工食品仅二成,八成为深加工食品。另外,简单的重复加工和盲目实施加工项目致使众多的食品企业亏损。目前,全国的737家啤酒厂中亏损企业占了34.3%,达253家之多,开工的484家的生产效率也才达到73.5%。

(四) 与国外企业竞争能力太弱

国外技术密集型高档食品产品的进入,对国内同类行业产生较大冲击。随着我国市场的日益开放和食品行业的国际化程度的不断提高,外资食品企业和产品不断进入我国市场。如啤酒行业中的生力、嘉士伯等;乳制品行业中的卡夫、雀巢;糖果行业中的德芙巧克力;饮料行业中的可口可乐、百事可乐等。这些国际著名的跨国集团、公司无论在资金、技术,还是管理、营销方面都远远领先于国内企业,凭借其产品的品质、价格等因素迅速占领了我国食品行业的高档产品市场,而且正逐步向中低档产品进军。他们在市场培育和产品大众化推广的作用下,越来越多的普通百姓成为其主力消费群,可口可乐和百事

可乐两家公司每年在华生产 250 万吨的碳酸饮料，占全国总产量的 49%。这些现象使国内企业面临巨大的竞争压力。

（五）技术、设备落后

目前，我国食品行业技术装备落后，众多食品企业所使用设备不是已经超使用年限，就是引进国外的淘汰设备。一是致使企业出现高能耗现象，增加了企业的生产成本。例如制糖行业生产装备自动化程度普遍较低，甜菜糖平均耗煤率为 7%～7.5%，比国外高一倍多，每吨甜菜糖用水 10t，国外仅 1～2t。二是利用低水平的技术、设备进行生产，不仅会带来环境污染，也影响生产后形成的废水、废料等的再利用。我国白酒企业一直以来以固态发酵的白酒酒糟代替鲜糟现售，一旦出售不出，就任其霉变，既浪费了资源，又造成了环境污染。其实经过一定处理的干酒糟用作饲料效果很好，这样还能给企业带来一定的经济效益。

（六）企业体制存在缺陷

像众多的国内行业一样，我国食品行业的国有企业也存在体制缺陷，主要表现为人浮于事、管理不善、生产积极性不高等，可以说国有企业不改不行。食品行业中大量的民营企业同样面临体制不够完善的问题。一度是我国最大民营企业的希望集团（上市公司新希望的前身），就曾因刘氏兄弟三位老总在股权、经营理念方面的差异，差一点使“希望大厦”顷刻间倒塌。在民营、私营企业发展到一定程度时，企业的股权、管理、经营等体制问题不改善，企业将很难继续发展，甚至逐渐衰落。

六、我国食品供应链的安全问题风险因素分析

从食品安全作业风险来看，由于其过程基本包含了从养殖（种植）、生产加工、流通和销售到消费等所有供应链环节，因此作业风险因素基本包含了整个供应链过程的所有不当行为；从安全监管风险来看，由于其供应链管理信息化程度不高和道德风险、逆向选择等问题的大量存在，各供应链环节能够提供给食品安全监管部门的信息及其可信度都极为有限，监管过程所需信息基本都来自监管主体自己收集，因此关于信息传递的风险因素较少，监管风险因素主要存在于检（监）控的缺失和不足。下表显示了供应链食品安全问题的风险因素识别。

供应链食品安全问题风险因素

食品安全问题	作业风险因素	监控风险因素
A	种植、养殖行为不当造成产品毒素超标	相关供应链环节检（监）控缺失或不足
	生产加工处理不合规范造成产品毒素未清除或超标	相关供应链环节检（监）控缺失或不足
	储存不当造成产品毒素超标	相关供应链环节检（监）控缺失或不足
	烹煮、食用不当等	相关供应链环节检（监）控缺失或不足

续 表

食品安全问题	作业风险因素	监控风险因素
B	养殖、耕作、灌溉、施肥和收获时机等生产行为不当造成病菌、病毒或霉菌污染	相关供应链环节检（监）控缺失或不足
	使用废弃、劣质等不合格原料加工食品	相关供应链环节检（监）控缺失或不足
	加工环境卫生等条件不合格或程序不当	相关供应链环节检（监）控缺失或不足
	仓储运输卫生等条件不合格或程序不当	相关供应链环节检（监）控缺失或不足
	废弃食品处置不当，如过期或废弃食品继续销售	相关供应链环节检（监）控缺失或不足
	餐饮场所卫生不达标	相关供应链环节检（监）控缺失或不足
	加热不当、未煮熟等食用程序不当	相关供应链环节检（监）控缺失或不足
C	自然环境受污染不达生产条件	相关供应链环节检（监）控缺失或不足
	过量或非法使用高毒农兽药造成农兽药残留超标	相关供应链环节检（监）控缺失或不足
	腌制等加工程序造成的亚硝酸基化合物污染超标	相关供应链环节检（监）控缺失或不足
	使用虚假或有毒有害包装、容器导致食品化学性污染超标，且后续供应链环节检（监）控缺失或不足	相关供应链环节检（监）控缺失或不足
	使用不安全辅料（含添加剂和加工助剂等）造成食品化学性污染	相关供应链环节检（监）控缺失或不足
	仓储运输环境、运输工具等不符合规定造成食品化学性污染超标	相关供应链环节检（监）控缺失或不足
	烘烤、熏制等食用程序不当造成食品多环芳族物污染超标	相关供应链环节检（监）控缺失或不足

注：表中 A 代表由氰苷等苷类、生物碱、鱼卵毒素等有毒蛋白和复合蛋白，河豚毒素等非蛋白类神经毒素，毒蕈等构成的天然毒素引发的食物中毒（导致身体不适，重者造成人员死亡）事件；B 代表由有害微生物、细菌、病毒、寄生虫及虫卵、昆虫等生物性危害因素引发的食源性疾病或中毒（导致身体不适，重者造成人员死亡）事件；C 代表由重金属与其他有害微量元素污染、农兽药残留、过量食品添加剂等有害化学物质构成的化学性危害因素引发的一系列严重疾病、食物中毒或生理伤害（重者可致重度或大面积中毒或死亡）等灾难性事件。

七、食品安全网链控制策略

（一）食品供应链控制策略

1. 农户生产控制

由于农户生产时食品安全是源头，所以源头的安全至关重要。首先要加强农户的食品安全意识，从思想上让农户重视食品安全问题，因此就必须给予足够的教育和思想熏陶。

此外，还必须给予农户足够的科技教育，让农户学会科学种植和养殖，学会对农产品做记录，从农产品的种植到收获，定期给予药物含量测试，养成自己重视食品安全的良好习惯。对于农业生产环境，也要加强环境管理和绿色技术的推广。

2. 食品生产企业控制

在食品的生产过程中，现有的企业水平参差不齐，有全自动高新技术企业，采用的都是高精密的先进仪器，企业环境也相当良好。但也有一些企业，不仅生产技术落后，人工程序多，而且生产环境恶劣，卫生无法保证，导致食品安全存在重大隐患。尤其是我国还存在很多食品黑作坊、小作坊，如何有效管理和控制这些作坊是一个重要而突出的问题，现有的管理部门尚不能根除这些小作坊。因此，在食品的生产过程中必须给予高度的重视和监管，对存在食品安全隐患的企业根据情况及时给予不同程度的处理措施，以保证食品安全。

3. 食品加工企业控制

食品从生产后，还需要经过加工这一环节。尽管食品加工不是食品安全的源头，然而它对食品安全系统而言非常重要。由于食品加工最重要的是卫生标准，因此建立良好的食品加工环境至关重要，当然，监管部门定时定期对食品加工企业进行检查和食品检测都是保证食品安全的重要措施。

4. 消费者控制

尽管食品安全多出现在前面的一些环节中，然而，对于食品安全的最后一环消费者而言，仍有重要的安全内容。消费者常常会因为食品的储藏不当、蒸煮不熟等原因而导致食物中毒或其他问题。因此，对消费者进行教育和有效提醒也至关重要。

（二）食品安全信息网控制策略

1. 建立统一、协调和权威的信息收集和分析机制

在信息化社会中，一切都离不开信息化，所有的办公文件都已经电脑化，所有的信息收集和保存都已经网络化，大数据、云计算时代已经来临。在这样的历史背景下，建立统一、协调的信息收集和分析是非常必要的，而且是非常重要的。相关部门必须成立专门的信息部门，负责对信息的收集、过滤、筛选、评估，最终提取有意义的信息，对信息进行分类、讨论，从而形成政策性文件，从高层面上指导我国食品安全战略的调整和修改。

2. 构建多元化的信息网络体系，推进信息共建共享

在网络时代，所有的人都离不开网络。我们可以通过网络对涉及食品安全各个环节的人进行教育、培训和某些工作的宣传。通过建立食品安全信息网，达到对优质企业保护宣传、支持扶持的目的。对劣质食品和垃圾企业进行打击限制、制裁等一系列措施，提高政府的监管和制裁能力，使得民众相信政府。通过民众与网络的互动，切实反映民众提出的问题，使得企业以民众的要求为奋斗目标，提高食品质量。此外，多元化的信息网络体系还有利于科研院校对当前食品安全的现状和问题进行分析、统计，获取官方权威数据，分析食品安全存在的问题和提出应对策略。

3. 加强教育和培训

食品安全不能仅仅依靠政策法规，依赖政府部门的制裁和监管，这些都是解决食品安

全的初级方法。真正解决食品安全问题要依靠所有涉及食品安全的人的素质提高、法规意识提升和民众思想的改变。要解决这一问题，一方面，通过加强教育和培训，对食品安全管理人才进行培训和提供出国留学机会进行深造，目的是让他们提出更加科学、更加健全的监管措施。另一方面，通过教育食品生产者、销售企业、食品消费者，使他们加强法律意识，从思想上约束自身的行为，保证食品安全。

4. 建立有效的检测与预警系统

我们必须切实加强食品安全方面的信息检测及预警工作，从而建立功能强大的检测和预警系统。通过分析和预测潜在的问题，从而形成一批分量高、观点新、参考价值大的信息产品，并定期向社会发布，从而将问题扼杀在摇篮中，实现对企业和贸易的前瞻性规划和处理。我们预想可以实现一套完整的监测与预警系统，该系统由五个模块组成：检测数据模块、数据筛选模块、数据储存模块、数据分析及预警模块、应对决策模块。

5. 建立有效的食品安全应急管理系统

历史上一系列经验教训告诉我们，建立有效的食品安全应急管理系统是非常重要的。从禽流感到疯牛病再到食品安全重大事件，每一次危机都是危害性极大的。正确面对危机，认真分析危机的内在联系，采用科学合理的方法对这些危机的发生和发展进行预测和分析，并结合这些规律发展的特点，建立相应的预测、预防应对机制，不仅可以有效降低这些危机所带来的损害及损失，还可以有效降低这些危机发生的概率，甚至防止食品安全危机的发生。对于食品安全危机的处理，可以建立管理系统，该系统可划分为预警决策、控制决策、应急决策和灰度决策四个部分。应急管理决策支持系统承担着控制和应急两部分的决策支持功能。

第二章　可口可乐供应链管理案例及点评

可口可乐是知名跨国公司，以生产碳酸饮料闻名世界，本章主要研究的就是可口可乐的供应链管理。首先介绍了饮料行业所处背景环境并分析了饮料行业现状。其次，阐述了饮料产品的特点及其供应链特点。再次，介绍了可口可乐公司的背景和在饮料行业的地位，着重讲述了可口可乐供应链管理现状，主要从供应链结构、可口可乐对装瓶商的管理、原材料采购管理、分销管理、信息管理几个方面进行分析。最后，对可口可乐供应链成功之处进行了阐述，介绍了其供应链与传统企业的不同，并得出一些管理启示。

一、饮料行业背景和该行业供应链特点

（一）我国饮料行业背景与现状分析

1. 饮料行业简介

饮料是经过加工制造的、供人们饮用的食品，以能提供人们生活必需的水分和营养成分，达到生津止渴和增进身体健康为目的。

饮料是指以水为基本原料，由不同的配方和制造工艺生产出来，供人们直接饮用的液体食品。饮料除提供水分外，由于在不同品种的饮料中含有不等量的糖、酸、乳、钠、脂肪、能量以及各种氨基酸、维生素、无机盐等营养成分，因此有一定的营养。

饮料行业的分类，一般分为不含酒精饮料和含酒精饮料。不含酒精饮料大致有以下几类。

瓶装饮用水类：包括饮用天然矿泉水、饮用纯净水、矿物质水和其他饮用水。

碳酸饮料类：是将二氧化碳气体和各种不同的香料、水分、糖浆、色素等混合在一起而形成的气泡式饮料，如可乐、汽水等。碳酸饮料的主要成分有碳酸水、柠檬酸等酸性物质，白糖、香料，有些含有咖啡因。

果蔬汁饮料：各种果汁、鲜榨汁、蔬菜汁、果蔬混合汁等。

功能饮料：含各种营养要素的饮品，满足人体特殊需求。

茶类饮料：包括茶汤饮料、果汁茶饮料、果味茶饮料和其他茶饮料。

乳饮料：含乳饮料类和植物蛋白饮料类的豆乳类饮料、椰子乳饮料、杏仁乳饮料和咖啡饮料等。

含酒精的饮料酒按照制造工艺，可大致分为三类：酿造酒、蒸馏酒和配制酒。

2. 饮料行业的背景与现状分析

在第十八届全国市场销量领先品牌信息发布会上公布的相关数据显示，近 30 年来，中国市场的饮料年产量从 40 万吨升至 13000 万吨，年均增幅高达 20%。有行业专家预计，

中国饮料市场在未来几年可能成为全球最大的饮料市场。

在国内的食品快消行业中，饮料市场已成为发展最快的市场之一。然而伴随着经济大环境陷入疲软，饮料行业的增长速度也出现了明显下滑。统计数据显示：2014 年 1—5 月，全国软饮料产量为 6476.6 万吨，同比增长 10.34%；全国规模以上饮料行业累计实现销售收入为 2217.95 亿元，同比增长 10.72%，与 2011 年同比 22%的软饮料产量增长率相比，增长速度放缓。①

国家统计局公布的 2013 年我国饮料行业 1～3 季度运行状况分析报告显示，截至 2013 年 9 月末，饮用水、碳酸饮料、茶饮料、凉茶、果汁、功能饮料分别占据了我国饮料业 25.7%、21.9%、16.4%、7.2%、22.2%和 6.6%的销量份额。

在碳酸饮料市场方面，则由百事可乐与可口可乐两大公司寡头控制市场。

在饮用水方面，目前中国瓶装水行业集中度较高，娃哈哈、康师傅、怡宝、农夫山泉是全国最大的四家瓶装饮用水生产企业。其中，娃哈哈和怡宝以纯净水为主要产品，农夫山泉以天然水为主要产品，康师傅以饮用矿物质水为主要产品。

在茶饮料市场方面，康师傅稳坐茶饮料市场头把交椅。

总体上，我国饮料市场上碳酸饮料需求逐年小幅下降，瓶装饮用水销量较为稳定，茶饮料需求增速较快。产地方面还存在着企业地区分布不均衡的现象：吉林、河南和四川包装饮用水产量增长较快；全国各省市饮料总产量的排序依次为广东、浙江、河南、山东、湖北和上海，六个省市总产量之和占全国总产量的 52%以上；天津、河南、浙江的“非三大（非碳酸饮料、果汁饮料和包装水）”饮料产量增长较快，对饮料总产量中各品种所占比重产生较大的影响。目前我国年产量超过 30 万吨的省市多数为东部沿海省市，产区布局还有待改善。

我国饮料企业成本、区位优势明显，同时也存在技术落后、创新力不足、企业产品单一、国际贸易能力差等问题。我国人民生活水平的快速发展给饮料企业带来了更加广阔的市场，饮料企业应该加快技术升级和规模扩展以应对来自外资企业的竞争。综上所述，我国饮料行业有以下几个特点。

（1）饮料行业产品种类层出不穷。果汁产品占整个中国软饮料市场的 1/4，仅 2011 年有超过 1000 种新口味和新包装的果汁产品上市。与果汁产品销量规模相当的还有茶饮料和碳酸饮料，同样品种众多，竞争激烈。

（2）行业保持着稳定的增长。饮料行业现状分析数据显示，中国软饮料市场过去 9 年里以每年平均 13.3%的增速发展。行业前景看好，饮料大公司的毛利率平均在 30%以上。

（3）饮料行业集中度较高。从饮料行业市场研究报告可以看出，当前市场份额逐渐向前五位公司集中，饮料行业前五位公司占据 68%的份额。从行业整体产量来看，也表现出了明显的区域集中性。从全国各省市饮料总产量来看，广东、浙江、河南、山东、湖北和上海的总产量之和已经占到全国总产量的 52%以上。此外，在每个细分市场上，区域生产也表现出明显的不同。例如，在饮用水产量上，吉林、河南、四川的包装饮用水产量增长

① 数据来源：中国报告大厅 http：//www.chinabgao.com/k/yinliao/12725.html。

明显快于其他省份，在“非三大”（非碳酸饮料、果汁饮料和包装水）饮料产量中，天津、河南、浙江增长较快。

（4）竞争导致大规模广告投入。饮料行业是广告业最喜爱的客户之一。相关数据显示，饮料行业2012年在传统媒介投放广告占比11.5%，在所有行业中排名前三。总体来说，电视仍然是饮料最重要的广告战场，90%以上的投放都被投向了各个电视频道。通过对2014年饮料行业现状分析了解到，饮料公司在地铁等户外渠道的广告投放增长最快，约24%。加多宝、统一等公司广告支出大增，饮料业传统的最大广告主是娃哈哈公司，其2015年冠名了多款电视节目。统一在2015年上半年的广告支出提升最快，约为240%。2013年，加多宝因为特殊原因不断增加其广告投入，已经排名第二。“中国好声音”是近几年夏季最为火爆的电视节目，这档节目公开的冠名费用是6000万元。加多宝冠名了这档节目，而娃哈哈的启力也是这档节目的最大广告主之一。

（5）饮料行业竞争激烈。一个精准的广告足以带动一瓶饮料的成功。现在饮料产品更新周期变快、竞争更加激烈，这就意味着大规模的广告投入将变得更有可能。统一在2011年3月推出冰糖雪梨饮料后，康师傅、娃哈哈、今麦郎等也都推出了这种口味的饮料。目前，全国至少有上百种冰糖雪梨饮料。

（6）饮料品种结构不断优化。2013年饮料行业从产品结构的变化趋势看，健康型饮料比重不断上升，碳酸饮料份额呈下降趋势。从各类饮料占比可见，饮用水、果汁、碳酸饮料的市场份额均超过了20%，构成了饮料行业中的主要产品；茶饮料、凉茶、功能饮料、饮用水所占份额较2012年有所提高。

（二）饮料行业供应链特点

1. 产品特点

饮料是食品类商品，但和一般的食物有许多不同。

（1）有一定的保质期限。饮料一般的保质期为12个月，但不同的产品保质期有较大差异。如高浓度的果汁饮料较一般饮用水的保质期就短得多。以碳酸饮料为例，碳酸产品PET包装的保质期在12个月左右，但实际有效的销售货龄往往都控制在3个月内，超过3个月以上的产品都必须重点关注。由于货龄和保质期决定了饮料产品必须在本年度内销售完毕，这要求有效降低产品在销售流通渠道中滞留的时间，对企业销售通路的扁平化提出了高要求。

（2）包装经常变化。饮料其实再怎么变都变不出太多的新花样，原料总是水、糖之类的，所以越来越多的公司在包装上下工夫，饮料的包装也在走高端路线，究其原因还是经济发展导致人们生活水平提高。大家都愿意为了健康多花一些钱。但是在竞争压力越来越大的今天，越来越多的企业在包装瓶上使用明星照片来做宣传，达到促销的效果。

（3）饮用的即时性。饮料是多变的，不同的季节有不同的销售手段，在冬天人们爱喝热的，夏天爱喝凉的，所以企业要根据市场调查及时更新自己的产品。而且饮料的保质期一般只有6～18个月，不过越是新鲜的饮料越安全，人们也越喜欢，而且有些饮料对保质期有特别的要求，像牛奶、酸奶、鲜榨果汁等。大家关注最多的还是健康问题，所以健康保健类的饮料销售得最好。即使是比一般饮料贵一些，只要合理，大家更愿意买自己放心的产品。这也跟中国的经济发展有关，经济发展快了，人们的收入提高了，就会越来越关心健康问题。

（4）重量与价值。饮料基本是以水为主要原料，决定了产品本身的重量属性，同时，单体包装形式以 PET 和易拉罐为主，SKU 包装基本采取收缩膜缠绕方式，从而使饮料产品并不适合长途干线运输和多次搬运。从行业内主要饮料企业的生产布局来看，生产工厂基本都接近销售区域，尽可能降低产成品的干线长距离运输。唯独农夫山泉有些例外，这是由其品牌定位与产品诉求决定的——“自然”“天然水”“农夫山泉有点甜”。如其在广东河源万绿湖的生产基地，与主要销售区域广州市、东莞市和深圳市都有些距离，但其巧妙地利用了京九线的铁路运输条件，使其产品能够较经济地送达如广西、福建、湖南和江西等省市销售区域。

（5）季节性消费特征明显。饮料行业的淡旺季非常明显。一般来说，1—2 月由于有元旦和春节为小旺季，6—9 月进入夏季为旺季，而其他月份如 3—5 月，10—12 月基本上为淡季。淡旺季的特征使得饮料行业生产企业产能的利用成为一个重要问题。

2. 供应链特点

（1）单品价值较低，所能赚取的利润空间不大，制造商往往对物流成本极为关注。因此，一些小型的供应商开始寻找第三方物流，通过外包的方式降低自己开发物流系统的成本，饮料行业是采取外包物流方式最多的一个行业。

（2）分销渠道和环节多且复杂，要求物流系统专业、稳定、迅速、准确，无论采取自建系统还是外包的方式，其物流系统都必须根据企业业务流程的鲜明特点建立运作模式，而且饮料行业中存在多级销售层次（传统销售渠道包括总经销商、二级批发商和零售商等），使得供应链中“牛鞭效应”更为显著，如何保证在旺季时的销售需求和淡季时生产设备的利用率，并有效控制仓储成本和货龄，成为饮料企业供应链中需要高度关注的课题。

（3）产品消耗周期较短，对库存配置和运输分配以及渠道管理的要求都很高，因此，集成化的系统建设要求相应的信息技术作为支持。

（4）产品忠诚度不高，在系统设置时必须考虑各种促销手段和广告对于需求的影响，进而对整条供应链系统产生影响。

（5）饮料特别是碳酸类饮料，属于快速消费品，保质期较短，非常重视科学、系统的方法对市场需求进行准确的预测。必须要有好的需求管理计划以保证饮料的质量，如含气量、微量元素的成分比例等。

二、可口可乐公司背景及经营现状

（一）可口可乐公司简介

1. 可口可乐起源

可口可乐公司（The Coca—Cola Company）成立于 1886 年 5 月 8 日，总部设在美国佐治亚州的亚特兰大，是全球最大的饮料公司，在 200 个国家拥有 160 种饮料品牌，包括汽水、运动饮料、乳类饮品、果汁、茶和咖啡，还是全球最大的果汁饮料经销商（包括 Minute Maid 品牌），在美国排名第一的可口可乐为其取得超过 40%的市场占有率，而雪碧（Sprite）则是成长最快的饮料，其他品牌包括伯克（Barq）的 root beer、水果国度（Fruitopia）以及大浪（Surge）。

2. 可口可乐（中国）

可口可乐（中国）饮料有限公司成立于1927年，其总部设于上海，是可口可乐公司的全资附属公司，也是可口可乐中国区的总部。可口可乐引进中国的品牌有：可口可乐、雪碧、芬达、健怡可乐、醒目、美之源、酷儿、雀巢冰爽茶、茶研工坊、健康工房、天与地、水森活等。可口可乐与其在中国的三大装瓶集团——太古可口可乐（Swire Coca－Cola）、中粮可口可乐（Cofco Coca－Cola）和可口可乐中国实业（CCCI）共同投资了超过13亿美元，建立了30家装瓶公司和37家厂房。可口可乐即通过这30家装瓶公司来运营各区域的市场与渠道建设、品牌发展及饮料的生产与销售。太古可口可乐（Swire Coca－Cola）是由美国可口可乐公司与英国太古集团有限公司合资建立的可口可乐装瓶集团，其中国总部设于香港。太古可口可乐装瓶集团旗下拥有11家可口可乐装瓶公司，业务经营范围包括中国香港、中国台湾和福建、广东、安徽、河南、陕西、浙江、江苏七个省份，以及美国11个州。中粮可口可乐（Cofco Coca－Cola）是由美国可口可乐公司与中国中粮集团合资建立的可口可乐装瓶集团，其总部设于北京。中粮可口可乐装瓶集团旗下拥有10家可口可乐装瓶公司，业务经营范围包括新疆、西藏、青海、甘肃、宁夏、北京、天津、内蒙古、河北、山东、贵州、湖南、江西、广东湛江、海南。

（二）经营现状

2014年可口可乐在中国销量增长，全年总营收465.42亿美元，同比增长33%。过去10年中，可口可乐在华已实现9年百分比两位数增长。目前印度人平均每年消费的可乐量只有12瓶，相比之下巴西人年均消费可乐高达240瓶。可口可乐公司2014年曾宣布计划未来五年在印度投资20亿美元开发市场，新计划的投资额远远超出了原来的计划。相比之下，2015年1—5月，中国软饮料产量4752.44万吨，同比增长了10.69%，比1—4月产量增速下降0.34个百分点，比2014年同期增速下降16.34个百分点；其中，5月单月产量达到1099.86万吨，同比增长10.31%，比4月产量增速回升1.04个百分点，比2014年同期增速下降19.51个百分点。总体来看，除了包装饮用水累计产量增速较2014年快速上升之外，各品种软饮料累计产量增速与2014年同期比较均有不同程度下降①。

2014年，受国家政策支持、城乡居民收入水平提高和消费结构调整的影响，我国软饮料销量保持较快增长势头。2014年，我国软饮料销售量为11621.9万吨，同比增长18.7%。销售量增速较产量增速低3.3个百分点，在产量增速下滑的同时，销量增速低于产量增速，说明软饮料“去库存化”过程告一段落，也表明通货膨胀对终端消费市场产生了一定的影响。“十二五”期间，我国着重调整饮料产品结构。2015年1—5月，各种软饮料产量按累计增速快慢依次来看：包装饮用水累计产量2039.26万吨，同比增长31.59%，比1—4月产量增速下降0.74个百分点，比2014年同期增速上涨8.77个百分点；精制茶累计产量为105.38万吨，同比增长率为14.91%，比1—4月产量增速上升5.09个百分点，比2014年同期增速下降17.82个百分点；果蔬汁累计产量787.21万吨，同比增长5.02%，在软饮料中仍保持最快增长态势，比1—4月产量增速上升7.9个百分点，但增速

① 数据来源：中国报告网。

比2014年同期增速下降16.15个百分点；碳酸饮料累计产量501.64万吨，同比增长−3.43%，比1—4月产量增速回升1.1个百分点，比2014年同期增速下降28.43个百分点。在软饮料中，只有包装饮用水累计产量增速较2014年同期上升。具体如图2-1所示。

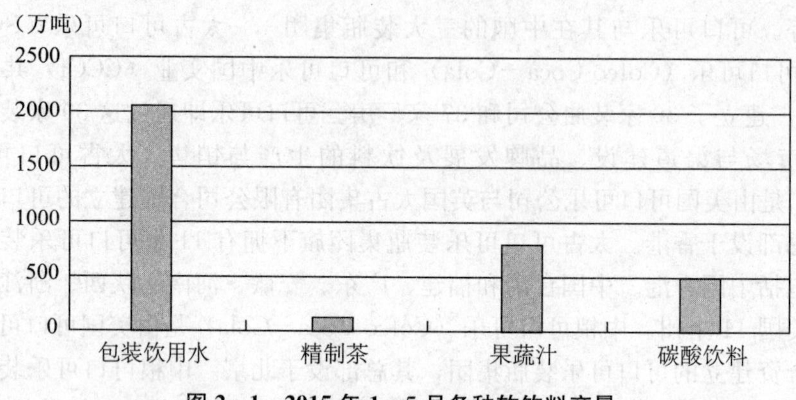

图2-1 2015年1—5月各种软饮料产量

三、可口可乐供应链管理现状

（一）可口可乐供应链结构

可口可乐大中华及韩国区总裁戴嘉舜说过："兼具可持续发展和科学高效的供应链管理，带来的不仅是双方业务的共赢发展，也带来了巨大的环境效益，为所在社区的健康发展起到了一个有力的推动。"

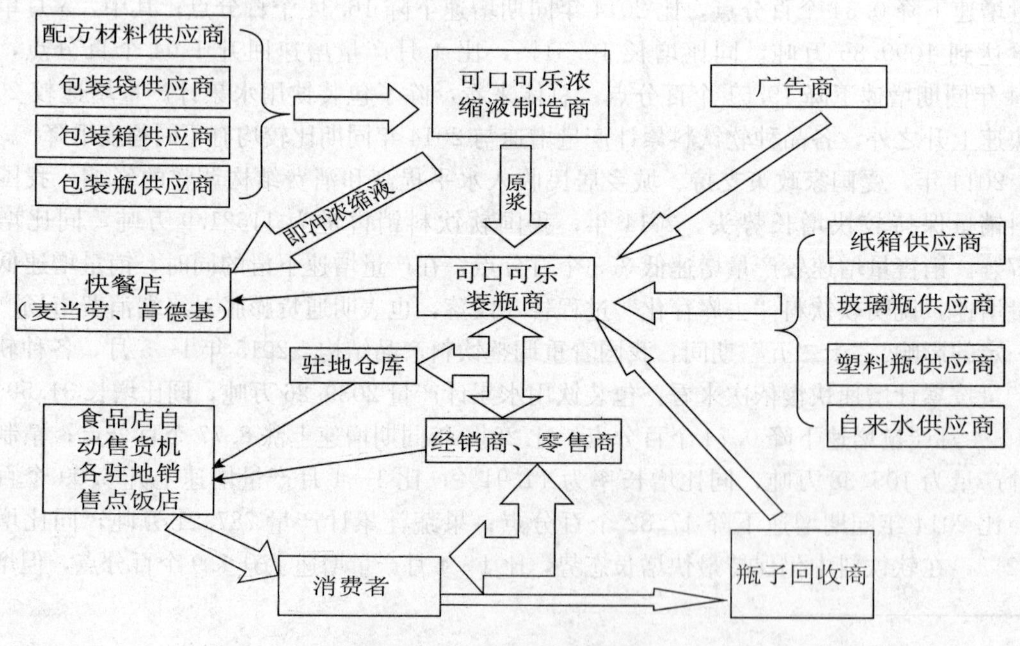

图2-2 可口可乐运作流程

如图 2-2 所示，可口可乐的运作流程是：由可口可乐浓缩液制造商将生产好的原浆送到装瓶厂，装瓶厂还需采购一些包装材料和原材料进行生产，生产出的可口可乐再运送到各个经销商、零售商，最终到达消费者手中。从而可以得到一条以装瓶厂为核心，从材料供应商到消费者的供应链，其结构如图 2-3 所示。

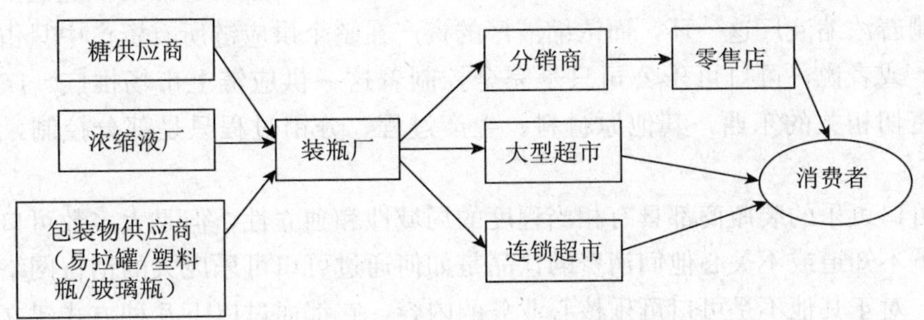

图 2-3　可口可乐供应链结构

（二）可口可乐装瓶商管理

可口可乐把主要精力放在了起关键作用的价值创造部分上。一是质量管理和对糖浆生产工艺进行持续有效的管理；二是强有力的品牌意识，这保证了其在国际市场上长盛不衰。

可口可乐公司通过特许装瓶制度及推行“本土化策略”，将装瓶厂及供应链下游的管理交给第三方。目前在中国有 23 家可口可乐装瓶厂，年产饮料超过 100 万吨，可真正可口可乐直接雇用的员工不超过 1000 人，其他从工厂、原料、人员到产品、包装、营销，99%都是中国的资源。

可口可乐的装瓶厂基本上都在饮料销售地建厂，使用当地原材料、包装物，在当地雇用人员，这可以带动当地相关产业的发展，增加就业人员，受到了当地政府的欢迎。可口可乐与瓶装厂的合作关系不仅仅局限于制造与委托制造的委托关系，而是在供应链的各个环节都有紧密的合作。最初可口可乐在中国寻找接包商时，目标是上海的几个国营饮料厂商。但是在 20 世纪 70 年代末 80 年代初，这些厂商的设备还非常落后，无法合格地为可口可乐公司进行生产。可口可乐公司采取了向这些厂商赠送其他国家淘汰的落后设备的方式，因为这些设备在当时的中国来说还算是很先进的。通过赠送活动，以及后续的一系列措施，尽管这些厂商是独立的、与可口可乐没有隶属关系的企业，但可口可乐还是与这些接包商建立了以可口可乐公司为中心的合作关系。就目前来说，从供应链的角度，可口可乐与接包商（主要指瓶装厂）的分工、合作关系可以做以下的表述：装瓶厂在从装瓶厂到分销商这一供应链环节起主要作用，主要包括销售和分销、应收账款管理、送货管理、冷饮计划、关键客户账务管理等方面。而可口可乐公司则在从零售商到消费者这一供应链环节起主要作用，包括消费者研究、品牌管理、广告和促销等方面起作用。而从分销商到零售商这一环节，由可口可乐公司和装瓶厂共同管理，包括零售商管理、价格及包装计划、产品摆设标准、渠道管理等方面。

通过这种供应链管理方式，可口可乐公司既能保证整个中国地区品牌宣传的一致性，体现规模优势，又使各地区装瓶厂根据本地区的实际情况，灵活地采取适合当地环境的运营方式，以适应当地环境变化。

可口可乐公司独特的品牌文化和其特许装瓶制度，专注于其品牌和文化的推广，并通过特许装瓶制度管理着全球众多的装瓶厂。在可口可乐饮料系列产品的供应链上，可口可乐公司控制着浓缩液厂这一环，而浓缩液厂的资产在整个供应链所有资产中只占非常微小的一部分；或者说，可口可乐公司只是完全控制着这一供应链上市场推广、广告等和品牌、文化密切相关的东西，其他原材料、生产过程、分销过程只是部分控制，甚至完全放开。

很多可口可乐的装瓶商都具有相当程度的局域性和独立性，但是大多数可口可乐的消费者根本就不知道或不关心他们消费的饮品是如何通过可口可乐庞大的销售网络送到他们的手中的。对于其他不是可口可乐核心业务的内容，它都通过以下几种方式建立与装瓶商的合作关系。

1. 特许合同方式

从可口可乐创立一直到20世纪80年代，可口可乐一直采取特许合同方式来管理其供应链，这条传统的供应链以浓缩液厂为起点，以消费者为终点，其间还包括了瓶装商和分销商。这样的一条供应链使得可口可乐公司可以控制其生产源头——浓缩液厂，并可以根据市场需求对其他环节进行调控管理，这使得可口可乐公司完美地适应于其所处的碳酸饮料的竞争环境，进而奠定了可口可乐品牌享誉全球的基础。

由于可口可乐公司只需要掌控位于供应链源头的浓缩液厂商，因此可口可乐公司便可以竭尽所能发展瓶装商，而正是这超过1000家的瓶装商，使可口可乐逐步占领了碳酸饮料市场，也为可口可乐公司省下了大量的资金。而这种与瓶装商之间的亲密关系使可口可乐可以迅速成长，成为了碳酸饮料界的霸主。

2. 控股经营方式

为了应对市场竞争，可口可乐公司首先采取的应对措施便是向其1000多家瓶装厂商施压，使其能够加快生产，缩短生产周期，以此来巩固可口可乐公司在市场中的主导地位。然而，瓶装厂商则判断饮料市场尤其是碳酸饮料市场早已趋于饱和，他们只求回收资金，因而回绝对于可口可乐公司要求其增加投资的决定。由于可口可乐公司与瓶装商之间的特殊合作关系，瓶装商掌握着可口可乐绝大部分的销售网络同时又控制着可口可乐的生产源头，因而他们敢于回绝可口可乐公司所提出的要求，这也使得可口可乐公司赖以生存的供应链体系受到前所未有的挑战。

当然，作为世界饮料行业的龙头企业，可口可乐自然不会坐以待毙，利用其高糖玉米浓缩液上市的机会，可口可乐与其瓶装商展开了谈判。对于不接受可口可乐公司条件的厂商，可口可乐公司便取消与其的合作关系，在离开可口可乐之后，这些瓶装商必然会由于缺乏可口可乐的资金等资源，失去立足市场的资本。

虽然看似解决了与瓶装商不和的问题，但这样的购买、入股或融资的方式，又很大程度上加深了可口可乐公司的资本密集度，不仅使公司面临更大的经营风险，也使得公司的

规模资产进一步扩大。这样一来，可口可乐又不得不面临改变公司结构进而控制供应链的难题。

3. 持股方式

在可口可乐公司的发展历史中，我们不难看出其对于供应链管理颇有心得。在与各个瓶装商的谈判过程中，公司在通过购买、入股和融资战略后，如何为这些瓶装商找到下家成了难题。在经过缜密的筹划后，可口可乐成立了瓶装商控股股份公司，用于监管和控制所有瓶装商，并通过该控股公司，可口可乐实现了对于整个供应链真正的控制，也为可口可乐未来战略打下了坚实的一步。

（三）原料采购管理

对于可口可乐来说，供应商不仅是产品与服务的提供者，更是利益共享的战略合作伙伴。

原材料占用资金在饮料行业中占成品销售额的比重相当大，达到了50%～60%，且每年涉及金额巨大，因此原材料采购在当今普通消费品行业竞争激烈、利润很低的情况下显得更重要，采购成本降低对利润上升的影响比销售量上升、工资水平下降要明显得多。因此，饮料行业采购的重要性已上升到战略高度。在可口可乐供应商的选择中，对产品质量和包装有着重大影响的原材料，如第一层包装（易拉罐、塑料瓶、盖、玻璃瓶）、甜味剂、二氧化碳，以及和产品制造过程有接触的辅助材料，如活性炭，必须经可口可乐公司认可，其认可的原则为可确保产品质量。装瓶厂一般是在可口可乐公司认可的供应商中选择2～3家作为自己的主要供应商，每家的采购比例一般不固定，以促进供应商之间竞争，确保采购的价格。与供应商的关系为长期目标型，其特征是建立一种合作伙伴关系，双方的工作重点是从长远利益出发，相互配合，不断改进产品质量与服务质量，共同降低成本，提高竞争力，双方合作涉及包括采购、技术等多个部门，但是，目前中国糖业公司管理水平参差不齐，质量有好有坏，并且有囤货哄抬价格现象，给可口可乐装瓶厂的采购产生了很坏影响。可口可乐公司从供应链的长远发展来看，正准备和国际果糖生产商协商，准备让它们在中国建厂，作为装瓶厂的战略合作伙伴。

在可口可乐公司，原材料就其重要性也分为A、B、C三类，A类数量为5%～10%，但占原材料总值的70%～75%，对于这类材料的采购方法一般为和供应商每年签订一次合同，规定价格范围、采购数量区间等，然后按产品需求量提前一周甚至更短时间进行小批量订货，以尽可能减少库存占用资金。有的原材料的供应商较少，几个装瓶厂在总部的协调下甚至合作购买，以取得折扣。

（四）可口可乐分销管理

1. 分销渠道

可口可乐公司于20世纪70年代进入中国，从只进入高档饭店渠道到渗透市场的每个角落，可以说渠道运营起到了至关重要的作用。通过批发、KA、101（CSS）和直营四个主渠道上的运作，构成了可口可乐渠道系统的主框架。

可口可乐渠道发展阶段如下。

(1) 在20世纪90年代初期以前，可口可乐在中国尚处于市场的初步开发阶段，因此，主要依赖于批发商服务中国的零售渠道客户。

与其他厂商不同的是，可口可乐并不热衷于当时比较流行的经销商总代理制度，而是通过尽可能多的开发更多的批发商，以达到服务更多终端零售客户的目的。

可口可乐渠道发展阶段一如图2-4所示。

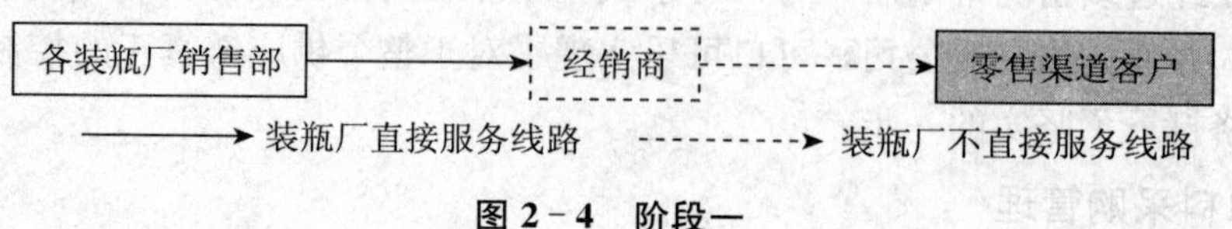

图2-4　阶段一

(2) 在20世纪90年代中期到2000年以前，可口可乐公司开始利用直销的方式服务批发客户和部分重要的零售渠道客户，如学校渠道、餐饮渠道（又称饮食渠道）。当时可口可乐最主要的直销方式有预售和直销两种。

可口可乐渠道发展阶段二如图2-5所示。

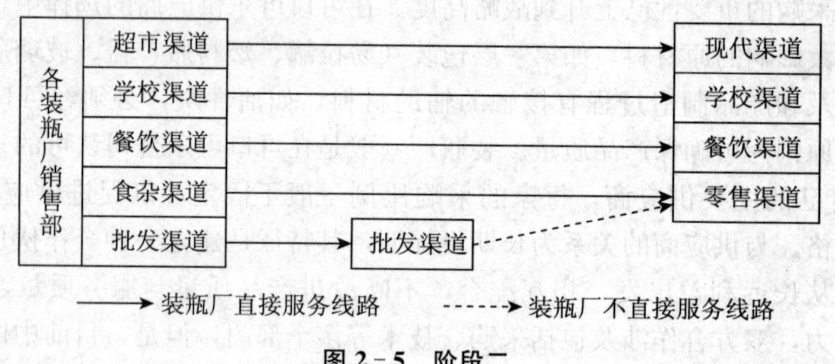

图2-5　阶段二

(3) 从2000年开始，可口可乐开始在中国市场启动101项目服务终端零售市场。在项目推广的不同时期，可口可乐利用101的方式服务终端零售市场的具体形式也略有差别，具体如下：在2000—2003年，可口可乐的绝大多数装瓶厂采用如图2-6所示的方式运作批发及零售渠道。

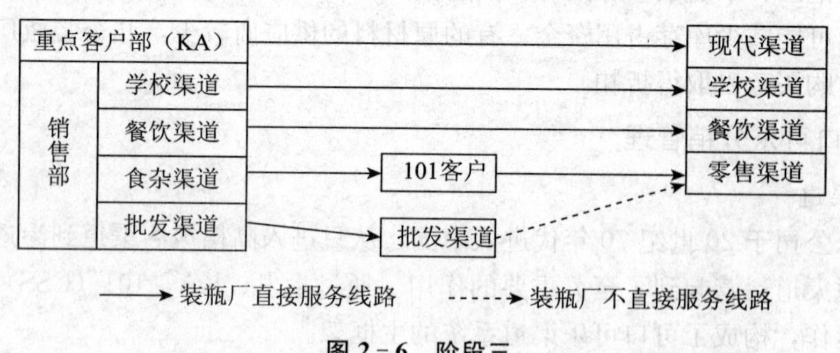

图2-6　阶段三

（4）在 2003 年以后，部分可口可乐装瓶厂开始运用如图 2-7 所示的运作方式服务批发及零售渠道。

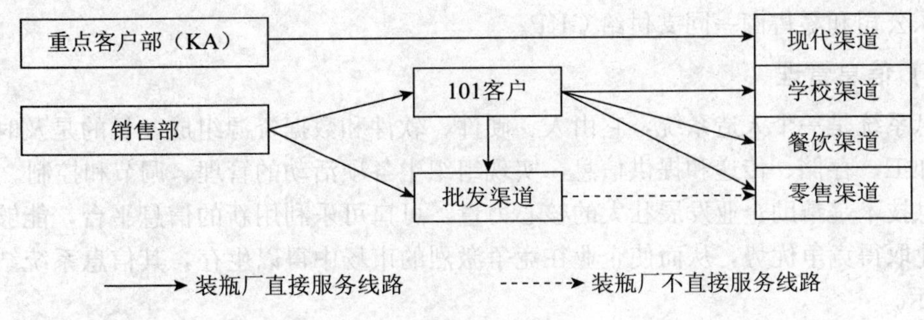

图 2-7　阶段四

在可口可乐系统，企业的个性服务能力和统筹能力得到充分的重视。

可口可乐在快餐行业、工矿企业、旅游景点、各类学校应该怎样服务，应该给予怎样的销售政策，应该实施怎样的销售策略，都有详细的规定，这些无一不反映企业的精耕精神和“为其大于其细”的企业文化精髓。许多客户在拿到可口可乐公司的合同后，就能明显感觉到可口可乐公司管理的个性化和对他们的尊重。

渠道的稳定是获得持久渠道效率的基石，也是企业塑造多赢渠道模式的目的之一。可口可乐在渠道管理中通过平衡使多种渠道既保证了效率又确保了稳定。可口可乐在中国的成功，除在品牌运作方面成功之外，渠道运作的本土化、适应中国市场的具体情况、进行渠道的针对性操作，是品牌落地、市场畅通、客户满意、销量达成的重要武器。

2. 物流管理

公司可以通过提高供应链管理能力进而减少在物流方面所消费的成本，可口可乐抓住了饮料这种快速消费品的市场特点，建立物流信息系统，采用批量物流，使得物流系统可以对市场信息及时反馈，削弱物流反应慢的特点。

由于拥有严格销售管理经验，可口可乐可以针对竞争对手的商业活动和计划在第一时间就做出及时敏锐的反应，这与可口可乐对于销售终端严格的把控分不开。而在全国开发合作伙伴的过程中，可口可乐也率先实行了直接销售的方法，不给中间商介入的机会，采用 GDP 的模式，直接与合作商面对面谈判。当然，可口可乐的销售网络也依然包括一些小型的批发商，但是这种批发商往往不具备垄断市场的能力，可口可乐巧妙地将批发商的规模控制在最小，而对于所有的超市商场，可口可乐均采取直接送货。正是由于可口可乐所采取的直接销售的方式，使得其能够更迅捷地掌握到市场动态，方便对潜在危机做出最快速的应对。当然，在这样完全由自己进行配送的过程，极大地增加了可口可乐公司的物流成本，相比找一个大型批发商作为其合作伙伴，让批发商给超市做配送，可口可乐可以说是在物流成本上损失惨重。可事实上，可口可乐公司用这些物流成本换来的是其对于市场最灵敏的掌控，可口可乐也从没有因为超市商场规模小而放弃这些小型的零售商，相反，哪怕只是一个小区里的夫妻店，可口可乐公司也是全心全意地为其做物流配送，因而

GKP 计划应运而生。这个在中文里称为“金钥匙伙伴”的计划，很好地贯彻了可口可乐全面掌控市场的战略目标，同时也帮可口可乐公司节省了不少物流费用。有了 GKP，可口可乐公司可以直接对大型的零售商做物流配送，而对于这些小型商店的配送费用，则由可口可乐公司和零售商一同支付给 GKP。

（五）信息管理

信息系统是一个人造系统，它由人、硬件、软件和数据资源组成，目的是及时正确地收集、加工、存储、传递和提供信息，实现组织中各项活动的管理、调节和控制。

信息技术是帮助企业发展壮大的核心力量，可口可乐利用新的信息平台，能够使企业在同行业取得竞争优势，从而使企业在竞争激烈的市场中得以生存，其信息系统结构如图 2-8 所示。

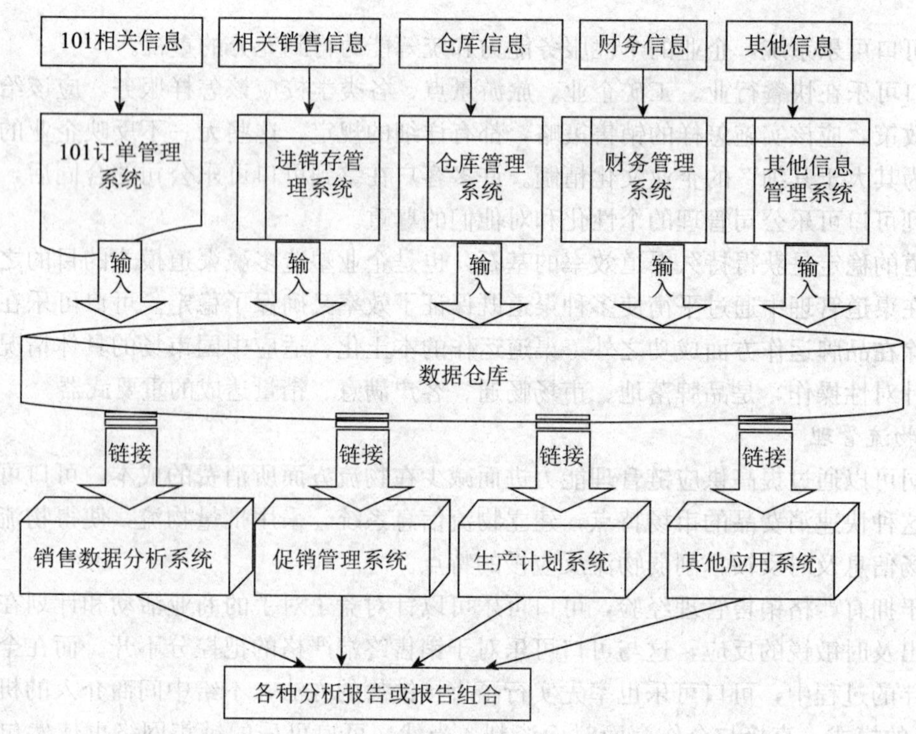

图 2-8 可口可乐信息系统结构

可口可乐信息系统主要围绕以下三方面来设计实施。

1. 离散实施+数据挖掘

统一使用自主开发的以销售和结算为核心内容的软件，软件的名字叫“SDS”，中文意思即“销售分销系统”。

可口可乐公司软件系统的核心部分都是集团自主开发的，购买的部分则是在自己的核心数据库基础上做一些信息的拓展。

每一个部门都在使用适合自己业务的单独子系统。如销售用的是 SDS，供应链管理用

的是 APS 等。

2. 数据大集中

可口可乐生产商在企业内部建立一个信息共享平台。可口可乐分公司用电子工作流这个新思路把企业运作的各个环节连接起来。任何拥有权限的人员都可以进入到信息门户里面获得相关的数据，寻找他所需要的信息。这样可以打通企业各个关节，通过这种方式，可以实现信息在不同的部门之间流动，同时，管理人员可以即时看到企业某项工作的进展情况，及时了解原因并做出处理，加快了企业的处理应变能力。

3. 一切围绕销售

通过 Margin Minder 程序，可以看到之前所有客户下的订单，软件可以精确到客户购买的口味、包装、型号，可以把客户的销售记录做出曲线分析。

通过 APS 软件，可以建立一套在可口可乐全球所有灌装厂全部统一使用的以销售为中心的 BASIS 信息系统。

这些系统的好处有：看到以后的发展趋势，这对销售决策有很大的帮助；此外，将竞争对手的分析加入其中来帮助销售部门进行综合的营销分析，大大提高市场感应能力；可口可乐可以及时地获得下周、下月甚至明年的销量预测，根据这些数据，公司可以调整采购的目录；以销定产，充分挖掘销售潜力和物流配送系统，生产间断进行，保证物流全速顺畅运转。

四、可口可乐的成功

(一) 将困难转变为企业的核心竞争力

由于饮料行业有着货品体积庞大但单位货值较小的天然属性，如何运输饮料产品一时成为了各个厂商所头疼的问题。类似可乐这样的碳酸饮料，又属于饮料行业中的快消品，其所对应的消费群体覆盖面积极其广泛，而其作为饮料的特性又使得整个物流过程中物流成本居高不下。如果同时运输 8t 的可乐和运输 8t 的手机，一万个人里面有一万个人都会选择运手机，比起手机这样体积小、价值高的物品，饮料不仅有着较高的相对物流费用，而且也更容易在运输途中遭到损坏。因而首先可口可乐决定从生产过程中节约生产成本，而节约生产成本中最关键的一项便是做到集中生产。在这样的基础上，可口可乐并没有像其他企业那样急急忙忙地将物流的包袱甩给其他物流公司，相反，可口可乐在物流上下足了功夫。考虑到饮料具有的时效性，可口可乐公司向所有的超市和零售商承诺，只要堆放超过了一定时间的饮料，可口可乐公司都可以进行免费的更换。这一方面增加了可口可乐公司的成本，很多超过存放期限的产品为了保证其品质，只能白白倒掉；可是从另一方面来说，正是由于可口可乐这样的决心和魄力，使得其得到了零售商和超市的信任，在同样的条件下他们自然更愿意选择卖可口可乐公司生产的产品，而消费者也能从这件事情中看到可口可乐公司对于保证自己商品质量的决心，从而更放心地选择可口可乐公司的产品。

正是由于当整个行业都在逃避这样的难题的时候，可口可乐公司选择了勇敢地迎难而上面对并克服这些难题，才有了可口可乐公司如今在饮料市场上空前的成功。

（二）采用高新技术压缩物流成本

在多年的销售运营过程中，通过不断地总结和发现，可口可乐逐渐将物流作为公司立足市场的核心竞争力。作为饮料行业中的一个大类，碳酸饮料的成本通常由其生产成本、广告营销成本和物流成本构成。众所周知，在这三项成本里面，想要节省生产成本几乎是不可能的，由于可口可乐所采用的已经是十分先进的生产模式和技术，在保证其品质的情况下，几乎已经没有压缩生产成本的空间。而在广告营销成本方面，可口可乐公司所采取的创作型的策略也注定不能帮助其压缩这方面的开支，因而从广告成本方面来降低成本也显得不切实际。那么能够占到一瓶饮料 1/5 成本的物流成本便成为了压缩成本的关键因素。同时有数据表明，对于一瓶可乐而言，其物流成本通常是其所产生利润的两倍以上，如此这些数据使得压缩物流成本变成了企业创造利润的源泉。

为了控制好成本，企业首先要从生产环节中去寻找创造成本的空间，并使这个成本尽可能地控制在最低层面上。而由于可口可乐公司自身的特点，其利润绝大部分都来自于其向各个瓶装商出售的浓缩液上，而可口可乐对于其合作厂商整体要求十分苛刻，无论是生产可乐时用到的生产设备还是用于检测产品是否合格的检测仪器，都必须从可口可乐所认可的厂商处购买。正是由于可口可乐公司对于这些生产工艺的严格要求，使得其合作商很难做到在生产过程中能够有压缩的空间，而在饮料行业，随着消费群体口味的变化更替，传统的批量生产的环节也逐渐不再适用于饮料生产，取而代之的则是带有柔性的定制化生产经营模式。这样的改变无疑增加了企业的生产成本，但也让企业能够充分适应市场的变化。那么在这样的情况下是否一定会导致生产成本的增加呢？答案是否定的。事实证明，采取新型的管理运作模式能够使企业减少部分生产成本从而使总体生产成本保持不变。这种管理方式具体操作办法便是让生产模式适应生产流程，由于现在批量减小，相应地减少工作人员，原来可能只有一个工作队伍，休息的时候这整个工作队伍就处于一个闲置状态，这样就造成了人员的浪费。而现在我们给每三条生产线上只配备两个工作队伍，这样就能显著地提升员工的利用率，间接为企业节约了生产成本。而在营销战略方面由于面临着来自其他竞争对手的激烈竞争，可口可乐为了稳固其市场主导地位，只能选择频繁地进行降价等一系列措施来维持销售。

在这样严峻的竞争条件下，节约物流成本成为了可口可乐公司唯一的选择，因此，建立一个专属物流的信息系统刻不容缓。

（三）解决问题的流程

关于物流信息系统的建立，不得不提在 15 年前就开始调理物流信息系统的山东嘉里集团可口可乐瓶装厂。由于建立了专属物流的信息系统，不仅帮助集团发现了之前在管理上一直存在的种种问题，也帮助其减少了许多物流成本。由于制订了物流规划，也进一步提高了企业的运营指标。在企业还没有使用这一套物流信息系统之前，企业的各个部门都处于一个相互之间独立的状态，仓储只由仓储部负责，运输部只负责车辆运输。这样一来，企业各个部门之间缺乏交流沟通，导致工作协调程度差，办事效率低下等一系列问

题。就饮料行业而言，其受季节影响销量差异又十分明显，通常情况下，饮料在冬季的销量总是不够理想，而在夏季却能卖得特别好。因而由于各个部门之间缺乏沟通，常常导致夏天供不应求，冬天却囤着成品卖不出去的现象，造成了企业的经济损失。长此以往，客户往往会因为在夏季订不到单而选择其他竞争对手的产品，而在淡季公司又会向客户进行压货，导致客户满意度极低，满意度都已经是极低的水准了，哪还会有顾客忠诚度的说法呢。与此同时，企业里每个部门还存在着考虑不周全等问题，由于各个部门都在供应链上，往往其中一个部门的变化会导致其他部门跟不上这样的变化，进而导致企业的损失。因此，作为可口可乐这样的大型公司，解决这些问题已经刻不容缓。公司因此首先推举了物流会议的制度，让公司各个部门的领导坐下来一起交流沟通，解决生产中的不同问题，并初步建立信息化系统。而最后，由于可口可乐公司实行全球性联用的 BASIS 系统，虽为可口可乐公司为其自己订制，但同样也在嘉里集团中得到了广泛的应用，真正做到了可口可乐与各个合作厂商之间的信息一体化。

由于自身发展需要，BASIS 系统已无法满足嘉里集团的种种实际需求，在 2000 年时，企业开始着手打造自己的专属物流信息系统，并添加了存货管理和无数配送系统，进一步完善了企业的信息化系统。有了这样相对完善的信息系统以后，企业可以轻松地对其设备如冷饮设备及其配件进行管理，在这样的系统支持下，嘉里集团之前所存在的问题明显减少，企业周转率有了极大的提升，而一直让其头疼不已的存货问题也开始得到改善。不仅如此，在运营上，嘉里集团也极大地提升了运营的效率，车辆利用率变高且大大缩短了平均货龄。与此同时，经过对 BASIS 系统中历史销售数据的提取和样本分析，嘉里集团还可根据这些信息制订其需求和运营计划，极大地提高了生产运输的效率。

五、可口可乐与传统的供应链管理过程的不同之处

（一）对于过程的控制管理

在传统的供应链管理过程中，供应链中的各个活动之间都具有不同的职能和分工，而由于供应链的特殊性，各个活动又总是紧密相连的，因而类似采购、制造、市场营销等活动，在供应链管理的协调下，总能有达到人们期待的结果。在整个供应链体系中，为了联系处于上游企业和下游企业之间的关系企业的管理重点，必须由功能管理向过程管理进行过渡。同时，对于企业自身而言，也必须尽快完成这一过程的转变。就拿可口可乐来说，在整个可口可乐的生产线上，如果在最后销售环节可口可乐受到了消费者的投诉，那么首先得到消费者信息的必然是类似家乐福这类的零售商，而零售商再一步步向上游反馈其从消费者口中得知的信息，这个信息在经过中间厂商的传递后，最终到达了可口可乐公司。这样传统的信息反馈冗杂无比，不仅费时费力，也没有办法及时解决消费者不满意的现状。因此，可口可乐公司要想第一时间内得到消费者所反馈来的信息，必须做到在整个供应链体系中处于主导地位，加强其自身与上下游合作商户企业之间的联系沟通，并制定统一的内部业务流程规范，使得管理变得简单，最后来达到降低成本的目的。

（二）互利共赢的合作关系

与传统的企业运营模式相比，现代企业更看重的是企业盈利对企业带来的可以评判企业盈利状况的相对指标，而不是传统的只在乎企业盈利的多少，这样的认知和观念上的转变，使得现在企业能够更充分地认识到盈利管理对于企业的重要性。同时，在供应体系上，为了实现这样的盈利，企业往往会和供应厂商的各个环节达成合作互利的关系并最终实现双赢的局面。对于类似可口可乐这样的大型国际企业而言，如果为了自身获得更多的利益从而压缩各个供应链环节厂商的盈利空间，必然会导致类似瓶装厂这样的中间环节为了盈利而偷工减料，最终导致可口可乐产品质量的不合格，带给消费者极差的用户体验，从而损害可口可乐的声誉和品牌认知度。当然，作为可口可乐上游的类似甘蔗、玉米等原材料供应商也面临同样的问题，如果其一味地想在短期内多赚取利润，疯狂地向下游厂商抬高要价，必然导致下游厂商转而从其他途径购买或取得原材料替代品，长此以往，这些供应商反而会面临更大的盈利损失。

（三）买方市场带来的启发

在传统的市场竞争中，由于生产力的不足，市场被称为卖方市场，卖方在传统市场中占据着主导地位，在传统市场上总是求大于供。而随着生产力的不断发展，如今市场上早已是供大于求，各个卖方为了抢夺占领市场，厂商之间的竞争日渐激烈。因此，卖方市场逐渐形成，作为新市场秩序中的核心，消费者则逐渐成为了市场的主要驱动力。可以这么说，作为整个供应链体系末端的消费者，拥有着改变这个供应链体系的权利，消费者觉得好，那你的产品自然没有问题。一旦消费群体和消费者品位发生变化，这种由下而上的改变对于整个供应链所产生的影响是巨大的。就可口可乐而言，由于其充分把握了中国地大物博，南北东西不同地域消费群体口味细化和不尽相同的市场规律，意识到只有满足当地消费群众的喜好，才能使自己的产品成功进入当地市场，并逐步占领当地市场，因而在进入一片新的市场时，往往采取的是先观察并模仿当地已经收获成功的产品，并根据观察总结分析，在此之后再推出自己的产品，进而逐步进入并推广，最终实现占领市场制高点，成为市场核心的战略目的。

（四）可口可乐公司管理观念的转变

可口可乐公司与其合作厂商之前常年保持稳定的合作互利关系，为了获得共同利益的最大化，其不得不与各个合作商之间保持双赢的战略。因此，牺牲自己的部分利润来保全整个供应链的健康盈利变成了可口可乐和所有合作商不得不面临的问题。就单纯的产品或原材料的单价而言，可口可乐与合作商不断沟通协调，最终找到一个让供求双方都满意的单价，即使这个单价不是能使双方各自收获最大利润的单价，但双方为了长期的合作，都同意在这个单价的基础上进行贸易往来。

在可口可乐整个供应链网络上，瓶装厂商与可口可乐之间的合作最为紧密，因而瓶装厂商在供应链上也处于较强的位置，拥有较大的权利，如何利用好这种关系并与其上下游厂商之间进行良好的交易互惠互利，则成为了瓶装厂商的最大难题。而可口可乐公司敏锐地捕捉到了这个信息，成为了上下游之间沟通的桥梁，巧妙地完成了对上下游之间的关系

管理战略。

六、可口可乐管理带来的启发

（一）企业在市场的竞争地位

一个企业要想在供应链上处于主导地位，则必须在供应链上拥有可以让其立于市场不倒的核心竞争力。只有这样，企业才能在整个供应链上按照自己的设想和规划对供应链进行操控调整。

如上文中所提到的那样，从 20 世纪 80 年代开始，可口可乐所拥有的神秘配方逐步成为其立足于市场的核心竞争力。当然，作为一个以生产果浆为其主要盈利点的公司，可口可乐很难做到真正掌控整个供应链，并让供应链为自身专门设计运转。在这种情况下，可口可乐公司想起来与其合作的 1000 多家的瓶装厂商，通过对自身瓶装厂商的控制，可口可乐公司逐步实现了对于供应链的掌控，并且由于瓶装厂商所具备的各种已有资源，可口可乐公司还建立起了一个专属可乐和瓶装厂商的市场，实现了降低成本并保有健康的市场网络。

（二）供应链管理与市场结合

面对错综复杂的市场环境，可口可乐公司采取了对不同合作厂商采取不同的合作政策的一一对应的商业模式，通过这样的一一合作，逐步实施公司的战略目标。在整个可口可乐公司的发展过程中，可口可乐公司审时度势，从刚开始的借助瓶装厂商的资源，到中途掌控瓶装厂商让其为自己赢得最大盈利指标，再到最终的不再受瓶装厂商控制，可口可乐实现了在中国市场的从无到有、从小到大的宏伟的战略目标。当然，在这个以消费者为核心的买方市场，一成不变脱离市场只会给企业带来毁灭性的打击，可口可乐公司深知这一点，并逐步将其市场重心转移到类似红旗等地域性的大型连锁超市上，因而带来的是必不可少的转型，而这种转型又牵扯到巨额的资金投入，而作为可口可乐公司的合作伙伴，瓶装厂商自然不会接受这样的转型，可口可乐在其做预算规划时敏锐地觉察到了这一点，并逐步脱离其与瓶装厂商之间的联系，进而完成了对其供应链的改革。

（三）物流信息系统的建立与发展

众所周知，由于中国市场对于饮料的需求量十分庞大，因而造成了各个企业都想在饮料行业中分一杯羹的局面，仅仅在可口可乐主打的碳酸饮料上，可口可乐就必须要面对来自百事、七喜等大型企业的竞争。与此同时，随着产品类型多元化，可口可乐还同时面临着汇源、康师傅、乐百氏的激烈竞争。除了这些大型企业，许许多多的小型企业同样盯着饮料行业这块肥肉，而饮料行业的进入门槛相对钢铁煤矿及重工业市场来说十分低，几乎只要有资本投入就能生产出类似产品在市场上分得利润。对于可口可乐而言，如何在和这些形形色色的企业的竞争中获得竞争优势才是其应该考虑的问题。在这样一个“快鱼吃慢鱼”的年代，如何做到快速信息处理从而实现对于成本的控制对企业而言尤为重要，建立更迅速敏捷的信息系统已经刻不容缓。

1. 误差放大

当可口可乐市场部门根据市场的反馈来改变其生产计划时，其所做的决定在整个链式供应体系中可谓是牵一发而动全身。每一个环节都会对生产计划的变化做出自己的反应，这无形之中就扩大了企业对于市场的需求反应。

2. 延期订单

订单对于企业而言就像企业生命的源泉，如果出现无法正常定期更新订单，必然会导致与其合作厂商无法根据订单对其自身的生产进行预测安排的情况，而作为一个整体的供应链，每个环节都会受到这个延误订单的影响。

一旦企业内部出现了无法及时更新订单的情形，必然会导致一系列棘手的问题，如存货增多导致存货成本增加等问题。这样的问题必然会使得企业在市场中处于劣势，因而一个完善高效的信息系统在供应链体系上至关重要，这个系统不仅仅是企业自身使用，它应当在整个供货体系上被各个环节共同使用，只有当供应链上的每个环节都能及时高效地掌握信息变化并及时做出反应时，这样的信息系统才能体现其存在的价值和意义。可口可乐由于其在市场中的主导地位，每天都有超过一万箱的产品等待运输配送，而最终这些货物的信息成为了可口可乐公司需要攻克的难题。可口可乐现阶段也只能做到其企业内部的信息化管理，而从长期发展来看，选择与其供应商和合作商采用统一的信息化管理系统，实现整个供应链的统一化的信息管理，是可口可乐所追求的终极目标。

第三章　百事可乐供应链管理案例及点评

由于百事可乐与可口可乐都属于碳酸饮料，对于饮料行业的供应链特点已在第二章详细介绍了，这里不再赘述。本章首先介绍了百事可乐公司，并对其面临的背景环境、经营现状进行了分析。其次，着重阐述了百事可乐供应链管理现状，主要从供应链结构、供应商管理、装瓶商管理、分销管理以及物流管理几个角度进行分析。再次，从价格、产业链、广告营销等方面将百事可乐与可口可乐进行对比。最后，探析了百事可乐供应链的成功之处与不足之处，并得到一些管理启示。

一、百事可乐公司背景及经营现状

（一）百事可乐公司简介

1. 百事可乐的起源

1894 年，一位药剂师——布莱德汉姆，在配制有助于消化的药剂时，意外地发现以胃蛋白酶和可乐果为原料配制出的一种软饮料深受顾客的喜爱，他由此得到启发，进一步试制一种碳酸饮料，取名为“布莱德饮料”，这是百事可乐的前身。到了 1898 年 8 月 28 日布莱德将这种饮料改名为“百事可乐”，从此开始百事可乐的营销之路。

百事可乐公司于 1919 年成立，原名为洛夫特公司，1941 年改名为百事可乐股份公司，1965 年改为百事可乐公司。20 世纪 60 年代开始向多种经营方向发展。百事公司的业务项目包括饮料、食品、饮食服务、运输和体育用品等。饮料主要是软性饮料和果汁；食品主要是小食品和快餐食品；运输主要是向国内外运输和发送家庭用品、消费者用品和工业产品，在国内外有 1200 多个机构处理运输业务；饮食服务主要是经营快餐馆；体育用品包括制造和销售高尔夫球、棒球、羽毛球、篮球、排球等以及其他体育用品。百事可乐公司附属机构近百个，主要有百事可乐饮料公司、弗利托莱公司（快餐馆）、比萨餐馆（供应意大利式烘馅饼等）、北美运输公司和威尔逊体育用品公司等。

百事可乐公司最初以生产碳酸饮料为主。1965 年，与休闲食品巨头菲多利（Frito—fay）合并，正式更名为百事公司，从此将休闲食品业务纳入公司核心业务。从 1977 年开始，百事公司进军快餐业，先后将必胜客（Pizza Hut）、Taco Bell 和肯德基（KFC）收归麾下，进入多元化经营的高峰。为了更好地发挥产品结构优势，百事公司将市场经营重点重新回归饮料和休闲食品，并于 1997 年 10 月作出重大战略调整，将拥有必胜客、Taco Bell 和肯德基的餐厅业务从公司分离出去，使之成为一家独立的上市公司，即百胜全球公司（Tricon Global，现公司名为 Yum!）。1999 年，百事公司将百事可乐灌装集团（PBG）分离上市，以便集中精力进行品牌建设和品牌营销。

2. 百事可乐（中国）

百事公司在中国的历史可以追溯到中国实行改革开放之初。1981 年，百事可乐与中国政府签约在深圳兴建百事可乐灌装厂，成为中国首批美国商业合作伙伴之一。

从 1993 年起，百事公司开始建立合资企业，并逐步实行对企业提供支援服务和参与日常经营管理的崭新策略。这一举措使得百事公司通过建立直接的营销能力来增强其产品对市场的渗透力，并通过统一的市场促销活动来完善其品牌形象，提升产品的认知度。

时至今日，百事公司已在全国各地先后建立了 40 多家合资或独资的企业，总投资超过 10 亿美元，直接员工近 1 万人，间接员工达 15 万人。

（二）背景环境与经营现状

百事公司是全球食品和饮料行业的领导者，2012 年净收入逾 650 亿美元，旗下品牌系列中有 22 个品牌的年零售额都在十亿美元以上。其主要业务包括桂格麦片食品、纯果乐果汁、佳得乐运动饮料、菲多利休闲食品和百事可乐饮料，以及其他数百种美味健康、全球消费者喜爱的食品及饮料产品。

由于在可持续发展方面做出的不懈努力，百事公司于 2012 年第六次被列入道琼斯可持续发展世界指数（DJSI World）①，第七次被列入道琼斯可持续发展北美指数（DJSI North America）。2011 年，百事公司在道琼斯可持续发展指数食品和饮料大板块内名列首位，这是百事公司连续第三年被评为饮料行业的领军企业。2012 年，百事公司还获得碳排放披露项目（CDP）的认证，这是公司连续第二年入选 CDP 全球和标普 500 领先企业指数。此外，凭借创新和卓越的水管理措施，百事公司还荣获 2012 年度“斯德哥尔摩工业水奖”。

2013 年，百事公司在由《财富》杂志评选出的“世界最受赞赏的公司榜”上排名第 37，在 2013 年财富 500 强排行榜中排名第 137。同时，百事公司还在瑞士公司 Covalence 的“最具商业道德企业榜”上名列前茅，在 18 个行业的 581 个公司中以优异的商业道德名誉排名第三，位列食品和饮料类别第一。2012 年，百事公司被《福布斯》杂志评为 2012 年度美国十大最佳声誉公司之一，并且再次荣登美国《企业责任》杂志公布的年度“最佳企业公民”前列，该榜单被认为是美国三个最重要的商业排名年度评选之一。

百事公司的系列产品中有 22 个品牌的年销售额都在 10 亿美元以上，如百事可乐（Pepsi－Cola）、激浪（Mountain Dew）、佳得乐（Gatorade）、乐事（Lay’s）、百事轻怡（Pepsi Light）、百事极度（Pepsi Max）、纯果乐（Tropicana）、多力多滋（Doritos）、立顿茶（Lipton Teas）、桂格麦片（Quaker Oats）、奇多（Cheetos）、七喜（7－UP）、美年达（Mirinda）等。

二、百事可乐供应链管理现状

（一）百事可乐供应链结构

百事供应链管理策略为控制浓缩液制造，其他链节根据市场进行调控，其供应链由浓

① 数据来源：百事大中华区——新华网 http：//news.xinhuanet.com/food/2012－10/21/c_123849402.htm。

缩液制造商、装瓶商、经销商、零售商和消费者组成，其生产供应商以浓缩液制造商和瓶装商为主。其供应商运作模式如图 3-1 所示。

我们又根据百事公司在生产和分销的价值链关系，把供应链分为三部分：浓缩液生产商、装瓶商、经销商。

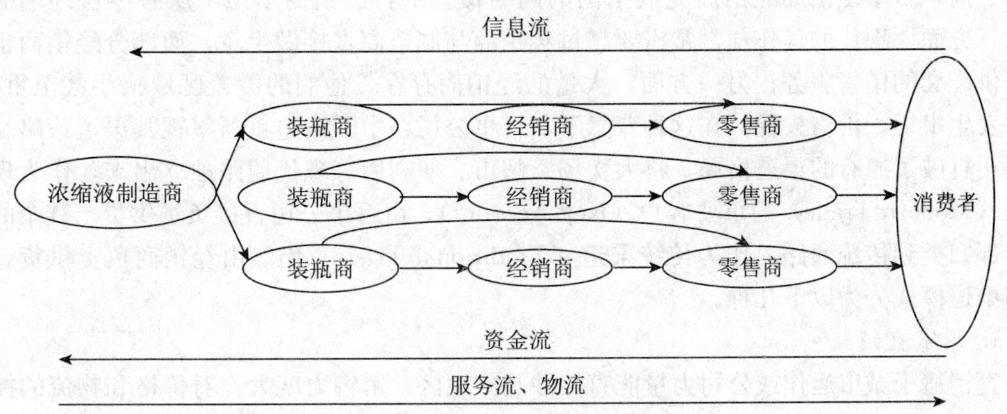

图 3-1　百事可乐供应商运作模式

（二）百事与装瓶商

灌装厂：其运作流程是先购买浓缩液，然后加碳酸水和玉米糖浆，混合后装入瓶中，消毒整理后送到消费者手中。灌装厂是一种流水线的生产过程，由同类产品和同样规格包装产品之间相互转换的几条高速生产线组成。这些生产线的成本大概在 700 万美元左右，不会高于 1000 万美元，这主要看加工和包装的规格要求。但是生产线的一些自动化大型配置成本可高达几亿美元，可是对于灌装厂来说，其他主要成本包括包装费用、人工费用及管理费用，最大的支出还是浓缩液和糖浆的购买，此外还有运输和销售渠道的成本。

在软饮料行业，一般公司通常让零售商与装瓶商两者之间签订合作销售合同，然后推销活动由零售商完成，并根据合同规定从中得到相应的折扣，而瓶装厂则不需要参与其中，只需支付相应的活动费用。百事公司则为瓶装厂准备了“店铺直接上门”活动，通过这一活动，专业的配送人员就可以得到货架空间，从而用来安排储存软饮料商品，也可以根据储存方式和货架摆放位置及促销点展示商品，以便控制浓缩液的品牌，例如一些规模较小的知名品牌，像飞购和艺龙等就是用食品仓库进行储存销售的。

百事还和瓶装厂签订协议，协议表示授予了瓶装厂销售百事品牌的饮料永久性的权利，但也有要求，瓶装厂的饮料原材料等必须从百事公司购进，且相关的具体条件由百事决定，如原材料价格、供货条件等，当然这些也会根据市场定位，不会漫天要价。协议中主要对浓缩液产品价格进行了协商，决定根据消费者价格指数进行提价，特殊情况再做谈判。并且百事公司同意瓶装厂和其他浓缩液制造商合作，或者开发新的软饮料，也可以销售浓缩液制造商的饮料产品，但是瓶装厂不允许直接销售竞争品牌，即可乐类品牌饮料。百事公司为了使瓶装商和小型浓缩液制造商产品依赖百事的瓶装销售网络，于是不停地购买合并瓶装商，再对它进行重组、分配，慢慢地对百事浓缩液厂商定价的话语权也就更加有力。

（三）百事可乐分销管理

为了应对不断变化的市场形势，百事公司对渠道管理进行了一系列变革，在进行渠道变革之前，百事是借助经销商完成全国的网络覆盖的，经销商承担了所有零售终端的供货。一方面，现代的运作却常常需要越过经销商与制造商直接做生意，而部分经销商也难以提供配套的销售服务；另一方面，大量的经销商存在，他们的覆盖区域狭小甚至重叠，常常发生串货，价格失控。在这种背景下，百事公司在中国被迫重新审视其渠道策略。百事公司打破了原有的渠道格局，将大卖场、超市、便利店等现代通路独立出来，作为现代渠道（Modern Trade）的重要客户（Key Account），由百事公司直接负责供货。其余的客户全部归类到传统通路，作为传统渠道（Traditional Trade）仍然由经销商负责供货。其分销渠道模式分为以下几种。

1. 厂家直销

直销适于城市运作或公司力量能直接涉及的地区，销售力度大，对价格和物流的控制力强。

图 3－2 为百事可乐分销模式一。

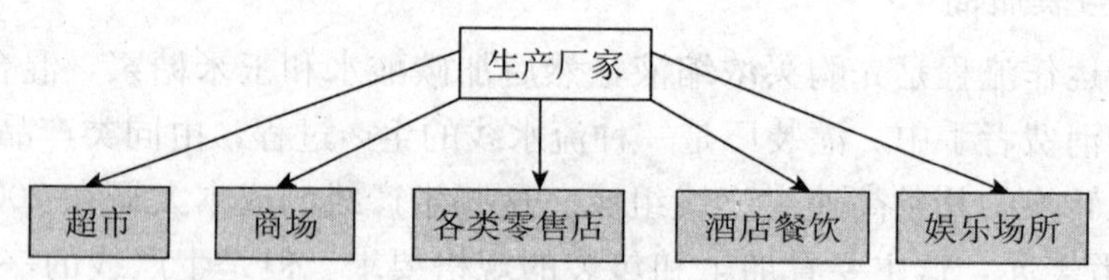

图 3－2　百事可乐分销模式一

超级市场渠道拥有固定场所，所售物品开架陈列，且商品定量包装、明码标价，消费者自行选购商品，无售货员服务。消费者采用电子结算的方式，在出口处一次付款结账。

食杂店渠道设在居民区内，通常利用民居开设窗口或摊位。其分布面极广，以方便居民就近购买，营业时间较长且随意性较大。

餐饮渠道随着人们经济生活的普遍改善和消费水平的不断提高，消费者在外用餐的机会日渐增多，并且消费方式也日趋多样化。消费者在餐饮消费方式上的变化，更加强烈地刺激了餐饮业的发展。餐饮渠道（中餐馆与西式餐厅的统称）的快速增长，对于碳酸饮料行业来说，无疑增加了更多的销售机会。

2. 批发协作模式

经销商通过其区域影响力和物流能力在百事公司市场运作初期有着不可替代的作用，也是百事在攻占一方市场的强有力的后备力量。在与经销商的关系处理上，百事有以下实施方案。

（1）必要的让步。“为了促使中间商圆满地完成相应的销售任务，中间商的各种欲望和利益生产企业一定要尽力了解弄明白。所以，生产企业为满足中间商要求必要时可以做

一些让步，以示鼓励。”菲利普·科特勒这样说道。百事公司针对这点也做出了相应的安排，即让经销商通过利用百事公司的销售网络来完成促销任务，并承诺给经销商与促销销量相对应的返利，这样使经销商完成的越多，得到的越多，达到双赢。

百事可乐分销模式二如图 3-3 所示。

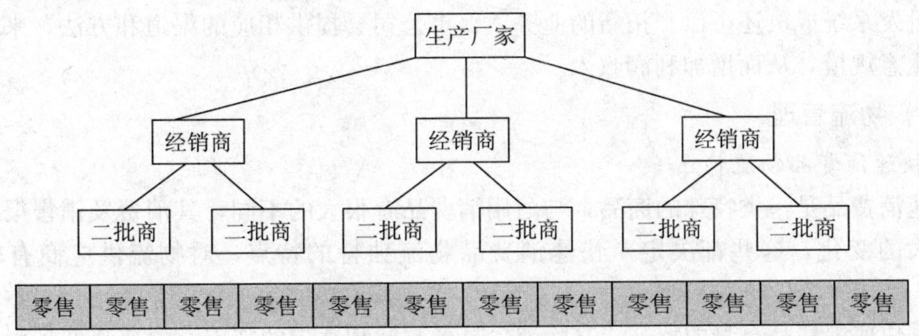

图 3-3　百事可乐分销模式二

（2）提供优质的产品。百事公司在产品数量、品种、价格、质量和交货时间等方面做出严格安排，为经销商提供了良好的销售环境，并尽最大可能满足经销商的要求。例如在不同的市场，根据市场需求及经销商要求，做出适时的、相应的生产计划调整。有时也会通过改进生产技术和经营理念等方面，针对那些物美价廉、销售对路热销的产品做出调整。

（3）提供进货折扣和奖金支持。对那些大批量、次数多的经销商，百事也有相应的安排，即给予相应的价格和数量上的折扣，来表示对这些经销商的支持。

（4）积极开展促销活动。百事经常根据其影响力和渠道，通过不同活动举行促销，并且根据活动的情况和销售情况做出不同的调整，而这些活动的费用先由经销商代垫，再以折扣的方式在大区活动作战单元时返还给经销商，这样有助于既省时又省力地完美完成销售。

（5）提供资金援助。对于那些资金不足的经销商，百事也有相应的安排。即通过融资等方式，帮助经销商扩大经营规模，并允许经销商向百事公司贷款，且给予他们较长的付款期限，同时在购买百事产品时给予一定的优惠，在销售渠道上给予相应的帮助。

（6）给予经销商应有的收益。百事公司为了满足经销商的利益，本着公平合理、双赢的原则，从双方长期合作方向发展，来处理利润分配等涉及利益的问题，促使双方达到相应的收益，促成双赢的局面和长期合作。

（7）协作批发系统。在目标区域市场，从这些独立且相互竞争的批发商中，找到符合百事公司标准的，用来帮助百事公司的产品配送到顾客的批发商。这个系统的主要流程是：首先相应的专业业务人员和顾客签订订单，然后负责业务的人员再根据订单进行整理、配送，其中包括传统的软饮渠道和现代渠道，如便利店促销和网络渠道等配送。经销商的产品库存主要被这种方式消耗，否则很难销售完全，并且该系统在公司进入市场时也有着举足轻重的作用。

百事公司对该系统有以下两点安排和优惠：在进货方面百事公司会给批发商一定的优惠，这一点上协作批发系统成员和其他非协作批发商没有不同。但在其他方面如利益分配时，百事会根据协作批发系统成员对百事产品促销的销量，给予相对等的返利，在进货时给予进货折扣，保证其比非协作成员得到更大利润；在进货和出货时，百事公司会根据协作批发系统成员的具体情况做出相应的管理对策，从而保证业务的进行和商品的流通，并且协作批发系统成员还可以开拓新的业务，百事公司会提供相应的渠道和方法，来帮助他们扩大生意规模，从而增加利润收入。

（四）物流管理

1. 快速消费品物流特点

快速消费品是一类特殊的商品，与耐用消费品有很大的不同，其消费及销售渠道也发生了很大的变化，这些都决定了快速消费品物流独特的特点，对物流供应商有较高的要求。

根据快速消费品自身的特征，其物流也具备与此相适应的特点：快速消费品由于消费量大且比较稳定，对物流配送也相应有较大且稳定的需求；快速消费品物流成本比较敏感。由于单品价值一般较低，所能赚取的利润空间不大，制造商对物流成本极为关注。因此，很多供应商开始通过物流外包的方式降低流通过程中的成本，使得快速消费品行业成为采取物流外包方式最多的一个行业；快速消费品的供应链环节多且非常复杂，末端配送成本高，需要物流网络强有力的支持，要求物流配送系统专业、稳定并且成熟，且必须根据不同企业业务流程的特点选择适合的运作模式；快速消费品生产及库存周期较短，对库存配置、运输配送以及渠道管理的要求很高。另外，由于各地区产品的差异和销售的全国化，物流提供商容易获得回程订单。因此，快速消费品对物流系统的集成化和信息处理能力要求较高；快速消费品的配送日趋呈现出小批量、多品种、高频率的趋势，对配送灵活性有越来越高的要求；快速消费品产品的忠诚度不高，因此在系统设置时必须考虑各种促销手段和广告对于需求的影响，进而分析对于整条供应链的影响。

2. 百事可乐物流系统业务需求及目标

按照目前百事涉及的业务来看，系统由库存管理、订单处理、车辆管理、线路优化四个主要模块构成，具体模块的功能应达到以下目标。

库存管理目标包括出入库的监控以及单据的自动生成；盘货以及退货的处理；各个时间段的出入库货量、库存的统计功能以及相关报表的生成打印，即要实现对仓库的存量与流量的同时监控；能够根据最近一个时间段的出库量的统计自动设定安全库存量并实时预警。

订单处理目标包括能够与百事公司的销售和财务系统实现数据交换；能够实现对一定时间内的订单按某个标准（如邮政编码）自动归类，并能对每类所涉及的总吨位并据此初步测算出所需要的大致车辆数目；在此基础上能够对同属一个编码下的各个订单再按产品的类别以及各产品的不同规格进行汇总统计并最终形成拣货单；能够根据车辆管理模块的预处理，在属于同一邮编的所有订单下，对不大于车辆核准载重量（如 4t）的几张订单进行合并处理，对应车牌号生成此车应装的各个产品的数量以及发票总金额，以便司机在装

卸货时进行核对。

车辆管理目标包括车辆资源以及自身性能、所配备人员，运行状态、何时可供调配的及时查阅；能够按照车辆的编号输出送货顺序、装箱顺序、线路道路表、配送线路图。

线路优化目标包括根据送货车辆的装载量、客户分布情况、配送货物订单的情况、送货线路的交通状况等因素，系统进行送货线路的自动优化处理，形成最佳送货路线（最好是闭环状路线），保证企业送货成本及送货效率指标；可以查询每辆车的送货线路，包括线路上客户的送货顺序及名单，然后按照线路为每辆车配货、装车、送货，管理人员可根据具体情况进行线路微调；包含道路信息维护功能，提供基于地图方式的道路单行、双行、临时阻塞维护，并要在线路优化时考虑交通状况；为保证可靠性，应支持经验线路，有经验的调度人员可以进行调节。

3. 百事可乐物流管理

百事可乐公司在中国的成功，除在品牌运作方面成功之外，该公司在中国市场上物流方面的成功也是品牌落地、市场畅通、客户满意、销量达成的另一利器。百事可乐物流"无处不在"。在物流布局与"屠能圈"的问题，百事可乐公司在这方面就做得非常好。公司以其瓶装厂所在城市作为中心城市，中心城市作为其销售和物流的中心。特别是销售积极的销售系统，而物流采用"你卖我送"运作模式，这也是百事可乐公司在中国取得成功的关键要素之一。

（1）自建物流中心的直销策略。占到总销量40%以上的销售中心城市，由装瓶厂直接负责销售。虽然百事可乐的物流全部交由第三方物流公司来做，但在这些城市，公司还是保留了少数的自备车辆，为需要个性化服务的客户提供服务。比如对沃尔玛、家乐福、KFC等这样的重点客户配送，都由灌瓶厂直接送运，对库存等方面也亲自管理，这种针对大客户终端的直销方式，大大提高了百事可乐的市场反应能力。

（2）第三方物流策略。百事可乐在传统批发环节，也是通过一级批发商到二级批发商，再到终端客户，虽然客户管理非常松散，难以准确把握市场，但推出了WAT销售模式，组建了WAT销售代表（WAT批发协作），直接面对并获得零售终端的需求，由第三方物流快速配送。

（3）不断细化的个性化服务物流策略。随着市场竞争越来越激烈，百事可乐的促销活动也越来越频繁。这时候，快速的货物流动就更需要物流的配合，如何化解活动带来的突然压力就是物流部门所要做的工作。百事可乐公司在面对顾客的个性化服务的要求下能迅速地采取措施满足消费者的需求，与其一贯坚持的个性化服务物流策略是分不开的。

三、百事可乐与可口可乐的对比

在百事可乐与可口可乐近百年的纠缠之中，由于产品的变化极小，因此，双方的竞争点主要是在价格、产业链以及广告营销上。

（一）价格

有人曾问起百事可乐经营的秘诀，得到这样的回答："我们有一位优秀的对手。面对可口可乐，百事可乐的策略就是：永远比可口可乐在容量上多一些，永远陈列在可口可乐的旁边并努力比它多占一些空间，永远比可口可乐低5美分。”

作为市场中的后来者，百事可乐的价格一直比可口可乐稍低一些，促销活动也多一些，到现在仍然如此。

在价格方面，产品定价有成本定价、市场定价和心理定价三种方法，百事可乐一直采用第二种，即以竞争对手为参照的市场定价策略。在20世纪30年代，在美国经济大萧条时期，百事可乐就推出12盎司一瓶的新包装，价格同可口可乐一样，都是5美分，而当时可口可乐的包装都是6.5盎司，老年人喝起来合适，年轻人就不够过瘾，当时百事可乐的广告口号是“5美分买双份”，这种指向性极强的广告效果非常强烈。到1953年，百事可乐的销售量增加了12%，渐渐成为可口可乐之外的第二大品牌。

除了直接降价冲击市场，销售渠道的变化也给了百事可乐另一次机会。在饮料行业，产业链由浓缩液、装瓶、分销和零售等环节组成，作为专业的浓缩液制造商，可口可乐通过向各地的装瓶厂授予装瓶和销售经营权而建立起销售网络。在以分散的食品零售店为主要销售场所的年代，这种由本地装瓶厂销售和维护顾客关系的模式取得了成功，而可口可乐则通过销售浓缩液而成长为业内最大的公司。

（二）产业链

在20世纪70年代，低价的大型连锁超市开始发展，食品零售店受到冲击，后者正是可口可乐的主要渠道。当时，可口可乐的销售由装瓶厂控制，每家的成本结构和利润都不相同，很难达成一个一致的低价供给超市，连锁超市也不能接受同一产品在相邻区域售价不同，而百事可乐则拥有很多大型的装瓶厂，在定价方面可以更为灵活，比可口可乐更快地进入大型超市。可以说，百事可乐的价格优势正是来自可口可乐体系中的缺点，即销售系统不统一，很难进行价格竞争。

在这种情况下，自20世纪80年代开始，可口可乐开始对产业链进行改造，以期得到一个更集中、可控和系统化的运营系统。首先，可口可乐开始收购装瓶商，回购特许经营权，向下游环节慢慢渗透，对大型的装瓶厂进行现代化改造的同时，可口可乐还在区域内积极地进行广告营销，而那些没有加入可口可乐旗下的装瓶商就得不到管理和营销上的资源支持，处于不利的地位，甚至有可能被市场淘汰。通过这种模式，可口可乐渐渐获取了对产业链的控制权，定价和市场营销方面的决策也可以统一起来，快速执行。

（三）广告营销

虽然可口可乐与百事可乐的饮料配方都是顶级商业机密，但可以肯定的是，人们现在喝到的可乐与百年前并无差别。尤其是对于以饮料界的“经典”形象出现的可口可乐来说，因为其被赋予了有关美国精神的巨大意义，产品上的“创新”甚至会带来巨大风险，粉丝的反弹力量之大，可以从20世纪80年代可口可乐更改配方的风波中得到验证。

可以说，在社交媒体时代，拥有深厚粉丝基础的可口可乐具备天然的优势。比起那些利用社交平台积累人气的品牌来说，可口可乐却是通过社交媒体来为已有的粉丝提供一个热情的宣泄口，因而显得游刃有余。

如果说可口可乐的品牌营销是以百年品牌的情感积淀为起点而展开，那么百事可乐则

更像是市场中的搅局者，将营销的视角投向了战后成长起来的新一代年轻人。

1960年，百事可乐推出“这就是百事，它属于年轻的心”宣传语，让品牌上升成为一种年轻人的“生活方式”，为此后的营销定下基调。在这个框架之内，百事可乐策划一系列营销活动。当时与百事可乐合作的BBDO广告公司提交了著名的“领带备忘录”报告，这份报告不提饮料，只谈领带，追问：为什么男人花那么多的钱去买领带？领带是必需的用品吗？不是。答案在于：领带让顾客对自己感到很满意甚至很骄傲。所以，一味吹捧自己的产品没有用，大力赞扬那些选择你的消费者，让他们觉得自己做出了对的选择，才是营销的正解。

为了引发他们的共鸣，百事采用各种表现方式强化“年轻”的形象，选择年轻人崇拜的歌星和运动员作为代言人，赞助年轻人喜欢的演唱会和体育比赛，将品牌与“活力”和“时尚”等概念联系在一起。1983年，百事可乐花500万美元的天价请迈克尔·杰克逊拍广告片，由于他的巨大影响力，许多电视台甚至在新闻节目中播放这部广告片，开播不到一个月，百事可乐的销量就开始飞升。随后，在明星营销中尝到甜头的百事可乐开始在世界各地寻找受欢迎的音乐明星，系列广告片也以音乐元素为主打。由于音乐易于传播，旋律和歌词比生硬的广告语更容易被人牢记，能够深入地推广品牌理念。

从一开始的追随者，到成长为不可忽视的竞争对手，百事可乐与可口可乐的竞争还在进行中，胜负无法定论。早年的百事可乐以价格优势敲开饮料市场，随即投入渠道和营销的竞争领域，可见价格战只是初级的竞争战略，随着企业和行业的成熟，取而代之的将是品牌和服务价值提升带来的利润增长。

四、百事可乐供应链管理的成功之处

（一）年轻化品牌——百事可乐的价值所在

我们都知道可口可乐与百事可乐一直在饮料行业中占据着优势地位，一直处于饮料行业的先锋位置。但是我们都知道百事可乐公司相较于可口可乐公司的诞生晚了12年，一直在市场中占着最大市场份额的可口可乐公司一直处于行业的领导者地位，12年的差距，足以让可口可乐公司与百事可乐公司之间形成了一条不可逾越的鸿沟。近些年来，一直扮演挑战者角色的百事可乐公司，一直在追赶可口可乐公司的脚步，逐渐形成自己的优势。

企业参与行业竞争的一个旗帜或者标志就是品牌，而作为世界级的著名软工业品牌的百事可乐公司，凝聚着几代人的心血，每一位经营者对于百事可乐公司的品牌质量的执着追求以及无数的深思熟虑的抉择，是百事可乐公司无形的资产，他们对其百事可乐品牌内涵的定位的正确挖掘，有机地结合资产运作和百事可乐形象，从而打造了一个世界级品牌的可乐饮料。

百事可乐无疑塑造的是一个年轻化品牌，目标消费者更着重于定位年轻化，其定位、宣传都紧紧围绕着年轻人这一目标客户群体而展开。

1. 品牌定位——年轻化定位

品牌运营成功的先决条件是恰当准确的品牌定位。良好的品牌定位是品牌经营成功的前提，品牌传播的客观基础是品牌定位，品牌传播依赖于品牌定位。经过多种品牌运营手段的整合运用，品牌定位所确定的品牌核心价值等理念将成为企业品牌持久发展的精神动力。

关于企业的战略问题的定位，清晰准确的品牌也是其中之一，即需要清楚这个品牌能做什么，不能做什么，还要坚持抵御一些很大的诱惑，按照原定的品牌定位战略去经营。多少年来，根据广告用语，通过对“百事新一代”“新一代的选择”到“渴望无限”“突破渴望”的演绎，瞬间掀起一股势如破竹的蓝色风暴，即一概用红蓝白三色相间的产品包装，无论轻怡百事、激浪，还是斯力思等新产品的悄然推出，年轻化定位总能被百事可乐的经营者们恰到好处地把握住，“新一代可乐”是百事可乐的定位，象征着“年轻、活泼、时代”，不断满足市场和消费者的需求皆因其充满时代的气息。

百事可乐公司品牌成功定位源于以下几个方面。

（1）竞争对手差异化。采取优越于竞争对手的品牌定位，才会使自己在竞争中处于优势地位。反言之，一味地跟随竞争对手或者与竞争对手品牌定位一样，肯定不会有丝毫的机会超过竞争对手。那么只有树立起自己的品牌旗帜，突出自有的品牌特色，与竞争对手有明显的差异性，才有可能站在对立面的时候有胜利的机会。可口可乐最早期的定位着眼于“正宗”，如果人们想喝可乐类饮料，就会想到最正宗、最经典的可口可乐，后来百事可乐经过大量观察分析发现，可口可乐的消费者多为成年人，因为大部分成年人对“正宗”有一种狂热的喜爱，因此，百事可乐反其道而行，将品牌定位于“新生代的选择”，并且把个性锁定在“反传统”上面。不管是在产品包装基础色还是形象代言人上都采取和可口可乐相反的定位。

（2）定位年轻化、着眼于未来。百事可乐公司将目标产品市场直接定位于年轻化，方向直指大众青年，活力自信是百事可乐的目标主题。百事可乐公司正确的市场定位，使得百事可乐公司有与可口可乐公司一较高下的实力，摆脱了那个曾经濒临破产的形象。COMMS 2000（新生代市场监测机构）显示：百事可乐15～24岁消费者的比重是30.1%，可口可乐则是28.5%。在年轻化的处理上，显然百事可乐公司优越于可口可乐公司。

在最开始的时候，众所周知，可口可乐公司的竞争优势远远高于百事可乐公司。一份关于不同年龄层的消费者调查报告（BBDO）显示，百事可乐公司从中看到了生机，他们发现虽然可口可乐公司销量远远高于自己，但是消费年龄层明显地普遍偏老龄化，当时正是第二次世界大战过后，没经历过第二次世界大战的年轻人充满着青春与活力，即将成为美国中坚力量的他们很快会成为市场的主要消费者。

可惜仍执着于把公司品牌定位于温馨、和谐的可口可乐公司并没有发现其中的改变，有时候往往一个小的变化就能带来致命的威胁，百事可乐公司正是抓住了这个机会，打造出了一个具有代表性、针对性的品牌定位，主攻新一代年轻消费者市场的百事可乐公司在最后的竞争中脱颖而出，成为饮料行业中的佼佼者，百事可乐公司并没有按照可口可乐公司的全方面全年龄层定位的思想，而是主动积极地从年轻一代的消费者入手，百事可乐公司一直坚信，只有新年轻一代才会成为日后的最大消费者，赢得年轻消费者的信赖与好感就等于抓住了整个市场。

百事可乐经过深思熟虑，考虑到公司未来发展前景时，最终把百事可乐公司的定位放

在年轻和活力上，并且把宣传策略定位于年轻化一代，亲切地称那些年轻消费者为“百事新一代”。百事可乐公司积极、创新、独特的品牌理念恰巧融合了新一代年轻人的精神，百事可乐公司始终相信新年轻一代会带领百事可乐公司走向世界的潮流。同时，百事可乐公司的理念也在激励着新一代的年轻人去勇敢地表达、勇敢地追求。

2. 品牌传播

品牌的正确宣传对企业起着至关重要的作用，消费者对企业的知名度与对这个品牌的知名度直接影响公司在市场的销售，但是品牌的宣传并不像想象中那么简单，它渗透在企业的各个方面，是企业文化的体现，是企业战略制定的目标与方向。

（1）“百事新一代”的宣传。年轻化是百事可乐的主流品牌定位，因此，百事可乐所选择的形象代言人或者平面广告模特清一色的是靓女美男，口号则叫作“百事可乐，新一代的选择”，推出了主题广告“如果你现在还在青春激荡的年龄，那么百事可乐无疑是你们的首要选择”，以及“代表着百事新生时代的你们，奋起吧”，并通过在电台、电视台唱宣传歌曲的形式激励年轻人“喝出你的青春，喝出你的健康就选择百事可乐”。这些充满个性和激情的广告语在年轻人中赢得了很大认同，创造和促进了崇尚年轻的文化，使自己从一种纯粹的消费品进而成为新文化的倡导者，这些观念大大影响了年轻人的传统意识。

百事可乐最大的成功是因为选择了全明星广告的一种宣传策略，让大部分年轻人接受并喜爱之，例如欧美歌星麦当娜、已逝巨星迈克尔·杰克逊，再到中国的王菲、韩庚、蔡依林等都是年轻人热捧的偶像，不只是娱乐界，百事可乐还邀请了体育界的明星们，例如梅西等足球界的大腕儿作为形象代言人，百事可乐用美妙的音乐与健康的运动，诠释着百事可乐的文化理念，利用明星的知名度，使年轻一代的脑海中深深地存在着百事可乐。

（2）“渴望无限”的宣传。“渴望无限”是百事可乐的核心理念，品牌倾向于定位在“年轻向上，朝气蓬勃，欢愉轻快，渴望无限”。百事可乐提出了“Ask for More”的主题来迎合百事可乐的整体营销策略去宣传“渴望无限”这个理念，最新的百事可乐宣传片中出现了几位明星，例如李俊基、黄晓明、罗志祥、蔡依林、古天乐等为年轻人所熟知的明星，百事企业这些年来最浓缩的精华、最核心的理念便是带给新一代年轻人最感性的诉求，鼓励、激发他们去拼搏、去努力，由此掀起了一股名叫“蓝色风暴”的百事运动。

多年来，百事可乐一直与年轻人紧密联系，公司的品牌定位从“新一代的选择”转变到“渴望无限”，充分显示了百事可乐公司的创新、独特及积极的品牌定位与企业文化，在年轻人所喜爱的品牌中牢牢地占据了前列位置，产生了高效的化学反应。

（二）本地化实践——百事可乐的成功之处

百事可乐公司成立于1898年，总部设于美国，经过多年的百事可乐公司的合并并购，最终百事可乐公司还是把焦点定位在饮料及食品行业，2013年百事可乐公司市值达到1198亿美元，年销售额高达664.15亿美元，财政年净利润约有67.4亿美元。百事可乐公司各部分收入及增长比率如图3－4所示。

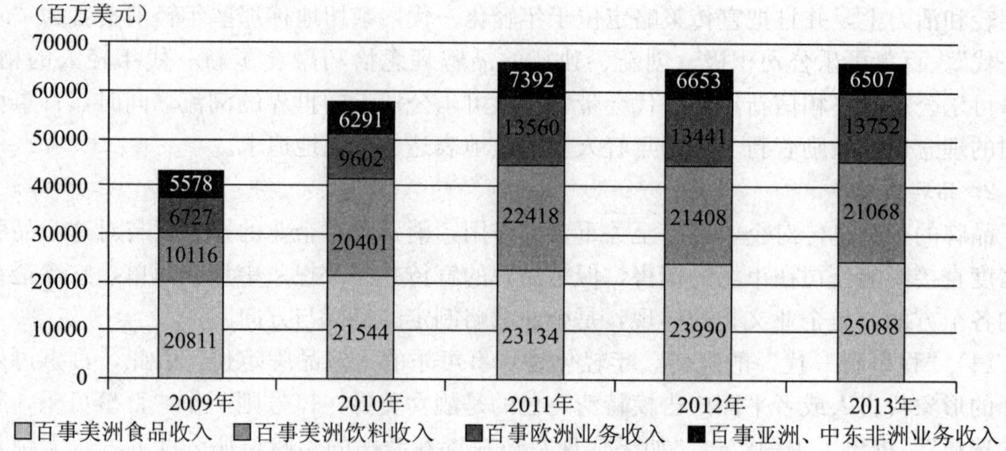

图 3-4　百事可乐公司各分部收入及增长比率

数据来源：企业年报/半年报/季报、估股网。

在全球十大饮料排行榜中，百事可乐仅次于可口可乐排名第二。1981 年，百事可乐正式进军中国，在中国深圳特区正式成立了灌装厂，也是百事可乐在中国的首个灌装厂。时至今日，大约有 40 余家百事可乐公司旗下产业在中国成立，接近 10 亿美元的在华投资，百事可乐（中国）大约有 1 万人是本地人。百事可乐在中国每年的销售额增长率超过 30%，居国际主导业务中 10 个国家的销售额增长率榜首。

李春佳——百事（中国）投资有限公司总经理认为，百事可乐在中国成功的原因主要有以下七个方面，最主要的成功原因全部来源于本地实践化。

1. 特许经营模式本地化

1995 年对于百事投资有限公司来说是一个最重要的年份，公司通过一种许可浓缩液供应协议与在中国有关的灌装厂产生一定的联系。同时，与在美国等世界与它相关的地方也有一定的差别，这些灌装厂百事公司皆有投资，一般来说，经营的一方被特别许可它的公司缴纳一定的特别允许费用，根据在华市场的特别要求，LOGO 被百事公司允许让灌装厂使用并不收费用，在中国政府的管理下，用广告的投入等很多有效的方法保持 LOGO 的价值并稳步增值，与此同时，还与灌装厂一起做大范围的市场（通过两方相互特别允许经营的合同，在中国的 15 个灌装厂的收入范围，百事公司也对其有特定限制）。李春佳说过，如果想要在经营中保持一种成功的态势，可以通过对世界通行的特别允许的一种经营模式，根据当地的条例进行一定的改变去适应它。

2. 营销策略本地化

直接销售直接配送是百事可乐在世界通用的配送方式，但是到中国后，百事可乐逐步改变，采用带有中国特色的一系列销售体系，例如批发商管理、协作批发、传统批发、代销售、直销等方式。百事公司通过将其管理技术和经验传授给本地批发及分销商，使第三方物流商家或者产品分销商由被动变为主动，由消极变为积极，使产品的销售渠道更加符合中国特色，探索新型的销售方式。

3. 品牌发展本地化

融入一国文化是企业能否站稳脚跟的根本方法，百事可乐也是如此，进驻中国后，就把百事可乐定位于具有中国特色的品牌，来迎合中国消费者的喜好。比如在设计品牌定位的广告时，不仅沿用了固有的国际理念，而且还融入了一些具有中国特色的理念，比如宣传广告都是邀请被中国人熟知的大陆和港台明星，或者中国的一些体育明星，传递着“年轻无极限”的百事精神，签约多个明星，形成明星家族，娱乐界、体育界纵横发展，并且为了提高在中国的市场价值建立了百事音乐排行榜，整合优势资源增加宣传。

4. 原材料采购和设备本地化

百事公司从 1982 年至今，已经逐步实现了原材料、生产与销售集于一体的策略，以达到生产成本降低、增加公司利润的目的，原材料中就包括了易拉罐、瓶、箱、瓶盖以及食用糖。目前，除了浓缩液这个最核心的配方是由美国总部公司亲自监督之外，其他的一切采购、生产以及制造等，都是在中国完成，比例占到了 99%。并且原材料本地化还可以减少百事可乐的生产周期，提高生产效率，并且中国经济发展迅速，很多原材料或者设备在中国当地采购，在价格上具有一定的优势。

5. 员工本地化

当前，在中国约有 1 万名本地员工在百事集团公司工作，更有大约 15 万人在百事可乐的整个产业链中就业。百事集团公司在中国区就业员工中，只有不到 1%的外籍就业人员，中国管理人员更是占据 64%。为了培训、培养企业员工和相关业务人员的能力，无论蓝领阶层人员还是金领高层人员，百事可乐公司为其员工提供培训，并且为了使公司人才组织架构更加完善，为未来发展储备人才，采取了一系列的措施，例如有策略地培养高层管理人员，选择优秀的企业人才作为总经理，加强对区域总监的能力建设等活动。

6. 公益事业本地化

公益事业本地化主要有：全国妇联、中国妇女发展基金会在 2001 年设立“百事可乐”专项基金，用来救助那些贫瘠地区的妇女儿童；资助西藏地区文化教育；支持政府抗击“非典”；资助在北京举办的国际音乐节儿童音乐会；加入“保护母亲河”等公益活动，为塑造企业社会良好形象做到了榜样力量。

7. 研发能力本地化

百事可乐于 1998 年与中国农业部成立“百事—中国农科院农业发展研究中心”，投资总计 70 万美元，与此同时，中国首个饮料研发中心也是百事可乐公司在海外市场设立的第一个研发中心，并且此研发中心将会面向中国乃至世界市场展开工作。

百事（中国）投资有限公司总经理李佳春评价说，百事可乐在中国的实践本地化无疑是成功的，百事可乐公司在中国一直保持稳定的营业额增长，而且越来越受广大年轻人的喜爱。

五、企业供应链管理的不足之处

（一）质量管理的局限性

百事可乐的产品大多是快速消费品，其饮料类产品更是属于数量大、产品价值低的类型，其供应链长度长、深度也比较复杂，从供应商、运输商、经销商、分销商，到最终的用户手中，需要彼此之间的相互合作，然而事实表明，百事公司的质量管理重点仅在于生产环节，而忽视了其他供应链环节的质量管理，尤其是供应商和分销商的质量管理，这种只重视一个环节的管理方式最终带来了质量管理的缺陷，导致百事公司的产品在最后的销售环节上出现质量问题。在2012年1月，南京消费者李先生喝了两口百事可乐之后，就上吐下泻了两天。百事可乐公司的工作人员虽然承认是可乐的问题，但是身体受到伤害的李先生仅仅能得到10瓶可乐作为赔偿。

（二）原材料质量不稳定

通过以上分析，我们得知百事可乐是以特许合同方式经营的，通过对供应链中的其他个体采取特许加盟的方式，百事公司自身的定位则是浓缩液供应商和广告宣传商，这样的管理方式虽然避免了资金的大量占用，可以让企业专注于发展其更为重视的部分，但是同样的，也导致了供应链环节中的其他个体在管理上会有力不从心的感觉，缺乏绝对的控制和管理，因此在其他方面发生质量管理失控的问题就是必然的结果了，例如瓶装商的质量问题最终会反映产品的泄漏问题；再如原材料供应商，其质量管理的失控更是会直接导致产品质量的下降。这些问题可以归结于百事公司供应链管理的模式问题，但其本质仍属于原材料质量管理的失控。

据国际金融报报道称，当地时间，2012年1月14日美国百事公司宣布，检测结果显示，该公司旗下的“纯果乐”橙汁含有痕量（指极小的量）杀菌剂多菌灵。而与此同时，美国可口可乐公司也发现该公司在巴西发货的进口橙汁中发现了多菌灵。至此，两大品牌可乐的橙汁中均发现杀菌剂。

百事公司对此发表声明称，百事对公司产品进行了额外测试。“我们现在掌握的结果证实，我们测试的进口巴西橙汁中的多菌灵含量低于药管局所说的足以引起安全关切的标准，”声明说，“我们将继续进行测试，并将积极解决任何问题。”多菌灵在巴西已使用超过20年，主要用于应对植物黑斑病，在巴西并不被视为有害。而在美国，多菌灵被限制用于颜料、纺织品或装饰性树种等非食物产品，但谷物、干果以及橘类水果等31种食物类产品中允许含有痕量多菌灵。这起事件实质上就是由于原材料质量问题导致的。

（三）生产工厂的质量管理问题

虽然百事公司把质量管理的重点放在了生产环节上，但是由于缺乏系统规范的质量管理模式，因此在生产环节上还是会出现质量管理不完善带来的食品安全问题，这对于企业来说是非常值得重视的。据调查，在2008年，百事公司就因为生产过程中出现的原因，在某个批次的产品中混有其他碎片而导致这批产品报废，给公司造成了巨大的损失。

（四）分销渠道复杂，产品批次混乱

对于快消品来说，分销渠道和分销网络众多是其一大特点，百事公司也同样面临这个问题，除了这些经销商和分销商，还有众多的商场、大型超市卖场、小超市和便利店等，这些分销商对于百事来说，其管理难度是很大的，尤其体现在产品批次上的时候，就会无法保证先进先出原则，这对于产品的质量也会造成一定的影响。另外，百事公司在市场上

推出新产品时也会由于这样的问题导致无法快速在市场上造成响应。

(五) 产品货龄长，批次管理混乱

同样的，由于产品批次管理不完善，导致在最后的销售环节上，卖场出现多批次的产品，有的货龄较长，有的则是新上架的产品，这种结果会给消费者一定程度上的误导，给消费者购买商品带来阻碍，这种情况下大多数消费者肯定会选择新上市的产品，这样就会导致老货龄的产品产生库存的积压，如果不及时将新产品推出上市，对公司整体发展又会造成影响，无法及时推出新产品，适应市场变化和进步，给企业带来不必要的麻烦。

六、管理启示

当今市场上的饮料种类越来越丰富，相应的市场竞争也会变得更加激烈，如何在日后风起云涌的饮料市场上占据一席之地，是当下众多企业所关心和期望实现的，对于这些新进入的企业来说，老一辈巨头的管控方法是很值得他们学习的，甚至可以在其基础上创造出属于自己的供应链管理模式，总结本章研究的百事可乐供应链管理模式，归纳出以下内容，我们认为是可以对其他大部分企业产生一些帮助和启示的，具体如下。

(一) 质量管理

对于任何产品来说，产品的质量问题都是不可忽视的，好的产品质量能够让产品持续发展，并保持强劲的势头，对企业将来发展起到良好的作用，然而质量管理一旦出现问题会影响整个产品形象，可以说是“一颗老鼠屎坏了一锅粥”的效果，较轻的后果是整个批次的产品退回，严重的后果将是整个企业的倒闭。

所以说质量管理的重要性已经毋庸置疑，随着产品的发展，消费者对质量的要求也会越来越高，这时企业就需要有一个更加完善的质量管理体系，这也是整个供应链中至关重要的一部分。

1. 将供应商进行分类管理

第一类供应商是提供直接构成产品组成的物料的供应商，直接构成产品组成的物料是指白砂糖、PET 瓶、易拉罐、浓缩液、瓶盖等；第二类供应商是指提供组成产品包装的物料，产品包装的物料是指包装膜、纸箱、标签等；第三类供应商是辅助物料的供应商，这类供应商提供诸如清洗消毒用的酸碱、链条润滑剂等物料。

实施分类管理的目的是为了将有限的资源用于差异化的供应商管理：重点管理第一类供应商；监控第二类供应商；关注第三类供应商。

重点管理第一类供应商是指除了对第一类供应商实施严格的资格认证管理外，还包括对所有的第一类物料供应商进行年度审核、年度食品安全审核，并对其提供的物料执行 AQL（Acceptable Quality Level，验收合格标准）水平的进货检验。监控第二类供应商是指针对第二类供应商，由于其提供的物料不直接构成产品组成，相应的管理比第一类供应商要宽松，第二类供应商无须经过总部质量部门的审核认证，但需要经过百事各分部自己质量部门的审核认证，并报请中国区质量部门的批准才能获得供应资格。关注第三类供应商是由于第三类供应商提供的物料为辅助物料，不会对产品直接造成质量影响，因此在平常工作中进行关注，无须实施认证或者审核。

2. 对第一类和第二类供应商实施资格认证管理

对第一类供应商实施严格的资格认证制度，是百事公司实施供应商管理的首要条件，第一类供应商只有通过百事中国区总部的资格认证，才有资格向百事公司各分部供应原物料。所有的第一类供应商无论是国内的还是国外的供应商必须向百事公司提供各种必需的证明文件，并向公司提供承诺，在食品生产过程中遵守所有有关食品卫生、安全的法律法规和标准，并要求他们对其上游供应商进行监督和培训。第一类供应商获得资格认可后，每年还必须通过百事中国区总部的年度的质量跟踪审核，以评估资格的有效性，如果在审核过程中发现重大问题，那么就会取消供应资格。第二类供应商也实施资格认证制度，不过这类供应商只需通过百事各分部自己的审核认证，无须通过百事中国区总部的审核认证。

3. 对第一类供应商实施食品安全管理

百事可乐对所有第一类供应商实施食品安全管理，要求供应商每年必须通过第三方的食品安全审核，旨在将食品安全风险控制在食品饮料的源头。在食品安全事故频繁出现的今天，对第一类供应商进行食品安全管理显得尤为重要。百事公司在自己引进食品安全审核的同时，也要求第一类供应商实施食品安全管理，并每年进行第三方的食品安全审核。

4. 规范原材料标准

供应链上质量出现问题的一个主要原因是成员之间对原料的规格、期望和要求存在差异，或是没有进行恰当的交流。一方面，处在供应链下端的分销商、零售商或是生产商是最接近终端用户的环节，他们必须把包括产品设计在内的所有信息确切地传递给上游环节。而实际的情况是由买方的技术设计人员单方面地制定规格的具体要求，大多数书面表述模糊。另一方面，当这些要求被传递到上游供应商的时候，供应商却通常并不注重规格的描述，或是因为怕失去订单而不会对这些要求提出质疑。两方面的原因综合起来就会造成买方和供应商之间，或者说供应链的下端和上游环节之间不能有效沟通和相互了解，这样做的直接后果就是供应商所提供的商品质量与买方要求不相符合或者与现实所能达到的条件不符。因此，采购商必须在确定购买产品之前的协商阶段或是在日常的绩效信息反馈中，积极主动地把其对产品的要求确切地介绍给供应商。

5. 实施过程管理

大多数企业对其供应商的管理往往只关注原料的质量状况，往往以供应商供应的原材料或零部件为关注对象，对其进行批次的抽检以决定合格与否。生产企业应当以与供应商或产品零部件有关的流程为关注对象，做到从各个流程上保证质量。供应商要经常报告其生产情况，以保证供应商不断地改进方法，提高质量，同时减少各个部门之间决策制定的重复，保证各部门之间的沟通。

(二) 改善百事可乐分销渠道

第一，公司在制定销售策略时，应全面考虑产品、价格、渠道、促销和消费者等各项因素，尽量避免渠道成员砸价、串货，以稳定市场价格体系。

第二，提升公司市场服务能力及渠道成员服务消费者的能力。渠道成员的服务是产品

满足消费者需求的一个方面，所以应提升渠道成员更好更快地服务消费者的能力。

第三，公司在战略上应该革新一些老的渠道管理模式，如进行管理的加强、人员的培训和区域的合理性调整，否则有必要重建渠道或重新培植渠道成员。

第四，在不同的市场区域，可以把更多的权利下放到协作批发系统，让协作批发系统帮助百事公司拓展市场，同时也可以帮助协作批发系统壮大自身实力，以达到互利互惠。

第五，充分利用网络销售平台，把实体店和网上销售结合起来。可以网上发布促销打折信息并利用积分吸引顾客购买、收集顾客反馈信息。实体店则努力提高服务质量、创造良好的客户体验环境，甚至可以根据消费者需要进行新产品的开发与定制服务。

第四章　麦当劳供应链管理案例研究

麦当劳是全球连锁的快餐企业，随着人们生活节奏的加快，快餐成为生活中重要的餐饮方式。麦当劳如何管理其全球连锁的企业呢？本章就着重讨论麦当劳的供应链管理。首先，对麦当劳的背景环境以及经营现状进行了分析。其次，详细介绍了麦当劳的供应链结构、供应商的管理、门店的建设和物流建设。最后，提出一些麦当劳供应链运行过程中存在的不足之处，并得出一些相关的建议、措施，最终从这一系列的分析中提炼出对其他企业的启示。

一、快餐行业背景和该行业供应链特点

（一）我国快餐行业背景与现状分析

1. 快餐行业简介

中国的快餐业起步较晚，以 1987 年 4 月肯德基快餐连锁店进入北京市场为契机，揭开了中国现代快餐快速发展的序幕。经过多年的发展，中国快餐业快速增长，市场份额不断扩大，已占据餐饮市场 45%的份额。

快餐是指由商业企业快速供应、即刻食用、价格合理以满足人们日常生活需要的大众化餐饮。具有快速、方便、标准化、环保等特点。如汉堡包、盒饭、华飞四季旺酸辣粉等。中国香港、台湾或译作速食、即食等，和便当有所区别。快餐已成为了一种生活方式，并因此出现了“快餐文化”和“速食主义”。

快餐行业一般可以从以下三个角度进行分类。按经营方式、工业化程度可分为传统快餐、现代快餐；按菜品风味可分为中式快餐、西式快餐、中西合璧式快餐、其他快餐；按品种形式可分为单一品种快餐、组合品种快餐。

2. 餐饮行业的背景与现状分析

从行业经营形势来看，餐饮业正经历着转型调整的艰难时刻。2012 年全国餐饮百强的营业利润仅为 14.22%，比 2011 年下降了 48.14%，部分高端餐饮企业为了增加客流转型大众，不惜成本全面下调菜品价格并推出优惠幅度达 50%以上的团购套餐，在人工工资上涨、原材料上涨、房租上涨、税金高的客观条件下，大幅度地降价虽赢得了人气，却使企业处于无利润或负利经营的困境中。

2013 年餐饮收入增速创下 20 多年来的最低值。受市场环境和政策环境影响，中国餐饮行业进入 21 世纪以来最为凄冷的寒冬。2013 年全国餐饮收入 25569 亿元，同比增长 9%，增速创下 20 多年以来的最低值。

国家统计局最新发布的数据显示，2014 年全国餐饮收入 27860 亿元，同比增长

9.7%，比上年增加0.7个百分点，终止了连续三年增速下滑的颓势。中国烹饪协会会长姜俊贤表示，按照这一增速，2015年中国餐饮业将迈入年收入3万亿元新时代。

中国饮食文化博大精深，加上传统中餐烹饪方法的复杂和个性化，导致了中国餐饮市场集中度不高，大型企业较少的局面。由于快餐行业标准化的生产运作和连锁的经营模式，使得这种方式在中国餐饮中异军突起，据中国餐饮百强统计分析，快餐业大型企业数量占19%，而快餐企业营业收入则占百强总营业收入的38.3%。在2013年度北京50强餐饮企业集团中，快餐等综合类有12家，占席位的24%，而销售额占比却高达48%。快餐业从连锁化经营、标准化生产、细分化市场到服务社会的广度和深度上，都显现出极强的优势。

中国烹饪协会快餐专业委员会副主任、北京英特莱思管理顾问公司总经理夏连悦指出，快餐产业发展要经历单店经营建立商业模式、连锁经营建立获利模式、产业经营建立配销模式、资本经营建立品牌模式四个基本阶段。当前，中国快餐企业已进入连锁经营成型阶段，连锁经营讲规模经济，而集约经营就需要导入产业经营，产业经营的链式运作又需要导入资本经营。

众所周知，民以食为天，餐饮消费成为拉动我国消费需求增长的重要力量。其中，快餐业作为餐饮业的一个重要组成部分，为我国的经济增长做出了重要贡献。如今快餐行业竞争日益激烈。目前，中国快餐业的基本态势是中式快餐的市场份额远大于西式快餐，但是西式快餐的品牌企业的实力和影响力均远超中式快餐的品牌企业。以下是对中国快餐行业的现状分析。

（1）快餐业发展速度惊人。快餐业作为餐饮业中的重要组成部分，其发展速度也非常惊人。到目前为止，肯德基中国分店已经超过了2000家，麦当劳达到了1000家，德克士达到了950家。西式快餐在中国得到了飞速的发展。但是在我国，中式快餐依旧是我国快餐业的主体，据调查显示，78.9%为中式快餐店，而21.1%是西式快餐店。尽管西式快餐日益受到人们的欢迎，中式快餐仍以其价格优势和在主要消费层次中的口味优势，占据大部分国内快餐市场。

（2）中国本土快餐进入平缓低利润阶段。餐饮行业竞争极其惨烈，近年来餐饮成本大涨，企业压力急剧增长。控制成本业内喊了很多年，但很多企业只能凭感觉估计，效果不佳。中国烹饪协会数据显示，大型快餐连锁企业2013年上半年同比增幅维持在10%左右，新门店扩张完成计划比例仅为20%～30%，本土快餐品牌利润不及8%。对此中国烹调协会秘书长冯恩表示，中国本土快餐已进入平缓低利润阶段，增加细化的服务方式将成为未来发展方向。他说现在快餐利润水平仅仅是十年前的一半。

（3）开餐厅净利润不及余额宝。都说餐饮业难做，是什么让这位餐饮传奇人物孙宇萌生退意？“餐饮依旧是个常青产业。”孙宇表示，他有这样的念头，主要还是在特殊周期性阶段，利润不理想。在人工、食材等运营成本上涨速度过快、租金高等情况下，卖面的毛利润被逼到了死角。“开家餐厅净利润不及余额宝。”孙宇说，看着生意热热闹闹，但是“伪盈利”。

（4）盈利模式的竞争加剧。盈利模式是中式快餐的短板，品牌和标准化的差异，导致成本的构成不一样，最终也导致了盈利模式的不同。例如，西式快餐是全时段的销售模式，中式快餐目前还没有突破这个瓶颈，中式快餐的销售主要集中在中餐和晚餐，这就导致中式快餐和西式快餐的店金收入差异很大，中式快餐的店金收入常常只有西式快餐的一半甚至更少，因此中式快餐在盈利模式上的突破将是未来竞争的一个重要突破点。换句话说，如果能在休闲时段把中式快餐的盈利模式突破了，那么未来中式快餐的发展前景是十分可观的。

（5）西式快餐连锁企业迅速扩张加强了中西融合趋势。以肯德基、麦当劳为代表的国际快餐品牌企业在我国迅速扩张，发展速度明显加快。其年营业规模分别超过 110 亿元和 60 亿元，单店年均营业额在 800 万元以上，成为中国快餐以及餐饮行业的领头企业，对行业发展的作用和影响不断扩大。从其发展的特点看，由中国的一二线城市向三四线城市延伸，由东部城市向西部城市拓展；企业发展的战略布局、体系建设和本土化理念基本完成，“立足中国、融入生活”的思想得到确立；品种开发调整力度加大，中式品种的引入和营养内涵增强，中西融合的趋势更加明显等。

逐年下降的快餐利润却难挡进入这个领域的人的脚步，冯恩认为，庞大市场的发展潜力是它的魅力所在。而未来要想解决现在快餐市场遇到的问题，加强公共服务辐射、细化服务模式是一种必然。

（二）快餐行业供应链特点

1. 快餐食品特点及其发展特征

快餐店所经营的饮食产品具有以下几点特征。

（1）菜单简明，从而节省了顾客对菜品的选择时间。

（2）服务迅速高效。顾客希望缩短进餐时间，而在快餐店点选的食品恰恰既可在餐厅内食用，又可带出店外，而且等候的时间较短。

（3）快餐店中，新菜品不易被顾客接受。

（4）快餐店食品制作大量采用流水线生产，制作成本低廉，制作速度较快，而且菜品价格便宜。

快餐发展的特征包括以下四个方面。

（1）产品制作标准化。快餐市场需求要求快捷而且品质尚好、稳定。快餐连锁企业能否做得起来，关键要看它是否解决了产品制作的标准化前提，按工业化、标准化的方式制作传统菜品是现代快餐的本质特征。传统餐饮的特点是具有手工随意性。将随意性的操作过程变成标准化可复制的操作流程，是现代快餐面临的挑战和使命。做到这一点并不容易，短时间内简单地将中国传统上万多个品种都做到标准化是不可能实现的，必须有所筛选，将易于标准化的品种进行标准化研发，通过标准流程和科技手段的支持实现产品标准的稳定性。因此，菜品制作标准化是快餐发展的重要核心特征。

（2）加工配送工厂化。快餐市场需求快速，客流广泛规模大，要体现规模生产只靠手工操作不行，必须在标准化前提下具备工厂化配送。比如，北京老家快餐的出餐速度可控制在十秒内。顾客从点餐到取餐十秒内就可实现。因出餐速度的提高，每天的翻台率也大大提高，最高能达到 25 次。日本吉野家的最高纪录也是 25 次。快餐企业出餐速度快的根

本原因在于店内加工的是半成品甚至成品，简单加热即可出售，而不能从采购、切配开始粗加工，这样就无法满足快速和规模的要求。通过工厂化配送提高效率是现代快餐的显著特征。

（3）连锁经营规模化。现代快餐经营要在房租贵的地方卖最便宜的东西。要想生存，要实现赢利，这个难题如何破解？这就必须要通过连锁经营来实现，快餐企业靠发展连锁扩大营业规模，靠规模取得效益。连锁规模扩大，原材料采购增加，经营成本才会随之降低。规模发展是渐进的过程，要根据企业发展环境来控制发展速度。规模发展要以建立严格和高水平的连锁管理体系为基础，以与相关供应商、投资商、科研院校等多方面联合走产业化的发展路子为途径，以不断丰富品牌文化内涵、推进品牌战略和人才战略、提高企业核心竞争力为保证，才能成功。

（4）管理科学系统化。快餐是社会发展、科学进步和工业文明时代的产物，快餐企业的管理必须靠系统管理来完成。在系统管理的企业中，犹如流水线机器，每个人都好比是机器上的一个部件，各自发挥着作用，没有哪个环节都不能运转，但谁也不能完全决定和替代整体。快餐企业为维护大规模标准化生产要有自己的岗位分工和管理规范，形成整体的系统体系。

2. 快餐店供应链运营

快餐店供应链运营包括以下几个方面：市场分析与需求预测、营销模式、产品类别、订单驱动方式、采购周期/补货策略、库存策略、物料管理、订单管理、生产方式等。如下表所示，展示了快餐店供应链运营体系。

快餐店供应链运营体系

序号	快餐店供应链要素	快餐店供应链体系运营模式	重要程度
1	市场分析与需求预测	■快餐店选址决定了消费人群的定位及市场购买力，消费人群决定了产品类别定义和服务模式	★★★★★
2	营销模式	■传单广告 ■消费者口口相传	★
3	产品类别	■单一化、大众化，快餐店的产品类别相对集中，趋于大众化的口味 ■品类决定了定价，决定了消费人群	★★
4	订单驱动方式	■订货型生产（Make－to－Order，MTO）	—
5	采购周期/补货策略	■新鲜蔬菜、肉类一般补货周期为一天，即每天定时下达物料采购计划，一般情况是供应商配送到门 ■其他原料则可以根据需要灵活补货（影响因素：供应商补货能力、快餐店的储存空间、商品可储存时间等）	★★★
6	库存策略	■原材料大部分保存当日库存，成品零库存管理	★★

续 表

序号	快餐店供应链要素	快餐店供应链体系运营模式	重要程度
7	物料管理	按照属性分类存储（比如生鲜、蔬菜分类存放） 必要时讲究先进先出	★
8	订单管理	客户现场订单、电话订单、网络订单（极少）	★★
9	生产方式/周期	Lead Time 非常短，生产周期一般控制在 20 分钟内	★★
10	成品物流	配送到门，送餐人员一般采取 Milk Run 的送货模式 配送服务半径有限制	★★★
11	增值服务	提供快餐打包服务，赠送水果等（某些快餐店上门和打包并非免费）	★
12	客户体验	服务快捷、产品大众化、食品安全保障、成本合理	★★
13	退货管理	发生频率低 原因有送货不及时，商品质量问题等	★
14	客户服务	电话受理，主要是订单管理和物流配送 客服效率高，一般当场解决	★★
15	流程与绩效	运营流程清晰、绩效明确且可量化	★★
16	系统支持	部分快餐店有订单管理系统	★
17	供应链柔性	具备较强的供应链柔性，可以根据市场需求灵活调整	—
18	供应链管理总成本	客单价低，一般大众能接受 运营成本低（以人力为主，技术含量在于厨师）	★★
19	缺货风险	缺货风险小，菜品相对集中 缺货可以及时修改订单，引导客户改变需求	★
20	准时交货率	相对可控，一般客户会提前下单	★★
21	订单前置期	现场下单会控制在 20 分钟以内 电话网络订单可能控制在 40～60 分钟以内（包括提前下单）	—
22	生产率	厨房生产效率高，大众菜品可提前加入生产制作，部分高下单率的菜品可提前做好（完成一定成品库存）	★★
23	客户细分	按照消费习惯细分（菜品） 按照下单时间细分 按照是否送货上门细分 按照每周购买频率细分	★★★★★
24	资金周转	现金结算，成品销售无账期 供应商结算有账期可能	★★

续　表

序号	快餐店供应链要素	快餐店供应链体系运营模式	重要程度
25	价格波动风险	受店铺租金、原材料成本、人力成本等影响会有波动	★
26	数据挖掘能力	菜品销量分析 客户的购买习惯分析（时间、下单方式） 客流类别细分 内部员工工作量分析 绩效管理	★★★★

点评：

①生活中供应链管理无处不在，无论是小餐馆还是便利店，只要你用心经营，一定会赢得市场的认可；

②擅长供应链管理，你会处处受益。

二、麦当劳公司背景及经营现状

（一）麦当劳公司简介

麦当劳餐厅（McDonald' s Corporation），是1940年由麦当劳兄弟和Ray Kroc在美国创立的大型连锁快餐集团。麦当劳总部设在美国伊利诺伊州欧克布鲁克，公司旗下最知名的麦当劳品牌拥有超过32000家快餐厅，分布在全球121个国家和地区，总投资达5亿美元。麦当劳餐厅主要售卖汉堡包、薯条、炸鸡、汽水、沙拉，并在世界各地按照当地人的口味对餐点进行适当的调整。另外，麦当劳公司现在还掌控着其他一些餐饮品牌，例如午后浓香咖啡（Aroma Cafe）、Boston Market、Chipotle墨西哥大玉米饼快餐店、Donatos Pizza和Pret a Manger。麦当劳餐厅遍布在全世界六大洲百余个国家，在很多国家麦当劳代表着一种美国式的生活方式。

麦当劳在中国大陆地区的早期译名是“麦克唐纳快餐”。1990年10月8日，中国内地第一家麦当劳餐厅在深圳开业。麦当劳始终坚持为每位顾客提供高品质的食品、亲切友善的服务、清洁舒适的用餐环境和物超所值的体验。公司相继引入了甜品站（1994年）、24小时营业餐厅（2005年）、得来速汽车餐厅（2006年）、麦乐送24小时送餐服务（2008年）及全新McCafé连锁咖啡品牌（2009年）。截至2014年4月，麦当劳在中国26个省市共有2000多家餐厅，旗下员工超过100000名，在2013年为约15亿人次提供了优质的食品与服务。麦当劳中国曾连续四次荣获知名调研机构Top Employer Institute授予的“中国杰出雇主”认证，三次蝉联怡安翰威特（Aon Hewitt）“亚太地区最佳雇主”并获得“2013年中国最佳雇主”称号。

麦当劳提供的食品主要包括以下四类：

（1）主餐类：干酪汉堡/吉士汉堡；双层干酪孖堡/双层吉士汉堡；巨无霸/大麦克；麦香鸡；鱼柳堡/麦香鱼；麦乐鸡/麦克鸡块；脆香鸡翅/麦脆鸡；辣鸡腿包/劲辣鸡腿堡；汉堡（有鸡腿/牛肉等口味）。

（2）配餐类：薯条；沙律（拉）/时蔬沙拉/色拉苹果批/红豆批/苹果派/红豆派/芋头派等。

（3）饮料类：碳酸饮料（如可乐/雪碧/芬达）；柳橙汁；冰红茶；美式热咖啡；意式咖啡（拉提）；意式咖啡（卡布奇诺）；热红茶；奶昔；新地/圣代。

（4）限早餐时段：麦旋风/冰旋风早晨全餐；热香饼/松饼；贝果；超值全餐/套餐（套餐通常由主餐、配餐和饮料组成）；开心乐园餐/快乐儿童餐；供应地区特有食品或季节性食品。

（二）背景环境与经营现状

2014 年以来，洋快餐企业在加速开店的同时亦不断有更多变革之举，业内人士分析认为，一方面是中国市场成为业务重中之重，另一方面则是中国快餐业竞争日趋激烈，洋快餐的本土化、去快餐化趋势将越来越明显。

1. 快餐市场竞争激烈：洋快餐频遭冷遇

一直以来，中国都是洋快餐的重要市场，占据了麦当劳、肯德基海外销售的很大份额，而今却频频遭冷遇。

事实上，食品供应问题只是暂时的，麦当劳、肯德基都可以从之前的质量问题中复苏。业内人士表示，对麦当劳、肯德基来说，在中国市场还存在更大的问题，那就是来自国外和国内的越来越激烈的竞争。

很多年前，中国消费者受到麦当劳的吸引是因为这里使他们首次体会到西方世界的用餐体验，甚至是他们第一次在家里之外的地方吃饭。在那之后，公司已经从一个时髦的选择变成了“只是市场中的一个选择而已”。而竞争对手们也在中国快速扩张。据宇博智业市场研究中心了解，中国台湾顶新国际的德克士已经在中国有超过 2000 家炸鸡店；广州的真功夫也有了 500 家中式快餐店。甚至在一些不发达的二三线城市里，麦当劳、肯德基也需要面对华莱士这样的本地运营商的激烈竞争，后者在中国有 3000 家出售炸鸡和薯条的快餐店。

尽管如此，麦当劳新闻发言人表示，麦当劳依然是中国市场中的顶尖品牌。公司刚刚启动了一系列活动来促销产品，包括与凯蒂猫以及魔兽世界等品牌的合作。

麦当劳在 2014 年 9 月宣布了对肉类产品加工点的监控录像进行审查，以及强化供应商审计的计划。公司还设立了匿名热线，让供应商和其雇员随时报告有违职业操守和不符合规程的行为，并向中国的肉类加工厂派遣了质量控制专业人员。

肯德基更是不断推出多款新产品，百胜中国事业部主席苏敬轼曾表示：“中国市场总在不断变化，我们希望比对手更早更快地把握住这些变化，并做出创新。”

2. 快餐行业向产业化、信息化、品牌化经营发展

一方面是快餐企业的竞争和开店数量激增，另一方面却出现店面空置率增长。北京嘉和一品董事长刘京京告诉记者，她得到的最新数据发现，早餐时段，只有 21%的中国城市消费者在快餐店吃早餐（4 时至 10 时）；更多的快餐店是在午餐时段发挥作用，比如英敏特（Mintel）研究报告显示，有 75%的消费者在快餐店吃午餐。

产业化经营，打通终端销售、供应链条、原料基地产业链条主线。呷哺呷哺早在 2008 年就全面启动“农餐对接”工程。凭借着 5000 亩的蔬菜订单种植基地，呷哺呷哺让新鲜

蔬菜从田间地头到餐桌，24 小时就能呈现给顾客。选择基地时，要考察土壤、水质有无污染；种植期间，会派专家现场指导，定期抽查把控农药肥料使用情况；蔬菜采收运到物流中心后，必须进行农药残留和微生物等质量检测……严格的供应链管理，不仅从源头提升了蔬菜品质，也为呷哺呷哺门店扩张提供了支撑。

信息化经营，树立互联网、微信营销、新型媒体新的思维方式。肯德基为了迎合“科技控”，今年将在全国 2000 多家餐厅提供 WiFi 服务，同时，“预付快取”、自助点餐机等也已在部分城市进行测试，年底前将在一线城市推广。嘉和一品更与合作伙伴联手，试水“自助餐饮便利站”模式。消费者通过手机客户端、电话或网站，可以预订自己的早、中、晚餐，支付成功后，会在手机上获得一个识别码。物流人员会按消费者指定的时间，提前把餐品配送到就近的站点，消费者凭识别码自取即可。

品牌化经营，培育品牌资产、三度指标、上市变现，无形变为有形。庆丰包子相关负责人表示，2013 年年底以来，全国刮起一股庆丰包子热潮。作为京城规模最大的包子快餐连锁企业，目前庆丰在全国有 100 多家店，其中 85％是加盟店，加盟模式对扩大规模十分有帮助。庆丰完成了北京首家包子馅料标准，通过标准化来保障产品质量，维护品牌。

3. 麦当劳经营情况

最新发布的财报显示，麦当劳整个 2014 财年，全球同比销售下滑 1％，全年营收为 274 亿美元，比 2013 财年的 281 亿美元下滑了 2％；全年总运营利润为 79.5 亿美元，比 2013 财年的 87.6 亿美元下滑 9％①。

麦当劳公布的 2014 年第四季度财报显示，麦当劳第四季度营收为 65.7 亿美元，同比下滑 7％，而净利润更大幅下滑 21％至 10.98 亿美元。麦当劳的营收已连续 5 个季度出现下滑。其中第一大市场美国市场，客流量下降 4.1％；净利润 11 亿美元，同比下降 21％；而包括麦当劳第二、第三大市场在内的亚太区、中东和非洲地区同店销售下滑 4.8％，运营利润下滑 44％，部分是由于受供应商问题的影响。

在公布完四季度业绩后的分析师会议上相关人士提出，麦当劳的复苏行动包括通过革新战略计划，重新把焦点放在消费者身上，并公布了四大增长优先战略。

第一，在现有菜单以外，麦当劳重申自己在汉堡领域的领导地位，同时也会让顾客有更个性化的选择。将在地方层面进一步强化菜单的选择，以反映不同地区的口味偏好。

第二，在消费者服务模式上，为消费者创造更多值得记忆的体验和提供空前的便利性。比如会实施“多订餐点策略”，消费者可以在餐台下单、移动端下单和支付等。

第三，麦当劳也在巩固价值定位，从战略上评估菜单上入门级、核心级和高端级的产品定价关系。

第四，鼓励消费者参与。比如在美国、加拿大和澳大利亚，麦当劳推出了“我们的食物、你们的问题”这样的活动。

对于中国市场 2015 年的策略，虽然麦当劳中国方面并未透露具体的细节，但从其近日的系列举动来看，丝丝细微的变化也在发酵中。

---

① 数据来源：中国经济网 http：//www.ce.cn/cysc/sp/info/201501/30/t20150130_4473079.shtml。

从2015年1月14日开始，麦当劳推出中国新年系列，一口气推出了多达11款产品。“2015年麦当劳希望与中国消费者一起重新发现新年的意义。”麦当劳方面表示，其在去年“让我们好在一起”的新品牌主张下，针对新年提出“你就是我的新年”的口号以迎合消费者的需求。

三、麦当劳供应链管理现状

（一）麦当劳供应链结构

众所周知，在麦当劳公司的供应链中，麦当劳餐厅是最贴近大家生活的所谓的供应链末端，在麦当劳的供应链中麦当劳餐厅以最终零售商的角色与顾客进行直接的接触，并承担了部分加工制造的工作。现如今，不论是在北京、上海等大城市还是国内的二、三线城市，麦当劳那个红黄相衬醒目的大M招牌总能够被人们在店铺林立的商圈内看到。这样一家世界级的连锁企业之所以有今日的成就，与麦当劳整个供应链的运作是息息相关的。图4-1为麦当劳供应链结构。

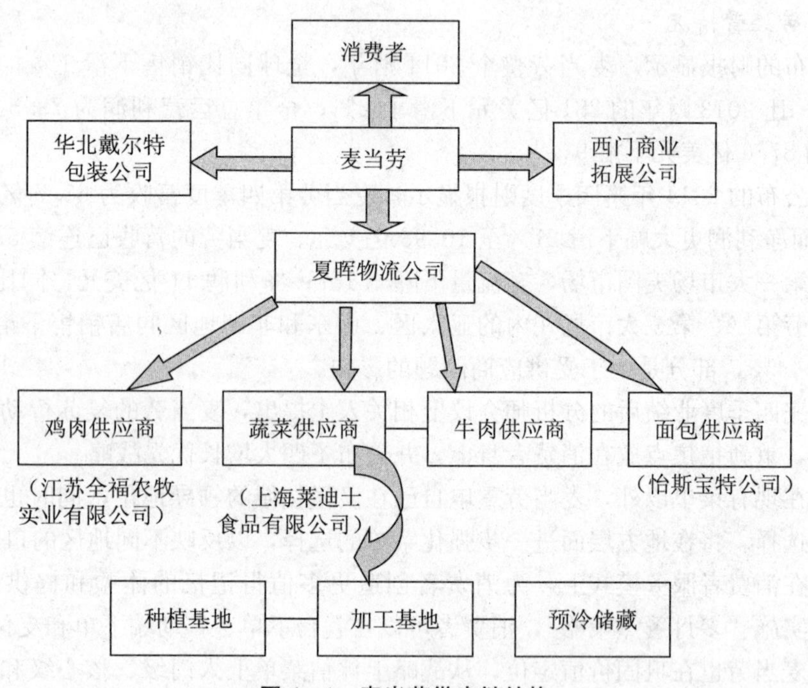

图4-1　麦当劳供应链结构

（二）麦当劳的供应商管理

1. 麦当劳供应商

麦当劳享誉世界的成功的背后，肯定离不开全面、完善、强大的支援系统的配合。因此，供应商的整体作用就显得尤其重要了。从原料到粗加工到物流配送，麦当劳都是利用供应商来完成的，麦当劳从这个方面来说，也“仅仅是个餐厅”而已。据说为麦当劳供应

土豆的企业一年销售额就是50亿美元，但麦当劳绝不自己种土豆，也不会因为需要做牛肉饼而去养牛。事实上麦当劳只专注做好自己的事情。麦当劳本身不参与任何物料的生产与投资，其认为只有如此才能确保在产品采购上拥有最好、最佳的弹性空间，并且由于没有任何利益投注在供应体系上，才能非常严苛、公正地要求厂商提供最优质的服务。在巨无霸超值套餐吸引食客胃口的背后，麦当劳需要寻找厂家做面包、做肉、做生菜、做酱还有包装等几乎所有环节。

麦当劳目前在中国有上百个供应商，有97%以上的食品原材料在本地采购，采购额每年超过20亿元人民币。

每天，土豆、鸡肉、牛肉、生菜、调料酱包……从分散在中国各地的上百个食品供应商运送到麦当劳分布在北京、上海、广州等城市的6个分发中心，再由这里分送到麦当劳遍布中国25个省的上百个城市餐厅。

(1) 麦当劳生菜特许供应商——上海莱迪士食品有限公司。该公司隶属美国OSI国际食品集团公司，是全球最大的快餐连锁公司在中国的唯一蔬菜供应商，提供切片生菜、切丝生菜等多种保鲜蔬菜产品。图4-2为生菜加工流程。

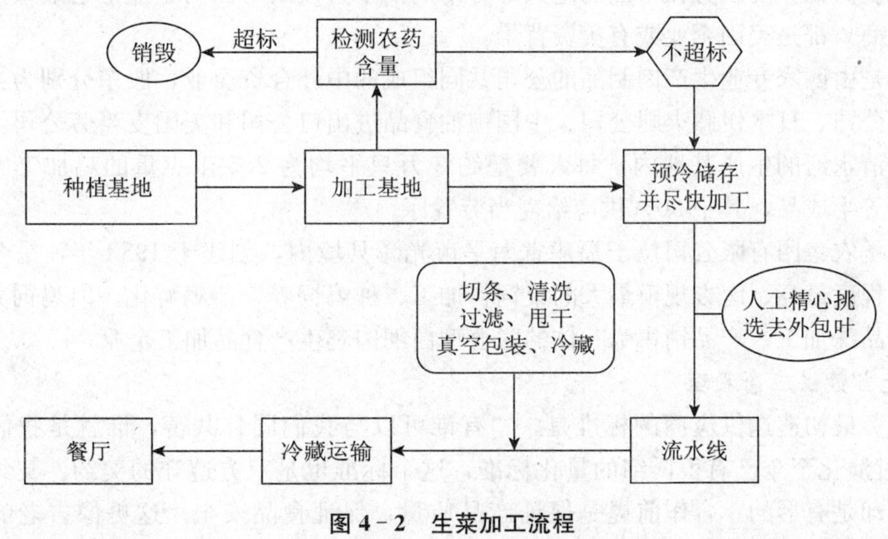

图4-2　生菜加工流程

入餐厅的生菜都来自口感最好、营养价值最佳的部分。麦当劳规定生菜中间的生菜球必须达到350克以上才能使用，别看一颗生菜很大，但真正能够被送到餐厅的只是其中的一部分。在餐厅中，如果生菜放置在调理台上超过2个小时，就必须要丢弃。

(2) 麦当劳的面包供应商——怡斯宝特公司。上海怡斯宝特公司是一家国际知名的面包生产集团，位于上海嘉定马陆工业城，为美国怡斯宝特子公司。生产能力为每小时12600个，专门生产汉堡面包、麦香鸡面包、巨无霸面包和长芝麻面包，供应上海、浙江、江苏、安徽等地的麦当劳餐厅。怡斯宝特与麦当劳的全部发展史紧密相连，全身心地忠诚于麦当劳系统及其宗旨，引进美国先进的面包生产线及管理模式，采用国内的原材料，为麦当劳提供最优质的产品，同时为福州和武汉等地的麦当劳面包供应商提供技术咨询服务。

麦当劳对怡斯宝特送至每一家餐厅的每一个面包都有统一标准的形状、颜色、对称、切片、空眼大小、空眼细密度、重量、宽度、高度、直径、切割度、糖分及成分的要求。面粉供应商北京大晓坊面粉公司、新烟面粉公司、河北马利酵母公司都自愿参加了美国烘焙协会的标准检查，以确保生产状况和卫生标准达到一定水平。

(3) 麦当劳的肉类供应商。在中国肉类供应商有两家一级供应商，南有铭基，北有福喜。后来因为上海福喜公司被曝使用过期肉，麦当劳中国已经重新确定了麦当劳中国的原料供应商。其中，麦当劳中国的五个肉类供应商包括：铭基、嘉吉、荷美尔、海神又和圣农。新的蔬菜供应商则有创造食品。此外，麦当劳同时正在对潜在蔬菜供应商金州食品在中国进行审核。而与麦当劳拥有近 60 年合作历史，“过期肉”事件主角福喜集团已全面出局。

一级供应商就是做深加工，二级供应商就是基础原料供应。一级供应商们是无权决定向谁采购原材料的，麦当劳庞大供应链上的每一个环节，都需要获得麦当劳的直接认可。麦当劳不直接面对原料商，而是通过管理一级供应商来控制上游，这样管理更集中，同时提高了质量门槛。麦当劳在中国的绝大部分采购并不直接面对国内企业，它最重要的五家一级供应商，都是美国企业或有美资背景。

铭基是由四家专业生产肉制品的公司共同组成的中外合资企业，股东分别为：美国基斯顿食品公司、日本伊藤火腿公司、中国粮油食品进出口公司和美国麦当劳公司。在铭基位于深圳清水河的生产基地内，每天要把约 3 万只平均为 2.5 千克重的鸡加工成麦乐鸡块、鸡翅等半成品，其中 90%供应给麦当劳餐厅。

福建圣农集团有限公司位于福建省南平市光泽县境内，创建于 1983 年，是全国同行业现代化程度最高、南方规模最大的集饲料加工、种鸡饲养、苗鸡孵化、肉鸡饲养、屠宰加工、食品深加工、产品销售为一体的联合型白羽肉鸡生产食品加工企业。

2. 麦当劳供应商管理

麦当劳最初遴选供应商的标准是，“有谁可以与我们同甘共苦，谁就是我们的供应商。”不过演化至今已有很详细的量化标准，这个标准也是双方遵守的契约。契约是无形的，标准却是有形的。合作前提是保证产品质量，保证食品安全。这更像古老的合作契约，而非现代管理模式，却带来了巨大的商业价值。

在选择供应商时首先考虑的是对方企业的合作意识，会根据两大标准衡量。硬件条件：必须具备麦当劳的物流系统认证、生产能力认证、产品质量体系认证、原材料供应体系认证、食品安全体系认证；软件条件：诚恳可信、理念正确、历史良好、管理出色、财政健康。虽没有合同，但麦当劳要求供应商遵守的“契约”。合作的前提是保证对方盈利，对合同的轻视，对信义的看重，似乎是麦当劳最独特的文化特质。

“麦当劳是和人而不是公司建立关系。”麦当劳在中国国内有超过 50 家供应商，有 95%以上的食品原材料在本地采购。麦当劳在品质监控方面对供应商提出严格的要求，麦当劳的供应商，在这种“共生”关系中，合作方因熟悉信任感非常强，麦当劳在利益分配方面会更多地考虑供应商的利益，不会因一时的经济压力而改变合作关系及一贯的做法。

麦当劳和肯德基相比，麦当劳的供应商趋向全球化，肯德基的供应商趋向本土化。事实上，麦当劳更愿意与全球供应商合作，使双方的合作更信任，也降低了磨合的成本和风险。麦当劳强大的执行力确保设计好的标准、规则、流程能得以严格实施。麦当劳及其供应商在生产、存储、运输的各个环节，都有具体的标准操作手册；每个环节有专人负责，此外，麦当劳还经常对员工进行培训，使得维护产品质量、安全潜移默化成为员工的自觉行为。

麦当劳选择供应商有三个原则。

（1）选择行业专家。麦当劳在选择供应商方面有一整套严格可行的标准，这个标准是全球统一的，麦当劳的供应商必须是行业专家，即在其精通的领域，无论是产品质量控制还是经营管理都必须是行业的佼佼者。

麦当劳对生产面包有如下要求：装面粉的桶必须有盖子，而且要有颜色，不能是白色的，以免意外破损时碎屑混入面粉，而不易分辨；各工序间运输一律使用不锈钢筐，以防杂物碎片进入食品中。在进入面包生产车间前，还需要经历从头发到手再到衣服的一系列消毒除尘程序，还被要求戴两个头套，把头发全部包进去。生产车间内，一切显得井然有序，哪些区域可以驻足，哪些区域只能远观，都有着严格细致的规定。

在面包生产过程中，麦当劳要求在每个环节加强管理。早在20世纪90年代麦当劳进入中国时，一种名为HACCP的程序就被采用，专门对生产的各个环节关键点进行检测，其中，面包被送入麦当劳餐厅之前的最后一道工序，就是把包装好的面包经过金属探测器的检查，一旦面包含有小小的金属类物质，探测器就会发出警报并停止运作。

要成为麦当劳原料供应商，除了一定是行业领先的企业之外，还要符合麦当劳的考评要求。首先，它把社会责任考评放在第一位，比如有没有用童工的问题；工作是否超时；工作环境是否安全；有没有给员工福利；有没有达到最低工资标准等。社会责任考评是由麦当劳指定的第三方来进行。其次，再看是否有动物福利。最后，看质量管理体系是否符合要求，各方面的卫生标准是否达标等。这些方面全部都考评通过，才可以成为这个系统内部的供应商。

通过考评的公司就会在麦当劳供应商大名单上了，麦当劳全球的一级供应商都可以跟这些公司买货。即使日本的一级供应商，也可以来买中国二级供应商的货。

对于这样的行业专家，除了能满足麦当劳对于产品质量近乎苛刻的要求，还具备深入研究，不断自我改善产品品质的能力，这么多年的合作中，麦当劳和供应商相互学习，共同推动产品品质不断改善。

（2）与供应商和谐共生。“利益均沾默契得就像是一家人。”供应链管理总监张雁儿如此形容麦当劳与供应商之间的关系，麦当劳在严格要求供应商的同时，会充分考虑供应商利益，给予供应商大力的扶持，与其共同成长。这些在麦当劳与夏晖公司长达近35年的合作关系中得到最好诠释。

夏晖公司是麦当劳全球物流服务提供商，与麦当劳的大名鼎鼎不同，夏晖除在物流业的名声外公众几乎一无所知。如同自然界中的共生现象一样，双方和睦相处各取所需。麦当劳走到哪里夏晖就跟到哪里，同时夏晖的鼎力相助也使得麦当劳实现在全球的发展。

这种共生关系，最重要的无疑是合作间的利益分配。雷克洛克曾在他的回忆录中写道：只有一个方法可以培养供应商对公司的忠诚度，那就是保证他们可以赚到钱。“我们会照顾到相互的效益，麦当劳追求的不是低价，即便面对当前的经济压力，我们与供应商也会共渡难关”，从张雁儿的话中，我们能窥见这种关系中的互惠互利。即便涉及产品调价，也会充分照顾到供应商的利益，追求双赢结果。

作为回报，麦当劳要求供应商提供详细财务数据，包括生产用料和人员工资等。据此麦当劳制订给予合作者的优惠措施，尽可能保证其合理赢利。在这种长期合作中，双方还能分享经营经验和管理经验，共同成长。

(3) 严密的标准和强大执行力。首先就是对整个产品生产、流通过程要有一个很好的设计，设计必须要考虑产品的安全系数。大到面包生产步骤，小到每个面团的大小、重量，每个细节都有严格的监控……这个设计要能达到：只要按照设计流程做，就能确保产品的质量安全以及一致性。

“接下来，就是在生产中执行这些设计和流程。”张雁儿这番话听起来非常简单，只要机械地按照设计好的标准流程做就行了。在她看来，只要按照严密的设计，一步一步踏踏实实地完成，食品的质量安全就能得到保证。

同时，麦当劳拥有严格的产品追溯体系。一旦发现产品出现质量问题，可以通过产品追溯体系查到问题的源头，迅速追查到产品的批次，并要求供应商核查，将该批次的产品回收并监督其销毁。

麦当劳会根据问题的严重程度，规定涉及的各方面最长完成时间，其中包括供应商、分发中心、采购部、餐厅等。目前的追溯时间可以在几小时内完成，有些供应商甚至能在数十分钟以内完成。

(三) 麦当劳门店的建设

1. 麦当劳的选址与装饰

研究表明，来麦当劳就餐的顾客中，有70%多是出于一时冲动，所以麦当劳在选择饭店地点的时候就尽可能选择方便客户光临的地方。麦当劳公司主导对饭店地点的选择，不仅仅只是片面追求网点数目的增长，反而是经过了严格的调查之后，同时在店址评估上给予受许商指导和监督。在遥远的美国，麦当劳公司除了在传统的区域和郊区建立饭店之外，还在食品商场、医院、大学、大型的购物中心（沃尔玛、7—11等）建立分店；在其他国家里，麦当劳首先会在中心城市建立麦当劳的饭店，然后再在中心城市之外开设特殊服务的小餐馆。在饭店的建筑风格上，要进行标准饭店的设计，并通过一个全球采购系统统一进行设备和材料采购，从而减少地点选择成本和饭店建筑成本。在饭店的装潢上，麦当劳公司提供了标准规范，达到装修统一化。

2. 麦当劳的标准化

麦当劳经营理念的精髓所在就是指：“麦当劳不仅仅是一家餐厅。”麦当劳卖的可能是最简单的产品，但却拥有最严密的管理流程，正是因为管理的流程能够复制成功，才确保了在全球的质量和速度能够始终保持一致。在全球企业中，麦当劳可能是最懂得“简单就是力量”的。而麦当劳的经营理念正是“3S主义”，即简单化（simplification）、标准化

（standardization）和专业化（specialization），一个味道对于麦当劳而言，从其每一片汉堡肉厚度、重量开始就都是一定的了，使用相同的品质是可以生产出一万个汉堡的。

同时，广为人知的是麦当劳是十分重视产品质量的，因此麦当劳的标准化是从“田间”到“餐桌”全过程的管理，麦当劳使用标准化的设备，使用机械化的操作保证产品的品质始终如一。在麦当劳，只有服务员，没有厨师，因为厨师都被机器所替代了，这就大大降低了人力资源成本以及劳动强度，也就保证了食品品质的稳定和统一，而且极大地提高了食品生产的速度。麦当劳的厨房与柜台之间是一排机器，包括饮料机、雪糕机等，厨具的设备有专门指定的公司为其提供。最后，麦当劳还通过不断开发新的生产设备和系统，来提高饭店的创新能力和服务能力。

3. 麦当劳的中央厨房

在食品生产制造方面，麦当劳采用了中央厨房这种模式，这也属于其供应链的一个大的特色。中央厨房不仅仅是餐厅后厨的延伸，在生产和管理等方面也同样具有工业产业的特点，因此中央厨房具有工业产业的部分生产功能：集中采购功能、标准化生产功能、检验功能、统一包装功能、冷冻储藏功能、配送功能、信息处理功能。

中央厨房的这种工业的生产模式实际上为餐饮行业注入了工业化所具备的生产优势：工业化的生产可以很轻松地就克服生产成本居高不下的难题，同时使大规模降低生产成本的愿望成为现实；根据作业的流程有效配置工作的岗位，提高人员的工作效率；能够缓冲加工淡季和旺季，协调集中加工时段，提高设备的使用效率；对废料统一处理和再利用，减少城市垃圾，减少环境污染；使成品在质量、风味上的统一性更为明显，容易实现标准化。归根结底，就是可以把“中央厨房”作为主要的投资与技改的方向，从而使分散的连锁店、小快餐店不再分流有限的财力和物力，这样就简化了投入的运作过程，“好钢用在刀刃上”就是这个道理。

4. 麦当劳价格本土化

麦当劳在价格上实现本土化价格策略，即根据不同地区的实际情况制定不同的价格标准，而不是全球化价格策略。例如，多年以前巨无霸的价格在中国是 9.8 元人民币，在澳大利亚是 2.65 澳元，在美国是 1.89 美元，在韩国是 2600 韩元，在日本是 280 日元，在瑞典是 4.02 瑞士法郎。由此可以看出，在中国的价格最低，其次是澳大利亚。麦当劳在定价时首先会选择价格目标，然后分析目标市场的需求，在分析需求的基础上对成本进行估算，最后对竞争者的成本和价格进行分析，以此步骤制定出相应的价格。

（四）麦当劳的物流建设

1. 麦当劳的物流及冷链建设

一直以来，对于冷链的建设和投资，麦当劳都非常重视，当然没有好的冷链管理，麦当劳产品的质量就无从说起，因而麦当劳的冷链建设是从原材料的储运开始的。覆盖的范围涉及所有需要温度控制的原材料，比如肉类、生菜等。

在生鲜蔬菜冷链方面，麦当劳主要采用的是在田间用真空压差预冷的方法，以及建立冷库预冷等方法，为的就是将蔬菜在保持一定温度的条件下运送到指定原材料加工厂，待在那里加工完成之后再使用 1～4℃的冷藏车运输到麦当劳指定的分拨中心，并通过规定每一类产品规格和标准的有效的管理工具 OIP，确定接收货品的最高温度指标。

2. 麦当劳配送中心建设

麦当劳实行集中配送形式的物流模式，它们所有的分拨中心在麦当劳的系统中都扮演了储藏以及冷链运输的重要角色。在中国大陆，分拨中心的建立是根据麦当劳餐厅的分布区域以及每个区域的门店数量来设计建立的。同时，麦当劳也将主要使用的供应商的地址选择建立在麦当劳餐厅或者分拨中心所在区域附近，以此来保证冷链运输质量，这么做的同时也能最大规模地应用已有的物流资源，并且大规模地降低不必要的能源的浪费。目前麦当劳使用的 40 多个主要的食品供应商以及为麦当劳餐厅配套的八个分拨中心都是围绕着现有的 1400 多个麦当劳餐厅的所在地来分布的，麦当劳日常经营销售所需要的所有物料都是通过这些分拨中心配送的。

3. 麦当劳的信息化

众所周知，特许经营的组织的总部必须有独特的信息网络，这么做的目的就是保证信息的畅通准确，保持高效率、高水平的领导，对于有能力的各成员店进行经常性的指导。麦当劳全国各地的分店不仅要向总部及时送报信息，还要彼此交换所需求的信息，以保证能够对物资合理且及时地进行调配工作。麦当劳公司还会通过管理信息系统，例如 POS 机，实时知道每一种商品的销售情况，对社会性物流资源进行协调。麦当劳在中国的物流连锁中心配置了 VPN 等现代化的设备，还采用了 NetScreen 特有的集中星型 VPN 网络设计，实现了北京、广州、上海等地的全网状结构，简化了远程办公室 VPN 的配置。麦当劳公司选用 Corporate Yahoo（企业雅虎）为其建立了门户网站，以解决其庞大的后勤管理等问题，同时也就为其遍布全球的员工、连锁店业主及供应商提供信息系统的访问能力。公司的目标就是为了使这一门户成为员工开展日常工作的地方，120 多个国家中的麦当劳员工与供应商将能够通过登录 Web 页面获得相关的数据，还有助于将特许经营者纳入信息圈中。

四、麦当劳模式的不足之处

（一）供应链风险分析——过分依赖单一供应商

2014 年 7 月 20 日，据上海广播电视台电视新闻中心报道，麦当劳、肯德基等洋快餐供应商上海福喜食品公司被曝光使用过期劣质肉。上海食药监部门已经要求上海所有肯德基、麦当劳问题产品全部下架。事件发生首日，麦当劳立即停用并封存由上海福喜所提供的所有肉类食品，7 月 20 日早上，麦当劳（中国）有限公司发布第二条声明称“近期全国部分餐厅可能出现产品断货的情况”。此次事件无疑给中国的麦当劳餐厅带来了很大的负面影响，因为原材料供应商的问题导致供应链断链，与此同时，同为西式快餐的肯德基和德克士门店受到的影响却远远小于麦当劳，德克士和肯德基仅有个别产品下架，并不影响日常的销售。

之所以出现上述情况，或因河南地区肯德基和德克士原材料供应商并非福喜，而另有其他供应商。向河南麦当劳提供原材料的是位于河南周口市西华县的福喜加工基地并非上海福喜。但是，为了避免“换汤不换药”的指责，麦当劳也放弃了河南福喜，宣布暂停中

国所有福喜包括其合资公司的食品供应。

其实不止在河南，全国范围内基本如此。麦当劳涉事产品之多，成为影响其门店销售的重要因素。

出现如此情况和麦当劳的供应链体系密切相关。由于麦当劳（中国）的产品都由福喜集团供应，麦当劳与整个福喜集团断绝关系，相当于断绝了麦当劳整体打仗的“军粮”。

麦当劳模式中虽然餐饮企业和供应商关系密切，尤其可因采购数量优势拥有一定议价能力，但是存在风险大的问题，当供应商遭遇自然因素或食品安全问题时会出现缺货现象，因此就会影响正常的营业，从而影响整个企业的运作。

（二）供应链存在不确定性

在现代高速发展的社会，就目前的信息技术发展状况来看，是不可能时时刻刻都准确地掌握所有的市场信息，因此，会出现一定的不确定性的信息。所谓不确定性的信息，指的是这样一种情况：当引入时间因素之后，事物的特征和状态就不可能充分地、准确地加以观察、测定和预见。比如在原材料运输途中冷链的断链、自然灾害等。在供应链企业之间的合作过程中，存在着各种产生内生不确定性和外生不确定性的因素。供应链的不确定性一般都会来自以下几个方面。

1. 来自供应链环节的不确定性

在供应链中造成不能按时供应的原因有很多，例如运输问题等，结合麦当劳自身情况来看，运输过程中的冷链断链、供应商自身的货源问题等都会造成其在承诺的提前期内无法按时交货，再加上如自然灾害造成农民减产等，而这种不确定性因素会出现在供应链环环相扣的每一个环节。

2. 来自生产过程的不确定性

生产过程的不确定性主要来自设备的故障、关键人员的临时短缺、受供应链环节造成的缺货停工。在供应链上困难还在于多个企业生产系统的可靠性处于不同的水平上，有时还相差很大。

3. 来自客户需求的不确定性

充分的供给导致需求的多元化和消费群体的不稳定。现在的客户都会有很多的选择，顾客很容易就从一个产品转向别的产品，供应链复杂的协调运作依靠完善的计划控制，而计划的编制来源于对需求的预测。需求的不确定性很容易就造成整个供应链的混乱。

这些不确定性部分是不可避免的，但部分是可以通过提高信息技术、提高预测的准确率来避免的。

五、针对麦当劳模式的不足提出的建议

（一）减小供应链风险

由福喜事件引起的麦当劳“蝴蝶效应”不得不引发我们去思考。供应链作为一个由原材料不断增值为最终用户提供产品的过程是客观存在的，无论整个供应链是由一个企业运作或是由多个企业协同运作。目前，就单个企业而言，如果其只作为供应链上的一个节

点，就可能极大地减少了运作整个供应链的投资风险；但就整个的供应链而言，由于它是多个独立企业的联合体系，因此就增加了经营的巨大的不确定性。供应链上的任何一个节点出了问题，都会波及整个供应链的稳定，而个别企业的经营风险，又远非别的企业所能够控制的。因此，供应链上的每个企业都要考虑供应链的风险。

供应链的风险来自多方面，简而言之，除了自然灾害这种不可抗力的因素之外，如地震、火灾、暴风雨雪等，也有人为因素，主要有以下几个方面：①独家供应商问题。供应链上出现独家供应商，采取独家供应商政策存在巨大风险，一个环节出现问题，整个链条就会崩溃。②IT 的缺陷会制约供应链作用的发挥。如网络传输速度、服务器的稳定性和运行速度、软件设计中的缺陷、病毒等诸多问题。③信息传递方面的问题。当供应链的规模日益扩大，同时其结构日趋繁复之时，供应链上发生信息错误的机会也就会随之而增多，信息传递延迟也会在不知不觉中增加供应链的风险。④企业文化方面的问题。不同的企业一般都会具有自己独特的企业文化，这就会导致对相同问题的不同看法，从而存在分歧，影响供应链的稳定。⑤经济波动的风险。当经济高速增长的时候，容易导致企业原材料供应出现短缺，影响企业的正常生产，而经济萧条之时，则会使产品库存成本上升。另外，还有其他不可预见的因素，小的因素如交通事故、海关堵塞、停水停电等，大的因素如政治因素、战争等也都影响着供应链的正常运作。

为了尽可能避免这些风险，尤其是避免供应商自身出现某些问题，麦当劳模式也可以在某种程度上向德克士和肯德基学习，在供应商选择方面进行适当的分权，就是“将鸡蛋分散在几个篮子中”，按照不同区域或产品选择不同的几家供应商，或者在选择单一的某家供应商时同时选择好备选的供应商，以应对突发状况。

（二）降低供应链的不确定性

在供应链管理的过程中必然存在诸多的不确定性，虽然不能也不可能处处都避免，但是可以采取一些必要的措施尽可能减小其不确定性，比如加强对企业信息系统的建设，保证能够更加准确地预测门店的各种信息，尽可能准确地掌握顾客的变化；同时更多地了解所在国家以及国际的经济市场状况，以更好地了解外部环境，洞察外部环境中的机会和威胁，提前做好预测和计划，避免被动状况的发生。

（三）提供最佳价值

麦当劳花费数年时间尝试安格斯牛肉汉堡和鸡肉特选等高端产品，但是忽略了自己的最大强项就是最好的案例和教训。显而易见，价值是麦当劳最明显的标志，因此麦当劳必须继续在关键的客户群体中不断巩固自己的地位。面对产品种类日益丰富的市场，不能一味地去开发新的产品，同时也要注意保持自己的核心竞争力的发展，在做好原本最佳价值的同时，理性地去开创新的产品，这才是正确的做法。

六、麦当劳给其他企业的启示

（一）麦当劳给连锁快餐企业的启示

1. 抓住自己的主营业务，不要盲目地采用纵向一体化的管理模式

在传统的管理模式中，企业出于对制造资源占有的需求和对生产过程直接控制的需

要，常常会采用纵向一体化的模式，也就是说，不断去扩大自身规模或参股到供应商企业，与为其提供原材料、半成品或零部件的企业构成一种所有权的关系，以便牢牢控制住用于生产和经营的各种资源，这就形成了原材料、半成品或零部件到成品一条龙的生产方式。不仅如此，企业还把分销甚至零售环节的业务也纳入业务的范围之内，最后形成了一个无所不包的超级的组织。这种纵向一体化有着很大的弊端，其中就包括：增加企业的投资负担、迫使企业从事不擅长的业务活动、在每个业务领域都直接面临众多竞争对手、增大行业的整体风险等。

2. 固定有效的供应商，良好的供应商关系

这里所说的供应商包括：原材料供应商和物流服务供应商等。选择供应商第一位的就是要求它们是诚信的，而不单纯看其提出的价格。企业应与少量供应商发展长期合作的关系，而不是与多个供应商发展短期的关系。少量的优质供应商可以降低成本，同时减轻企业整体的管理难度，并且使得供应方与采购方彼此相互信任，形成战略伙伴关系，最终还是要达到双赢的目的的。

3. 与供应商进行信息共享，减少牛鞭效应的产生

由于供应链中有很多的不确定性，包括供应的不确定、需求的不确定、衔接的不确定、运作的不确定等。供应链中普遍存在着需求波动放大的牛鞭效应，上游企业面临的波动程度要大于下游企业面临的需求的波动程度，这就是所谓的“牛鞭效应”。牛鞭效应增加了生产成本、库存成本，延长了供应链的补给供货期，提高了供应商的运输成本，降低了供应链内产品的补给水平。因此，建立有效的信息共享平台对于提高供应链整体的效率是十分关键的。

4. 选择第三方物流配送

所谓的第三方物流就是指由供方与需方以外的物流企业提供物流服务的业务模式。在第三方物流参与的供应链管理中，核心企业只需要把自己的核心能力集中在核心业务上，这不仅可以增强企业的核心竞争力，而且可以减小相关业务的风险，降低物流成本，从而给企业带来除资本和劳动力以外的“第三利润源”。

5. 供应链采购

众所周知，采购是企业在一定条件下向供应商购买产品或服务的全过程。采购既是一个商流过程，也是一个物流过程。采购的基本作用就是将资源从资源市场的供应者手中转移到用户手中去。采购为企业提供生产所需的各种物资，采购的好坏直接影响着整个企业的生产运作情况。供应链采购能够有效地降低采购成本，提高采购效率，并且解决库存问题、风险问题等。

（二）麦当劳给现代餐饮业的启示

在推崇经济新常态的今天，企业必须从整体的战略出发，以发展的眼光看待整个管理过程，在此基础上与供应链上的伙伴建立长期的合作关系。餐饮业的供应链管理也应该如此，企业之间要建立更多的联系，尤其与供应商之间，除了单纯的合作之外，还要尽量争取合作共赢，互相促进发展。就如麦当劳一样，通过资本、品牌、地域、市场等纽带建立了更广泛稳定的合作基础。

1. 以资本连接为基础的供应链管理

当企业“横向一体化”给企业带来的利润到达一定极限时，企业可以采取纵向一体化，即以资本向企业上下游供应商及客户延伸。为了稳固和上下游供应商之间的关系，企业可采取资本渗透的方式以此增强双方的控制力。这种以资本连接为基础的供应链管理模式不仅有效加强了与上下游伙伴的关系，还给双方提供了有效的供应链管理平台，具体说来有如下优势。

首先，此种模式有利于对原材料的质量进行控制，提升终端产品的市场竞争力，提高了最终产品的市场竞争力。餐饮业选择向上游进行一体化有利于企业对产品质量和核心技术的控制与反馈，向下游进行一体化可以增强对销售渠道的掌控。其次，纵向一体化有利于提高企业利润率。纵向一体化还有利于加强企业对周边各种环境的了解，可以了解更多资源，降低产业风险。最后，这种模式可以促进各节点之间的协同能力，使餐饮业的各大企业战略目标趋同发展，加强了基础配套设施的建设，这也为企业间更好地沟通打下基础。

2. 以地域连接为基础的供应链管理

餐饮业是一个受地域环境影响极大的行业，抓住地方特色打造地方品牌是我国餐饮业的一个内部优势。发挥地域优势要在地方龙头企业发挥作用的基础上才可取得成功，在此基础上对已有技术和人才进行扩散进而促进区域特色的发展。该种模式主要有以下特点。

首先，供应链上多节点企业在地理位置上有一定的优势，同一地区内，企业之间的集聚效应更加有利于企业之间信息高效、高速、准确地传递。其次，由于地理位置的关系，上下游企业间的交易费用、物流费用相对降低，在一定程度上降低了企业的成本，还有利于形成规模效应，如若充分利用地理优势建立一系列高效的物流共用配送系统，既可以提高物流配送的效率，又有利于行业整体的发展。最后，餐饮企业的大量聚集，促进了企业间的协作和专业化分工，出现规模经济，增强行业竞争力。

3. 以市场连接为基础的供应链管理

在以买方市场为前提的基础上，企业越接近终端市场，越有利于准确了解需求，也越有利于在供应链中树立主导地位。因此，如果企业拥有一定的市场资源，可以建立自己的供应链。在这样的模式下，核心企业根据市场信息控制生产的同时还要及时和供应商进行信息反馈和交流，以保证原材料保质保量地如数按时供应。除此之外，这种模式还有利于农产品供应商及时有效地调节自己的生产，有利于两者建立稳定的合作关系，使餐饮行业真正成为农业生产的零售终端渠道，为搭建餐饮零售终端平台打下坚实的基础。

4. 以品牌连接为基础的供应链管理

品牌化是现代餐饮业经营的发展趋势。据连锁经营协会调查得知，对餐饮品牌知名度比较重视的消费者占56%，因此品牌的扩张日益成为餐饮企业未来发展的重要目标。对于拥有品牌资源的企业来说，贴牌生产和特许经营的方式无疑是实现生产规模的扩张和营销网络扩大的有效方法。就如麦当劳一样，以特许经营的方式招收加盟伙伴实行连锁经营，以品牌作纽带来组建自己的运作模式，无疑受益良多。回看我国餐饮业发展，品牌还是一

个有待开发的稀有资源，由于品牌建设需要大量资金投入，建设周期长，因而许多企业都望而却步。但是，随着行业竞争的加剧，跨国公司的发展，建立自己的餐饮品牌已经是时代所需。对于已经拥有品牌的企业来说，要在保持自己品牌竞争力的基础上，加强与上下游企业的协调与合作，实现一个从量到质的提升。

第五章 雀巢供应链管理案例及点评

雀巢公司是全球著名的食品饮料公司，本章主要研究其供应链管理。首先对雀巢公司进行了详细的介绍。其次，着重阐述了雀巢供应链管理现状，包括供应链结构、供应商奶农的管理、库存管理和物流管理。最后，分析了雀巢供应链管理的成功之处和不足之处，并得出一些启示及建议。

一、雀巢公司简介及经营现状

（一）雀巢公司简介

1. 雀巢公司标志

“Nestle”的意思是“小小鸟巢”，这个温馨的鸟巢作为雀巢公司的标志，深受消费者熟悉和喜爱。它源自其创始人亨利·内斯特尔（Henri Nestle）先生的名字 Nestle。实际上，内斯特尔（Nestle）英文的含义是“舒适安顿下来”和“依偎”，而雀巢图形自然会使人们联想到慈爱的母亲哺育婴儿的情景。它代表着雀巢公司的理念：关爱、安全、自然、营养。作为全球最大的食品公司，雀巢秉承一贯的理念和原则，以人为本，以质量为重，为世界各国的消费者提供优质食品，带来美好生活。

2. 雀巢公司历史

1867 年，雀巢公司创始人，一位居住在瑞士的化学家亨利·内斯特尔（Henri Nestle）先生，用他研制的一种将牛奶与麦粉科学地混制而成的婴儿奶麦粉，成功地挽救了一位因母乳不足而营养不良的婴儿的生命，于是他以自己的名字 Nestle 为其产品的品牌名称，并以鸟巢图案为商标图形，创立了育儿奶粉公司，从此开创了雀巢公司的百年历程。

1905 年，雀巢育儿奶粉公司与现在雀巢公司另一源头英瑞炼乳公司合并，取名雀巢英瑞炼乳公司，成为当时世界级食品巨头。1949 年与瑞士美极公司合并，改为现名雀巢食品公司。20 世纪初，公司开始实行多样化生产，并在世界各地收购并建立企业，成为世界规模最大的食品制造商，其分支机构开设在美国、日本、德国等 20 多个国家，已有 1200 多家工厂、商号，总部设在瑞士的韦维。1984 年，雀巢开展新的并购，包括公开募股 30 亿美元，收购美国食品巨头三花公司。这在当时是食品行业历史上最大的一笔收购。2001 年，雀巢并购了成立于 1983 年的罗尔斯顿普瑞纳公司（Ralston Purina Company），并组成一家新的宠物食品公司——雀巢普瑞纳宠物食品公司。2005 年，雀巢集团董事长包必达（Peter Brabeck－Letmathe）先生承认，全球人口的饮食习惯正在发生变化，因此雀巢也开始转型。雀巢开始从农产品加工商转为具有附加价值的食品生产商，并最终成为营养、健康和幸福生活领域众多产品与服务的提供商。2007 年，雀巢收购了诺华医学营

养（Novartis Medical Nutrition）公司、嘉宝（Gerber）公司与矿泉水生产企业 Henniez。2010 年 5 月，雀巢推出 Special. T 泡茶机。雀巢启动了雀巢可可计划，该计划将向农户供应 3800 万株优良抗病秧苗，帮助他们复田增产。同期启动的还有雀巢咖啡计划，该计划投入 5 亿瑞郎，意在实现对雀巢整条咖啡供应链进行负责任的养殖、采购和消费。2011 年 3 月，雀巢成为首个被纳入富时社会责任指数（FTSE4 Good Index）的婴儿配方生产商。富时社会责任指数是伦敦证券交易所的负责任投资指数，也是唯一一个针对母乳代用品以及人权和供应链标准对企业的负责任营销状况进行评估的指数。2011 年 4 月，雀巢宣布与中国食品公司银鹭集团建立合作关系，中国成为雀巢的市场重心。银鹭是即饮花生牛奶和罐装粥生产商。2011 年 7 月，雀巢宣布与糖果和糕点生产商徐福记集团建立合作关系。

3. 雀巢公司在中国

雀巢（中国）有限公司隶属于总部位于瑞士的全球最大的食品饮料公司——雀巢全球集团。雀巢（中国）有限公司经总部授权，负责管理其在大中华区（即中国大陆、香港、澳门和台湾）的运营，为集团在华投资的公司（包括与国内合作伙伴建立的合资企业）提供总体管理支持和服务。雀巢在华生产的产品超过 90%是在国内生产的。

雀巢通过在中国香港从事贸易活动引进雀巢产品。首个商标“鹰唛炼奶”早在 1874 年便在市场上出售。之后，雀巢于 1908 年在上海成立销售处，并于 1920 年在中国香港成立雀巢产品有限公司。

雀巢于 1987 年在双城市开设在华第一家工厂，并于 1990 年投产。1990—2006 年，雀巢在中国大陆建立了 16 家工厂。截至 2012 年，雀巢与银鹭、徐福记、太太乐、惠氏营养品、豪吉及大山等建立合作伙伴关系，在大中华区共运营 33 家工厂，拥有 50000 名员工。

雀巢（中国）通过一个覆盖整个大中华区的市场推广、销售及分销网络，确保为消费者提供营养美味的产品，随时随地、随意乐享。

4. 雀巢公司经营产品

雀巢公司经营产品种类繁多，主要包括以下 12 类：奶制品及营养品、特殊医学用途配方食品、饮用水、烹调食品、谷物食品、咖啡、饮品、巧克力威化和糖果、冰淇淋、宠物食品、食品工业原料、雀巢专业餐饮。

（二）雀巢经营现状

2014 年雀巢业绩实现有机增长 4.5%，营业利润率上升 10 个基点，按固定汇率货币计算上升 30 个基点。下表为雀巢集团 2014 年全年业绩。

雀巢集团 2014 年全年业绩

销售	916 亿瑞郎
有机增长	4.5%
实际内部增长	2.3%

续 表

营业利润率	上升10个基点至15.3%，按固定汇率货币计算上升30个基点
运营现金流	147亿瑞郎
每股拟派股利	增至2.20瑞郎

雀巢首席执行官保罗·薄凯表示："这些出色的业绩是建立在过去数年良好增长的基础之上，在温和的交易环境下实现的，证明了雀巢的内在优势：公司对员工的承诺，公司的全球业务布局，公司产品组合的实力以及我们创新的质量。尽管要在短期内达成业绩，但我们仍以长期业务为重点，加强今后增长的基础。我们预计2015年的情况将与2014年类似，我们的目标是实现约5%的有机增长，同时盈利空间、固定汇率下每股基本收益以及资本效率都得到改善。"

雀巢2014年按照地域划分业绩如图5-1所示。

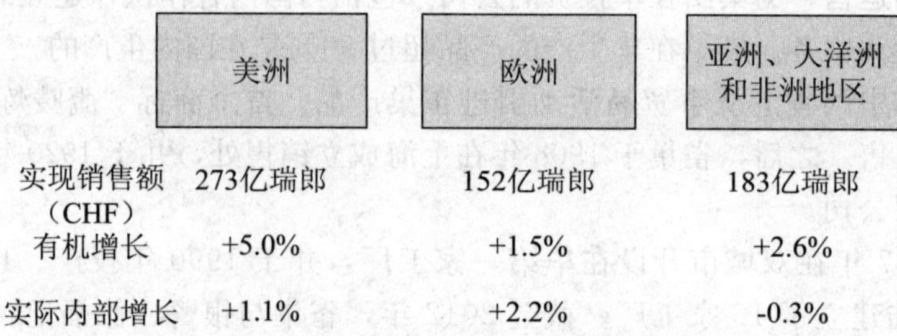

图5-1 按地域划分的业绩展示

雀巢2014年按照业务部门划分业绩如图5-2所示。

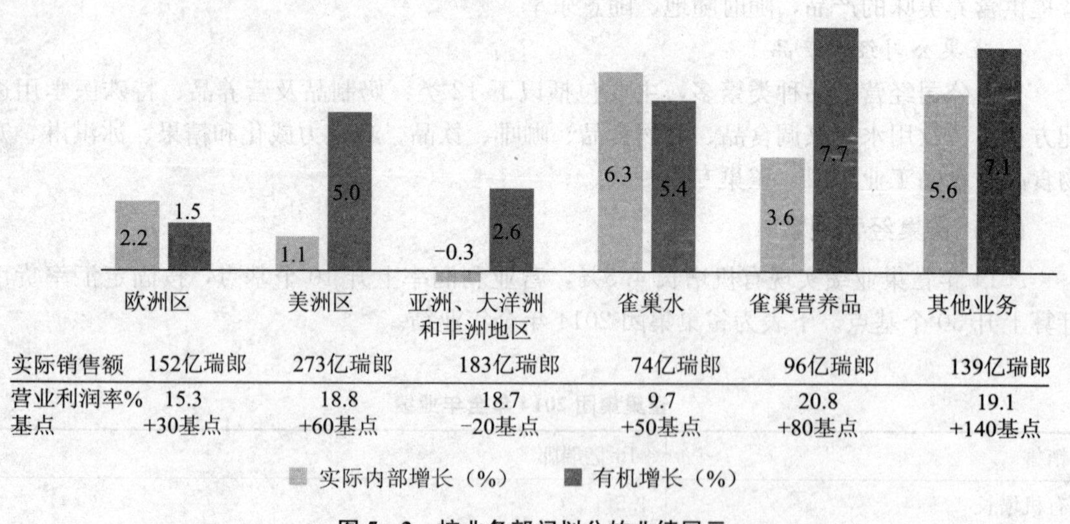

图5-2 按业务部门划分的业绩展示

雀巢 2014 年按照产品划分业绩如图 5－3 所示。

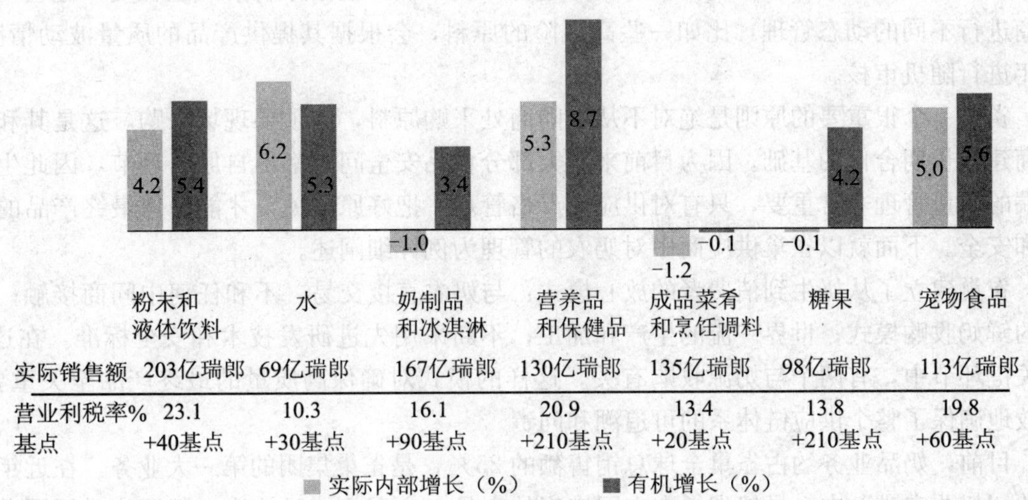

图 5－3　按产品划分的业绩展示

二、雀巢供应链管理现状

（一）雀巢供应链结构（见图 5－4）

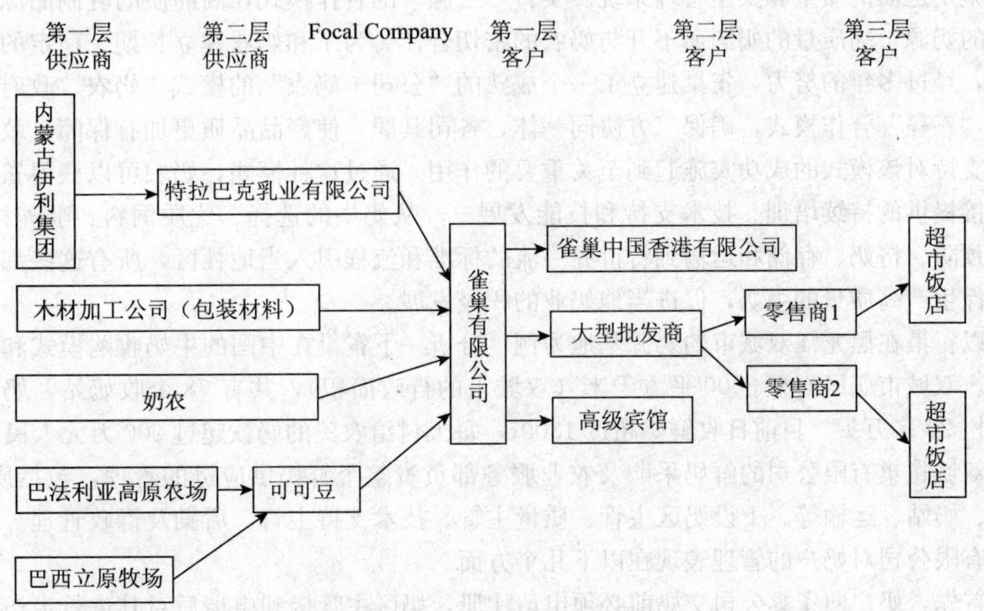

图 5－4　雀巢供应链结构

（二）雀巢供应商——奶农的管理

雀巢在选择供应商时，会对供应商进行审核，从加工原料、配料到包装材料等，所有供应商都要进行严格的审核，只有达到雀巢所有标准的供应商才能与雀巢进行下一步的合作。合作过程中，对所有供应商会每三年进行一次审核，根据原料的风险程度，还会对供应商进行不同的动态管理，比如一些高风险的原料，会根据其提供产品的质量波动情况，每年进行随机审核。

雀巢一个很重要的原则是绝对不从中间商处采购原料，必须要现场采购，这是其和供应商建立长期合作的基础。因为目前来看大部分食品安全问题都出自原料环节，因此生产前端的质量管理非常重要，只有对供应商严格管理，把好原料关，才能确保最终产品的品质和安全。下面就以雀巢供应商中对奶农的管理为例详细阐述。

雀巢建立了从奶牛到消费者的放心模式：与奶农直接交易，不和任何中间商接触；独特的鲜奶收购模式；世界一流的生产和加工；不断采用先进研发技术和安全标准。在这4个关键环节中，有两个与奶源收购有关。这样的模式对确保高质量的最终产品至关重要，有效地确保了整个供应链体系的可追溯和问责。

目前，奶品业务约占雀巢全球总销售额的25%，是雀巢集团的第一大业务。在近年中国的“奶业灾难”中，虽然雀巢在中国销售的产品99%是在本地生产，但因为采用了世界最为先进的乳品供应链管理方法，使雀巢始终掌握着发展的主动权。

如今，雀巢在45个国家运营着91个奶品工厂，每年从30万奶户手里收购1200万吨鲜奶。多年来，雀巢公司始终以“好牛，好奶，好生活”作为其奶类产品的宣传口号，高度重视奶源的质量管理和奶源基地建设。在中国发展过程中，雀巢在乳制品生产方面建立并实施了全面的质量和安全管理系统。实行“三赢”的合作模式，高品质的乳制品源于高质量的奶源，高质量的奶源离不开与奶农的密切合作。为了和奶农建立长期、稳定的直接关系，经过多年的努力，雀巢建立了一个成熟的“公司＋奶农”的模式。奶农、政府和雀巢的“三赢”合作模式，确保三方协同一体，各司其职，使产品品质更加有保障。政府的有力支持对该模式的成功实施起到至关重要的作用。通过这种模式，奶农可以获得雀巢公司直接提供的持续培训、技术支持和技能发展——从奶牛的选择、优质饲料、喂养技术、疾病预防、挤奶、存储和运输到将世界一流的标准和流程引入当地社区，所有这些都有助于确保生产高质量的牛奶，促进当地奶业的积极发展。

以雀巢在黑龙江双城市的奶源基地为例，分析一下雀巢在中国的牛奶收购模式和奶源管理。双城市奶区面积3000平方千米（双城市的行政面积），共有78个收奶站，奶区奶牛存栏20多万头。目前日收鲜奶超过1300t，每天付给农民的奶款超过200万元人民币。

双城雀巢有限公司的鲜奶采购及农业服务部负责整个鲜奶供应链的管理，包括质量、奶户、奶站、运输等。下设奶区主管、质量主管、技术支持主管、后勤及行政管理。双城雀巢有限公司对奶户的管理表现在以下几个方面。

首先，奶户向雀巢公司交奶前必须申请注册，奶区主管接到申请后对其进行走访，审查其基本的背景及养牛的基础设施情况。然后向奶源部经理汇报走访结果。在得到批准后，奶户会得到一个奶户号并且此号可始终供其使用。随后公司会与其签订鲜奶收购合同并同时向其宣传公司的质量要求、价格体系、付费方法、养殖经验和技术等。

其次，雀巢的付费体系是以质量为基础的支付体系，鼓励奶户生产高质量的牛奶，质

量越高，价格越高，根据奶户的交奶量及质量支付奶资。奶户交奶的质量信息将于72小时内在奶站公布，全体奶户每个月的交奶量每月在奶站公布。此外，每个月奶户还将收到个人的奶资信息卡，此卡详细记录了奶户的交奶数量、质量信息以及其所在奶站的整体平均质量情况。这一公开、公正、透明的体系促进了奶户不断提高其饲养管理水平，改进奶牛的健康状况。奶户在雀巢公司成功注册后，同时获得一个银行账户。雀巢公司每月定期通过邮局给奶户发放奶资。

最后，雀巢公司收奶通过奶站进行，所有奶站的设备、设施均由雀巢公司投资及所有。收奶工作由公司专业的奶站站长及其助手每天早、晚分两次完成，不通过任何中间人。为了确保奶源新鲜度，奶站的位置距离奶农不超过1小时路程。

在质量控制方面，雀巢公司采取了如下方法：首先是奶站质量控制。牛奶在奶站先进行酒精试验和密度试验等快速检测，确保其新鲜及基本成分正确。然后对每次交奶都取样来全面检测质量和进行质量跟踪。此奶样将由公司的取样人员用冷藏车运回公司化验室进行检测，然后由公司财务部根据质量情况计算出奶资。取完奶样后，奶户的交奶量通过称量后被记录下来。其次是运输过程的控制。公司派奶槽车到奶站拉奶，奶站工作人员首先检查奶槽车铅封是否完好，以防止奶槽车在装奶前受到污染。检查合格后，装奶并用奶站特有的铅封再次封好。在工厂及奶站都严格检查铅封状态并记录、存档。最后是奶槽车到厂后的质量控制。奶槽车回到工厂后，首先要检查铅封是否完好，然后取样进行一系列检测实验。只有全部检测项目完全合格后才能用于生产加工。

另外，对于鲜奶中的农残、黄曲霉素、重金属、微量元素、维生素等也要按照公司制订的质量监控计划进行定期检测。对于个别掺杂使假或因过失交了被抗生素污染的牛奶的奶户，公司有严厉的处罚措施。若奶户一年内有3次掺假行为，雀巢公司将终止与其签订的收奶合同。

（三）雀巢库存管理

1. 雀巢VMI的建立

1999年10月开始，家乐福公司与中国台湾雀巢公司积极进行合作，建立比较完善的VMI运作机制，以降低家乐福公司的整体库存天数，降低双方物流作业成本以及缩短订货前置时间增加商品的供应率作为总目标。具体的指标包括：家乐福的物流中心对其相应的零售店面产品的到货率必须要达到95%以上，雀巢对家乐福物流中心的产品的到货率更是要达到90%，家乐福对雀巢的建议订货单修改率要下降至10%，以及家乐福的物流中心库存天数下降至预计目标等具体目标。另外，新建立的运作模式扩展到达其他销售渠道并加以运用是中国台湾雀巢公司最希望做到的，这样就可以达到加强掌控并获得更大规模的效益，最终家乐福在这其中也会与更多的较为重要的供应商进行相关的商业合作。

雀巢和家乐福在这次的合作中是根据最基础的理论“消除供应链上产生牛鞭效应（Bullwhip Effect）”而进行的。在过去相对传统的管理环境下，经常会存在需求不明确、预测不准确、生产与运输作业不均衡、供给不稳定、企业间合作性与协调性都较差，从而造成了供应缺乏、库存居高不下、成本过高等一系列现象。我们从中可以看出，引起这些问题的主要原因之一便是牛鞭效应。

VMI具有上述的特殊功效是家乐福在引进QR系统时看到的，所以在引进之后便一直努力寻找着较为合适的战略伙伴以便实施VMI计划。在经过较为慎重的挑选后，家乐福最终选择了其雀巢公司的供应商。整体看来家乐福与雀巢公司双方不仅仅只是买卖关系，唯一特殊的便是对雀巢来说家乐福是零售商客户中非常重要的客户之一。在这些业务往来中家乐福的决定权十分重要，决定要购买的产品种类与购买数量。

竞争模式在供应链管理环境下也发生了变化，企业将依托整个供应链条并参与竞争，最终也可能达到企业之间的信息共享。VMI将原有的传统条块分割的库存管理模式打破，以相对较稳定的信息结构为框架，应用系统集成的思想进行库存管理，最终使供应链系统获得以合作为基础的同步运作，这样可有效地避免供应链上产生牛鞭效应。

2. 雀巢VMI的实施

两家公司经过一定的协商，决定由雀巢公司来建立整个VMI计划的机制，总目标是：①降低家乐福的库存天数；②增加商品的供应效率；③使双方物流作业的成本率达到最低；④缩短订货前置时间等。

家乐福公司与雀巢公司双方彼此并不相容，拥有相对较为独立的内部ERP系统，在实施VMI计划的过程中，家乐福提出与雀巢以EDI连线方式来具体实施。这个计划在VMI系统需要一定的经费进行投入，EDI系统建设的花费主要由家乐福负责，在这个系统中没有其他额外的金额投入。雀巢公司在这方面不仅仅建设EDI，而且还引进了一套VMI系统。经过将近小半年的VMI实际运作后，雀巢对家乐福配送中心产品的到货率由原来的80%左右提升至95%，在原有的基础目标上实现了其应有的价值，超越计划目标。产品到货率（配送中心对零售店铺的到货率）也由70%提升至90%多，一直都处在继续改善的过程中，改进之后雀巢的库存天数也由原来的25天左右直线下降到15天以下，VMI实际运作后订单的修改方面也由原来的60%～70%直接下降到现在的10%以下，雀巢公司的商品日销售额更是上升了20%。从总体上来看，家乐福的市场竞争能力和反应能力都得到了极大的提升，而这些提升都是来源于雀巢VMI的建立，VMI的建立使两公司受益无穷。

雀巢公司在此最大的收获便是在与家乐福的关系方面有一定的改善，在其他方面也是受益匪浅。在过去，雀巢与家乐福的关系仅仅只是单向买卖关系，所以家乐福在这期间只是要什么就给什么，更直白地说，双方为了彼此推销产品，甚至都忽略了近期市场的真正需求，导致那些好卖的商品会经常出现缺货甚至没货的现象，而不畅销的商品却有很多存货。通过这次合作，双方都愿意共同解决以上所述的问题，从而有利于从根本上改进供应链的整体运作效率，并且雀巢会更容易且快速地掌握家乐福的市场需求、库存动态、销售资料等，以便对市场的需求进行更准确的预测，最终采取更加准确有效的库存补货计划。

（四）雀巢物流管理

由于雀巢公司面对冷冻产品在整个生产、运输和销售过程中的温度呈逐渐上升的现状有独特的解决方法，这里主要分析雀巢冷链物流。

在众多的国际雪糕品牌中，雀巢的冷链运输与配送标准一直是高标准的。高标准的温控虽保证了雀巢雪糕的质量，但也给雀巢带来巨大的物流成本压力，雀巢如何平衡这两者

的关系呢？

1. 控制多品种多温差

雀巢公司是在1999年经广州市政府批准，通过股权收购，拥有了广州冷冻食品有限公司97%的股份，并对其进行全面管理。广州冷冻食品有限公司是广州地区最具规模的从事冷冻食品生产经营的中外合作经营企业。

目前雀巢牛奶公司主要以经营生产雪糕、冰淇淋等冷饮食品为主，品牌覆盖范围比较广，涵盖了高、中、低端三个层面的市场，其中大众化消费市场所占份额非常大。五羊雪糕是雀巢牛奶公司最有代表性，也是非常受普通消费者欢迎的低端品牌，而且广州人也有着吃五羊雪糕的历史。雀巢牛奶公司的雪糕产品包括了五羊雪糕的全部系列。在中端品牌方面，雀巢牛奶公司推出雀巢雪糕，通过雀巢的品质和品牌效应来进一步占据雪糕的中端市场，雀巢主要也是针对大众消费者。雀巢牛奶公司近两年已经开始进军高端雪糕市场，目前主要引进了两个品牌：瑞士的莫凡彼雪糕和美国的德雷尔雪糕。雀巢牛奶公司把这两款高档雪糕品牌定位在大型餐饮酒店或高级会所的活动方面。

雪糕是一种季节性相当明显的产品，在淡旺季的销售量差别是非常大的。旺季通常是3—9月，其销量可达年销量的85%；而淡季则是10—12月、1月、2月，销量明显较低。为了避免销售和生产的严重脱节，以及资源的浪费等，雀巢牛奶公司在淡、旺季采用不同库存策略。

2. 低温超过国际标准

对于冷链企业来说，其最为关注的就是冷库的建设和温度的控制，这同时也是许多常规物流企业进入冷链产业的门槛。雀巢牛奶公司对这两方面的要求也是非常高的。雀巢牛奶公司自身拥有冷库面积3000m²，投资额达4000万元，全部是按照雀巢国际标准设计的，库内温度要求控制在－28℃。如果库温提高到－23℃，也可以保证产品质量并且仍然高于国家标准的－18℃，且每年估计可以节约100万元的电费。但是雀巢公司却在自己的雀巢质量管理体系（简称NQMS）中设定了一个极高的标准。这样做的目的是产品在冷库时已经被冻结在一个极低的温度，预期在整个冷链过程中有可能由于各种原因导致产品温度的上升，这样可以减缓产品升温的过程，而且可以尽可能地保证送到最终消费者的产品温度达到－18℃或以下。不仅可以保障产品质量，而且有助于延长产品的保质期。由于产品出库的温度非常低，装上冷藏车辆后可以快速地降到要求的温度，减少了制冷机工作的时间和柴油的消耗，不仅降低了车辆的运营成本，而且也减少了对柴油的消耗。雀巢的做法体现出对社会的责任，也推动了行业标准的进步。

雀巢牛奶公司对温度要求高的主要原因是产品品质保障的需要，特别是随着高端雪糕品牌的引进，对低温技术的要求更加苛刻。但是从运营的成本考虑，雀巢牛奶公司也在逐渐把一些运输业务外包给专业的第三方冷链物流公司，这就涉及3PL的质量保证问题。雀巢牛奶公司对自身和外包的第三方物流公司都要求低温－25℃，但大部分的国内物流企业通常只能保证在－22℃，而－20℃基本已经可以满足中高端产品的低温要求。但是雀巢牛奶公司的苛刻要求，可以给自己预留一个缓冲的温度空间。另外，雀巢牛奶公司也非常关注在大卖场直接销售处的温度控制，因为通常大卖场都是将雪糕放在敞开的冰箱中任人选购，所以－18℃的低温基本不可能达到。雀巢牛奶公司对此也希望能够做出管理，保证其品牌效益。雀巢牛奶公司产品在整个生产、运输和销售过程中的温度控制逐渐上升。雀巢冷饮的温度变化最初是刚出厂的基本温度－28℃，到了运输过程要求－25℃，但是实际操作过程一般只能达到－22℃，接着是销售过程－18℃的敞口售卖冰柜，在一些大卖场的冰箱温度只能达到－15℃甚至更高。由此看来，通过温控保持产品质量是一连串的责任链接，每个环节都必须要有所保证。冷链温控的低温要求是整个行业进步的体现，雀巢牛奶公司的做法是值得肯定的，即让整个冷链供应链都接受高标准的温控要求，避免因为微小的短期利益造成品牌损害。

3. 海陆联运降成本

雀巢（中国）有限公司的总部在北京，其冰淇淋业务范围覆盖北、东、南三大区域。在产品的长途运输方面，雀巢（中国）通常有海运和陆运两种选择，而且更偏向于选择海运运输，因为海运在这个方面有明显的优势。首先，海运价格比陆运便宜，而且运输量比较大；另外，在制冷方面，海运集装箱的制冷系统效果比较好。海运运输的缺陷是在海运交接的时候，可能会因为工作人员的细节操作对产品产生一定影响，但这种概率相对较低。雀巢（中国）的海运伙伴通常选择中海集团。在长途陆运方面，雀巢（中国）通常选择规模较大的第三方冷链运输公司，比如安得物流、小蚂蚁和骏鸿物流等。主要考虑到运输价格、安全以及反馈信息等问题，而且陆运运输冷藏车的温度比较难控制，通常只能保持在－22℃，低于雀巢（中国）的最低温控标准，所以雀巢（中国）比较倾向于选择长途海运。

对于雀巢牛奶公司来说，他们更关注的是冷链市场的短途市内运输，包括湖南、湖北、江西、福建、广西、海南。雀巢牛奶公司的15辆自有车辆进行市内配送，通常是每天进行3个来回的运输配送，大约工作18个小时。雀巢牛奶公司的冷藏车都是按照自己的需求定做的，他们一般选用国产品牌，如新飞、中集等。其车的载重量为1.345～7t，通常4t以下冷藏车车身长度在5m左右，价格大约30万元；而4t以上的车型的车身长度达到7.2～7.6m，大约要50多万元的资金投入。

市区内配送的制冷设备同长途或中长途运输也是有区别的，市区内需多点配送的通常采用蓄冷板车辆。因为需要频繁开门卸货，所以冷气容易散失，如果用机械式风冷制冷，由于送货点路程间隔短，温度不容易在短时间内降下来，就会造成产品质量的变化，而且制冷机还必须频繁开机关机，不仅对机器不好而且也容易造成柴油消耗，从而导致成本的上升。而蓄冷板的特点就是通过提前的插电预冷，使温度降到一个极低点，然后断电在行驶过程中由蓄冷板将冷量均匀而缓慢地释放出来，从而达到保持车厢内相对低温的目的。所以对于市区内需多点配送来讲是比较合适的。但对于中长途的运输，由于它不能在途中制冷，因此温度会缓慢上升，随着时间的延长到送货点卸货时就可能达不到客户要求的温度。

4. 重视冷链环保

雀巢（中国）很注重社会责任方面的问题，特别是环保方面，雀巢对从生产、运输一直到终端客户的销售整个过程中的设备使用都非常注重对环境的保护。比如在制冷设备选

择方面，雀巢都要求选择绿色环保设备，选用制冷机都要求其使用的制冷剂是环保无公害的。而且在整个供应链过程中，雀巢（中国）也十分注重环保工艺的创新。雀巢（中国）对冷藏制冷设备的报废问题要求非常高，任何冰柜报废设备都要求厂家回收制冷剂，并要求在雀巢现场监督的情况下，进行环保回收。对制冷剂的回收，雀巢还要付给厂家上门回收的费用。这种做法很少有企业愿意这么做，在业内也很少见，雀巢（中国）希望这种环保做法能在行业起到带头作用，也表现出雀巢作为全球性企业高度的社会责任感。

三、雀巢供应链管理的成功之处

（一）雀巢供应链深入适应本土化生态

众所周知，如何实现产品本土化是大型跨国公司在全球化的进程中很重要的一环。这些宝贵的实践经验，也正在被一些有跨国雄心的公司高度重视。例如：雀巢不仅在云南拥有自己的产植基地，更注重通过免费的技术培训和良好的信誉与当地咖农建立起深厚的友谊。而大开河村的咖农就典型地成为了中国与国际咖啡交易市场最近的人群。村里每天有专人负责上网查询纽约现货交易市场的咖啡价格，以方便咖农们及时获取相关信息来自行决定何时出手交易咖啡豆。与奶农不同，雀巢与当地的咖农并没有签订任何形式的合同，但是当地的大部分咖农都自愿将精选的上好咖啡豆优先卖给雀巢。这样的情形，不仅仅在于雀巢提供的价格公道且全程现金结款，最重要的是在日常培训中建立起来的信任与雀巢本身良好的信誉建树。

由此可见，在供应链中的“情感培育”环节，可以归入雀巢在中国迅速本土化的秘密武器之一。

除此以外，相关雀巢工作人员的本地化培养，可称之为雀巢本土化进程的秘密武器之二。从连续多年被评选为中国大学生“至爱咖啡品牌”开始，雀巢便开始实施一系列的帮助大学生成功就业的活动。包括于2008年年初启动的云南站“扬帆工程”，经过选拔的云南贫困大学生代表参加了关于咖啡种植的相关培训活动。这些活动也为拉动整个咖啡产业的发展做出了贡献。据悉，其中的精英学生中有相当一部分参与到了当地的咖啡种植事业中，用自己的知识来进行创新生产。

（二）雀巢模块组合营销战略

雀巢的成功自是多种因素共同作用的结果，但其中，模块组合营销战略的实施是一重要因素。公司设在瑞士日内瓦湖畔的小都市韦威（VEVEY），总部对生产工艺、品牌、质量控制及主要原材料做出了严格的规定。而行政权基本属于各国公司的主管，他们有权根据各国的要求，决定每种产品的最终形成。这意味着公司既要保持全面分散经营的方针，又要追求更大的一致性，为了达到这样的双重目的，必然要求保持一种微妙的平衡。

这是国际性经营和当地国家经营之间的平衡，也是国际传播和当地国家传播之间的平衡。如果没有按照统一基本方针和统一目标执行，没有考虑与之相关的所有因素，那么这种平衡将很容易受到破坏。

模块组合的战略定义为：将公司的市场营销部门划分成直接运作于市场的多个规模较

小的经营业务部门，灵活运作于市场，及时做出应变决策，各经营业务部门虽具有独立性，但服从于企业的总战略。在雀巢公司的模块组合战略中，各分公司作为一个模块，独立运作于所在的市场，有权采取独特的策略，但又接受公司总部的协调。

为了正确贯彻新的方针，告知分公司如何实施，雀巢公司提出了三个重要的文件。内容涉及公司战略和品牌的营销战略及产品呈现的细节。

1. 标签标准化（Labelling Standards）

标签标准化只是一个指导性文件，它对标签设计组成的各种元素做出了明确的规定。如雀巢咖啡的标识、字体和所使用的颜色，以及各个细节相互间的比例关系。这个文件还列出了各种不同产品的标签图例，建议各分公司尽可能早使用这些标签。

2. 包装设计手册（Package Designmanual）

包装设计手册是一个更为灵活使用的文件，它提出了使用标准的各种不同方式。例如，包装使用的材料及包装的形式。

3. 品牌化战略（Branding Strategy）

品牌化战略包括了雀巢产品的营销原则、背景和战略品牌的主要特性的一些细节。这些主要特性包括：品牌个性、期望形象、与品牌联系的公司、其他两个文件涉及的视觉特征以及品牌使用的开发等。

当前的经济形势，对企业提出了更高的要求，要想在激烈的市场竞争中立于不败之地，不仅要有适销对路的产品，更重要的是要有正确的经营思想指导。雀巢公司的领导层认识到，经济全球化已使企业营销活动和组织机制由过去的“大块”结构变成了“模块”结构的事实，从而将其工作重点转向组合模块，实施模块组合营销。

（三）雀巢技术创新和研究

技术创新和研究开发是公司的主要着力点。雀巢集团对于营养、食品、植物学以及食品质量和安全方面的研究具有130多年的历史和经验，在此基础上，公司一直致力于探索和追求食品加工方面的最新知识和技能专长，并用获得的高新技术来保证产品的高质量。雀巢自从在中国投资建厂之日起，就开始了将其在营养品和食品加工方面拥有的世界一流的专有技术和丰富的专业知识转让给中国的工作。雀巢人从不保守，因为他们充分认识到帮助了别人，也就等于帮助了自己。2000年，雀巢公司在遍布四大洲的20个研发中心，其中有17个是食品和营养品研发中心。当年，集团在中国投入的研究与开发费用总额为51亿元人民币。2001年11月，雀巢集团又在上海设立了新的研发中心，它将作为雀巢全球研发网络的一个成员，积极主动地与中国著名的大学和食品科学与营养研究机构紧密合作，努力促进总公司向设在中国的分公司和机构提供强大的技术援助，成为雀巢公司与中国科技交流与合作的桥梁。

四、雀巢供应链管理的不足之处

（一）奶制品供应链的风险识别

1. 原奶生产风险

乳品加工企业的最多选择就是采取“分散饲养、统一采购”的模式，缺点是养殖户分

散，组织度和产业化程度不高，大多数的养殖户不能同加工企业找寻到一种可以双赢的方式：养殖户是原料奶生产企业的供应商，是整个乳制品行业的基础，因为他们具有多重身份，所以这个群体的行为模式非常复杂，同时存在理性和非理性的决定，而且还会受到养殖户各异的文化程度、偏好、心理、经济条件等因素的影响而不可控；许多加工企业和养殖户只是维系着一种短期的出售—购买关系，一旦市场发生波动，就会出现不可测的危机，又因为养殖户并不是一个紧密的整体，这就导致他们很难发表诉求，危机来临时，养殖户这个最薄弱的链条毋庸置疑将承受最大的风险。只有给予养殖户最基本的利益保障，才能让他们安心驻留在乳品行业，所以奶业若想保持健康发展，就更加依赖养殖户的积极性。除了上面所说的缺点之外，这种生产模式还有以下不足：机械化程度低下；单户产量少；设施老旧；科学饲养管理水平低；奶牛饲料和饲养环境不达标；奶牛品种不高；不易监督养殖户为了短期利益的违规措施等因素都会影响原料奶质量。

2. 收购风险

原料奶收购部门（中间奶站）是供应链中一个比较特殊的部分，20 世纪 90 年代，奶站通过统一购买牛奶的方式一定程度上提高了原料奶质量安全，但如果收购部门监管不严、操作不规范，采取落后的牛奶测试技术，牛奶存储设备清洗不彻底和冷藏设施老旧等都会引起牛奶质量低下。同时，由于原料奶乳品企业目前的残酷竞争，大部分的收购部门基本上都是按照统一价格收购原奶，很少建立质量机制，从而无法提升农民的积极性以得到优质的牛奶。此外，原奶的买家因为不养殖奶牛，不直接参加牛奶生产和奶制品加工，自然无法得到政府部门监管，综合这些原因成为了问题多发环节。收购部门反而可以通过操纵收购价格或者违规添加其他物质来获得额外利润，变身为整个供应链上获取利益最大的一环。

3. 加工风险

整个乳制品供应链的核心毋庸置疑就是加工企业，它们关系到整个乳制品加工生产环节能否有效控制质量和安全。乳品企业也存在加工过程风险：管道、加工设备、设备的清洗、消毒等会严重影响产品的质量，如产品中细菌、蛋白质的含量等；而且在生产和加工过程中，包装材料、管理方法、生产设备、新产品的配方设计、工艺水平、技术环节也对产品的质量和安全有影响。

4. 运输风险

冷链物流系统对乳制品的流通销售环节（关系到经销商）也至关重要。乳品企业和经销商的关系是松散型的业务关系，他们不严谨谈判，却对销售情况各持己见，从而导致了双方只关心自己的业务。同时，强大的经销商能够提供给加工企业发展跨区域市场的能力，又因为下级经销商的不断增多，两者之间的矛盾日益显现。

5. 消费风险

伴随消费观念的变迁和生活水平的提升，乳制品在消费者的眼里越来越生活化，不再是以前的滋补品。发展中国家的乳品消费市场已经成为世界上发展最快、最具潜力的市场。但是伴随而来的却是各种乳制品安全事件，以及复原乳和鲜奶竞争，这些都严重打击了消费者的消费意愿。可以看出，如果乳制品企业希望得到发展的机遇，从而赢得客户，就必须牢树质量安全第一的准则，严把质量关。一旦这个问题得不到有效解决，乳品行业会受到严重损失，处于行业“严冬”之中。

总而言之，乳制品行业最严峻的问题就在加工企业与上游养殖户以及下游经销商之间的关系管理上，两种关系一旦松散就会使得供应链中成员之间的关系不协调，进而导致供应链合作关系柔性的缓冲、适应和创新三种能力都比较差，不利于企业持续发展。

（二）原料奶—加工企业，采购与加工循环环节存在的问题

1. 不同组织模式的技术效率与经济效率的比较

农户放养，养殖小区和现代化牧场，是现下最常见的原料奶生产的组织模式，但与现代化牧场和养殖小区一起比较，放养模式投入产出比太低但是却有较高的收益率，具体表现在以下方面。

（1）在费用方面，牧场投入最高，放养的成本最低，养殖小区介于两者之间。平均每头奶牛在牧场饲养年成本高出小区饲养 25.78%，和放养相比更是高出了 58.55%。

（2）从单位产品的成本—效益比的角度来看，放养成本第一，养殖小区第二，最低的是牧场。

（3）对产品的营养物质含量进行检测可知，牧场的牛奶质量最好，养殖小区的产品排在第二，放养生产的原奶营养物质含量相比较而言最少。

（4）从单位产品的饲料消耗角度来看，生产同样多的原奶，放养状态下的奶牛消耗的饲料远远高于牧场和养殖小区的奶牛。

这样的结果看起来有些自相矛盾，这是由于放养模式下，一部分农户的成本是免费获得的，主要是粗饲料方面；而且农户放养奶牛也不用像牧场和养殖小区一样支付治理环境污染方面的费用。和现实相结合，也可以解释为什么在发展中国家的乳制品行业里，放养模式是原料奶生产的主要选择，即使这其中存在着许多难以解决的监管和控制问题。

2. 加工企业和养殖户在供应链的利益分配上有分歧，原料奶生产制约着奶制品产业整体发展

加工企业对原料奶的收购价格起着主导影响，一旦原料奶生产过剩超出了市场的实际需求，企业往往通过一系列手段（例如签订一些额外的条款；在合同签订之后私自改价；通过技术手段在验收时乘机压低价格）将风险转嫁到养殖户的头上。而且企业又通过拖延结款时间，要求养殖户支付不合理的服务费用等方式，使得企业空有完善的标准，却因为不严格的管理造成双方的经济损失。就中国来看，放养模式因为规模小、产量低、监管难度大、不符合现代化乳制品企业要求，变成了整个行业健康发展的大问题。

（三）加工企业—零售商，配送与补货环节存在的问题

1. 应用于供应链的软件的研发力度和针对性不强

信息化生产是当前世界各行业的发展大趋势，乳制品行业自然不能例外。但是实际上乳制品供应链中的信息化程度很难发展，这是由于乳制品的加工生产过程是不连续的，同时由于产品的特殊性，乳品加工企业难以寻找到适合本企业的软件，只能依靠自己对已有的软件进行针对性的修改。

2. 配送难度大、费用高

由于产品市场的不断增大，乳制品公司的销售网络也铺得越来越广，从而暴露出原料地、加工工厂和销售市场三者之间不合理分布的问题，这增加了产品的运输成本和库存成本。

(四) 零售商—消费者，订单循环环节存在的问题

1. 大型奶制品企业之间销售渠道和终端促销高度同质化

乳品企业主要通过各家超市连接消费者，所以企业往往通过各种免费品尝、买一赠一等方式推销自己的产品，手段过于单一，给消费者一种各家产品都差不多的印象，无法有效辨别出奶的优劣，这也就导致了企业经常采用更加简单粗暴的方式——降价促销。

2. 在奶制品销售环节，不同经营模式在运作效率上各有利弊

乳制品的销售模式主要分为三种：乳制品加工企业自己销售产品，利用超市销售产品，通过经销商/代理商销售产品。从渠道管理的角度看，代理销售模式取决于乳品企业的实力，企业实力越强，越倾向于选择代理模式；从覆盖率角度来说，从高到低分别是代理、零售、自销，如果乳品企业希望提高市场份额，采取代理商销售的方式更加合适，但是百货公司销售模式具有促销能力最高的特点，企业自销效果差一点，代理商销售促销能力最低；就售后服务与筹资来说，自销模式具有强势地位，然后是通过超市等销售，代理商在这方面能力比较低。

总结三种销售模式的特点：自销模式的投入最高，耗费很多成本；通过超市销售模式可以取得优良的宣传作用；如果企业只为了追求利润，很显然经销商代理模式更加适合。

(五) 供应链整体设计与运营方面存在的问题

1. 缺乏协同、快速反应的供应链运营体系

通过对比可以看出，供应链的运作模式在渠道和流通方面控制能力薄弱；在原料奶中上游环节的供应链的运作模式是缺乏控制和管理能力的。因此，大型乳制品公司在协调运营供应链这一重点上，特别是在覆盖整个市场、快速反应的管理上，依然具有非常严重的不足。

2. 供应链上成员的利益共同分配机制薄弱

乳制品供应链上有着众多职能不同的部分，有养殖户、牧场、加工企业、运输企业以及经销商/代理商，自然就要求有一种可以让各部分参与者协调合作的同时合理分配利益的机制。但是有研究却表明，实际过程中很难做到统一利益分配，这使得风险只能由原料提供者、加工企业和代理商三方共同承担。

3. 奶制品供应链组织合作存在运营风险

作为不同的利益主体，原料提供者、加工企业和代理商必然会为了获得更多的利润而尽可能规避潜在的风险。但是必须要知道，在一个参与主体繁复的乳制品供应链中，很可能会致使底层参与者（多为养殖散户）承受更多和得到的利益不对等的风险。在风险大于收益的情况下，往往会有部分参与者脱离供应链，这非常不利于供应链的长期发展需要。

五、启示或者改进建议

(一) 检测出乳品供应链潜在的风险的相应措施

1. 政府进行强有力的调控及干预

在乳业发展的初级阶段，对乳业各个利益集团实施调控，使利益分配变得科学是很有必要的。因为乳业是农业、工业、第三产业相互连接、相互影响、产业链关联度很大的特殊产业。从长期发展来看，中国主要是农业部门负责实施对乳业的管理，管理的主要内容是乳品的生产环节，但是在加工和销售等环节并没有给予有力的调节和引导。这致使农场中奶牛的数量增长迅速，形成了竞争无序的乳制品市场，乳制品企业盲目扩大经营范围。我国政府需要健全食品安全法规，出台相关的乳业法规，合理地制定出乳业管理、生鲜原料奶管理、乳品质量安全管理和乳品市场管理等法规，实现与国际法规接轨。监督管理部门要增加工作效率，对企业进行到位的监督，建立起社会信用体系，对不良信息及时披露，激励企业对社会有责任感。乳品行业协会需要对行业里企业之间的良性竞争进行引导，做好对市场竞争的维护。同时消费者协会也要进行舆论监督，消费者要增强维权意识。

2. 加强核心企业与奶源基地之间的同步意识

奶农的产品需要企业进行加工并销售出去，企业需要奶农向他们提供安全的奶源，因此奶农和企业之间的关系是十分密切的，他们是平等互惠的，其中一方出现问题，都会造成另一方的利益损失。在实际中，龙头企业要切实考虑奶农的相关利益，加大对奶牛养殖业的投资力度，同时也要对奶源市场进行积极的引导，避免出现压价行为，减少奶源市场的大波动，切实保障奶农的利益，同时要加强对奶源质量安全的监督。

3. 加强原料奶的前馈控制

一方面，我们要努力扩大奶牛的养殖规模，养殖出优良品种的奶牛，提高科学饲养和管理的水平，提高奶牛饲料品质和饲养的环境，引进先进的挤奶设备，将机械化程度提高；另一方面，行业协会建立和完善原料奶质量和成品长期持续的第三方检测制度，加强监督奶站管理，规范原料奶收购秩序，形成规模化的统一管理，以保护牛奶供应的安全性。

4. 加强乳品加工过程控制

第一，对奶源进行加工制造的企业要引进科学先进的设施，具备一定的制造水准，加强对乳制品质量的把关力度，切实保证乳制品的安全；第二，积极建设诚信道德的市场，提升企业的诚信度，企业要积极承担相应的社会责任，建立起良好的社会形象，同时还要保证软件和硬件设施的安全问题，切实保证乳制品加工过程的质量安全。

5. 建立质量安全机制

(1) 农场到餐桌的供应链 HACCP 体系的建设：HACCP 即“危害分析和关键控制点”，是对可能发生在食品加工环节中的危害进行评估，进而采取控制的一种预防性食品安全控制体系，可应用于食品的生产、加工和处理的所有环节。目的是保证消费者的食用安全。目前 HACCP 被国际组织认为是提高食品安全的基本手段，在发达国家广泛采用，

在我国大部分生产企业也申请并通过了HACCP认证，但对于牛奶的生产、销售、储运环节中的HACCP则很少也难于执行，因此需要供应链上核心企业尽快按照HACCP原理制定其供应链上不同环节的质量安全规程，使农户、奶站、企业、配送中心、零售网点的HACCP体系衔接，真正做到“从田间到餐桌”完整的供应链全程管理。

（2）建立供应链质量安全追溯体系：由于食品供应链中跨环节之间的联系比较脆弱，建立有效的信息获取、管理与交换是成功实施食品安全跟踪与追溯的关键。全球统一标识系统（EAN－UCC系统）为食品安全提供了追溯平台。对奶牛的养殖、防疫、挤奶、加工、储藏及销售等供应链环节的管理进行标识，并互相连接，然后将这些标识进行追溯，准确地缩小食品安全问题的范围，查出问题出现的环节，可追溯到食品的源头。EAN－UCC系统可以有效地对乳品供应链全过程进行跟踪与追溯，建立“从农场到餐桌”食品供应链跟踪与追溯体系。消费者通过信息检索工具就可以随时了解“食品的整个生产、加工、运输与销售情况”，这将极大地增强消费者对乳品安全的信心。

（3）加强供应链上安全信息集成与共享：电子化供应链是供应链管理与电子商务相结合的产物。电子化供应链上的相关乳品企业（或个人）利用互联网技术结成动态联盟，提高乳品供应链的信息传递效率。一方面，通过Web技术的集成和完整的生产、运输与销售过程信息，对乳品供应链的每个阶段、各个环节的信息进行真实的记录；另一方面，利用电子化乳品供应链快速响应的特点，及时发现问题，在发生食品安全问题后快速响应。

(二) 乳品加工企业与奶农合作的建议

影响乳品加工企业与奶农合作效率的因素按重要性排序依次为合作能力及条件、合作收益、合作风险与合作意愿。其中，合作能力及条件、合作收益是影响奶农与乳品加工企业合作效率的关键因素。然而，在乳品加工企业的合作中，农户的合作能力与条件十分有限。农户由于受自身素质、经验规模、信息渠道、法律意识等方面的限制，在与加工企业的合作中处于不利地位，因而双方很难建立起平等互利的合作关系。上述分析证明，要想彻底改善当前奶农与加工企业之间的合作关系，关键是要尽快提升散养农户的合作能力与合作条件，从而保证双方能够以平等的身份和地位进行合作。

1. 引导奶农生产专业化和经营规模化

当前我国大部分奶农的养殖规模过小，因为他们兼顾着农作物种植和畜牧业养殖，使他们的养殖水平不够专业，影响推广和应用新技术的进度，这样的养殖效率过低，也使行业效益有所降低，一定程度上会使生产不稳定。所以应该对奶农进行鼓励和引导，使他们的生产更加专业化，甚至推出优惠政策，鼓励奶农放弃农作物种植，专心致力于畜牧业养殖。条件相对优越的地区，当地政府可以给予资金扶持，建立奶牛培育基地，将奶牛培育到产奶的阶段，将奶牛出租给奶农，让奶农暂时拥有对奶牛的使用权，政府还可以提供技术和信息方面的支持，帮助奶农饲养奶牛至产奶阶段获得更多收益。这样减轻了奶农资金方面的压力，以及对大规模投资畜牧业的风险，使奶农的收益得以增加。

2. 技术培训体系与服务体系有待完善

为了使原料奶生产服务的体系更加完善，亟须建立相关健全的社会化服务体系，例如奶牛的良种供应问题、配种问题、奶牛防疫的能力、饲料的选择问题、原料奶的收购问题、储藏与运输问题、乳品市场的调研与行情预测等问题，这些都是社会化服务体系要解决的问题。完善良种繁育体系，加强奶牛育种中心的建设，对其生产性能要及时记录或评价，并健全相关系统进行管理，利用网络对良种公牛的后裔的性能进行测定，加强选育良种的能力，使良种奶牛繁育得更快。还要注意防治奶牛的疾病，进行免疫接种，经常消毒、驱虫，使饲养区变成无规定疫病饲养区，提高挤奶的机械化程度，并加以推广。饲养奶牛是一项技术含量很高的工作，所以从业人员要具备较高的文化素质和饲养技能才能提高原料奶的生产效率，政府要组织专业人员培训饲养者，而且有必要经常组织类似的培训，使管理员、饲养员的素质有所提高，这是奶牛养殖业亟须解决的问题。应该对奶牛科技服务相关的组织机构予以调整，并加以完善，对奶农进行相关的技术培训，使奶牛饲养员的水平得到提高，进一步推广先进的饲养技术和防疫技术。社会服务体系的建立，使奶农饲养的科技含量增加，也使乳产品的附加值有所增加，使饲养管理方面的工作得以推广。目前，我国乳业存在“重育种，轻饲养”的管理倾向，这种看法不仅存在于实际生产部门中，还存在于相关科研单位和政府部门。选育优良基因就要注重育种问题和品种改良问题，这是饲养管理必须要解决的问题。我国奶牛单产水平不高，与奶牛的品种有一定的关系，但更大程度上取决于饲养者饲养奶牛的技术。

3. 扩大奶农经合组织的规模，促进其发展

通过奶农经济合作组织，使得散户奶农组织起来，形成规模。有利于扩大奶农的生产规模，提升其影响力，提高奶农在市场中的地位和所占的市场份额。共同分享利益，共同承担责任。这种形式在国内还并不普及，或者说尚未有大型的形成较大影响力的奶农合作组织。我们国家现有的奶农合作组织，时间还不算长，经验还不算丰富，而在国外，尤其是西方国家，这种形式已经有了较长时间的发展。我们国家的奶农和相关的政府管理机构应当借鉴西方国家的先进经验，通过有力的政策扶持奶农的发展，鼓励奶农合作组织的建立。通过规模化效益，提高奶农的经济收益，并且派遣专家对其进行指导。在规模扩大的基础上，提高奶农的管理和生产技术，提高产值。完善相关的法律制度和政策，要尊重农民自身的想法，将合作的优势和风险告知奶农，鼓励他们积极参与奶农合作组织。例如内蒙古这样的奶农数量众多的省份，政府更应该重视奶农的利益，他们的收益提高了，也给地方政府带来了更多的税收。政府可以给参加奶农合作组织的农民相应的补贴以及相应的政策优惠。鼓励如伊利、蒙牛这样的大企业与奶农建立直接的合作关系。

4. 鼓励企业与奶农合作，共享利益

奶产品加工商与奶农进行直接的合作，既可以保证货源又可以省去中介环节，降低了自身的生产成本并且提高了产品品质，在市场竞争中占有更大的优势。奶产品加工商可以给长期稳定的合作奶农提供一定的经济和政策优惠，给他们提供一定的贷款或者给他们适量的公司股份，二者密切合作，互利共赢，使得奶农与奶产品加工企业的利益联系在一起。

（三）构建完善的乳品供应链组织合作风险化解机制

乳品供应链组织合作所面临的风险主要是自然风险、市场风险以及组织合作成员违约带来的违约风险。自然风险主要承担者是组织成员中原料奶生产者，主要是奶农户。在社

会保障制度尚未健全的今天，这种损失是本已势单力薄的农户难以承受的，一旦面临风险。上游的生产农户则难以通过自身的力量化解不确定的自然风险与市场风险。

可以由实力较大的一方如加工企业出面将分散的农户组织起来，一方面，由金融保险机构对农户进行统一保险，增强农户的风险抵御能力；另一方面，建立违约风险基金，按公司与农户交易额的一定比例从双方同时提取，由金融部门代为监督。当其中一方违约时，用违约风险基金给对方赔偿，减少违约的发生。

第六章　星巴克公司供应链管理案例及点评

星巴克是著名的咖啡店，坐落在全球各个地区的购物中心，其优雅的环境、文艺的氛围吸引了众多白领。本章主要研究星巴克的供应链管理。首先，对星巴克公司及其在中国的发展进行了介绍。其次，描述了星巴克供应链管理现状，包括供应商的选取和管理、集中供应链管理、信息管理、物流管理等。最后，阐述了星巴克的成功之处、不足之处和对中国茶馆的经营启示。

一、星巴克公司简介及经营现状

（一）星巴克简介

1. 星巴克公司标志与历史

星巴克（Starbucks）这个名字来自麦尔维尔的小说《白鲸》中一位处事极其冷静、极具性格魅力的大副，而他的嗜好就是喝咖啡。100 多年后的 1971 年，3 个美国人在西雅图把它变成一家咖啡店的招牌，经营着原产于世界各地、经过精心烘焙的咖啡豆。

星巴克的绿色徽标是一个貌似美人鱼的双尾海神形象，这个徽标是 1971 年由西雅图年轻设计师泰瑞·赫克勒从中世纪木刻的海神像中得到灵感而设计的。标识上的美人鱼像也传达了原始与现代的双重含义：她的脸很朴实，却用了现代抽象形式的包装。

1971 年，星巴克在西雅图派克市场成立第一家店，开始经营咖啡豆业务。1982 年，霍华德·舒尔兹先生加入星巴克，担任市场和零售营运总监。1987 年，舒尔兹先生收购星巴克，并开出了第一家销售滴滤咖啡和浓缩咖啡饮料的门店。1992 年，星巴克在纽约纳斯达克成功上市，从此进入了一个新的发展阶段。目前，星巴克在全世界 62 个国家拥有超过 18000 家门店，200000 多名伙伴（员工）。

2. 星巴克在中国

星巴克于 1999 年 1 月在北京中国国际贸易中心开设中国大陆第一家门店。目前，星巴克在大陆 60 多个城市运营超过 1001 家门店。对于星巴克来说，中国就是星巴克的“第二本土市场”，本着到 2014 年使中国成为仅次于美国的星巴克全球第二大市场、到 2015 年在中国大陆运营 1500 家门店的愿景，星巴克将不断致力于加强在中国的发展。

过去的 14 年，星巴克已经在中国成功地确立了优质咖啡行业的领袖地位，取得了很高的品牌知名度。其积极进取、高雅时尚以及具有人文精神的品牌形象，广受中国各阶层消费者的认同和欢迎。对于许多中国人来说，星巴克的绿色美人鱼标识不仅代表最好的咖啡，更是高质量和现代生活方式的代名词。

星巴克门店的氛围颇似传统中国茶馆，一个放松心情、闲谈小聚的场所，一间可以与

亲朋好友谈天说地的公共客厅。而星巴克全球如一的独特的星巴克体验，优质人性化的服务及其“第三空间”理念也引起了中国消费者的广泛共鸣。

星巴克在为消费者提供始终如一的优质星巴克体验的同时，也一直致力于提升和改进顾客体验。在对产品质量和服务精益求精的基础上，星巴克强调创新，强调产品和服务的个性化，强调不断给消费者带来愉悦和惊喜。同时，星巴克充分尊重中国历史悠久的传统文化，在门店设计、地方食品和饮料供应等方面，完美地将当地习俗融合到星巴克体验之中。

3. 星巴克产品

星巴克旗下零售产品包括30多款全球顶级的咖啡豆、手工制作的浓缩咖啡和多款咖啡冷热饮料、各式糕点食品以及丰富多样的咖啡机、咖啡杯等商品。饮品主要包括咖啡、星冰乐、茶。食品主要包括早餐、午后小点等。比较著名的咖啡有拿铁、卡布奇诺、焦糖玛奇朵、摩卡等。

（二）星巴克经营现状

2013财年星巴克实现营收额148.92亿美元，较上年的133亿美元增长12%，如图6－1所示，主要由于全球同店销售增长达7%，以及全年新开设1701间店铺所致，其中各业务情况如下①。

公司自营店铺营收额为117.93亿美元，较上年的105.35亿美元增长11.9%；

特许经营店铺营收额为13.61亿美元，较上年的12.1亿美元增长12.4%；

包装食品、餐饮及其他收入为17.39亿美元，较上年的15.55亿美元增长11.8%，如图6－2所示。

按地域划分如下：

美洲地区营收额为110.01亿美元，较上年的99.36亿美元增长10.7%；欧洲、中东及非洲地区营收额为11.6亿美元，较上年的11.41亿美元增长1.6%；中国及亚太地区营收额为9.17亿美元，较上年的7.21亿美元增长27.1%；渠道开发营收额为14.21亿美元，较上年的12.92亿美元增长9.9%；其他业务营收额为3.94亿美元，较上年的2.09亿美元增长88.7%，如图6－3所示。

① 数据来源：星巴克公司年报 http：//www.googuu.net/pages/content/view/401.htm。

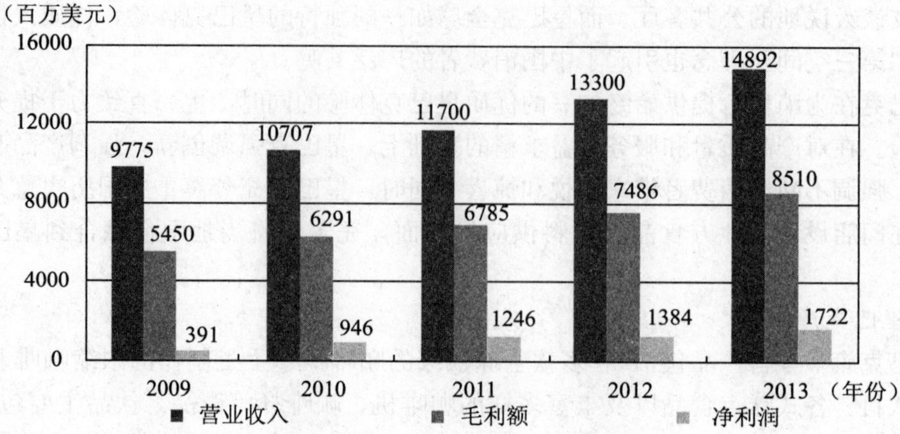

图 6-1 营收、毛利、净利

数据来源：企业年报/半年报/季报、估股网。

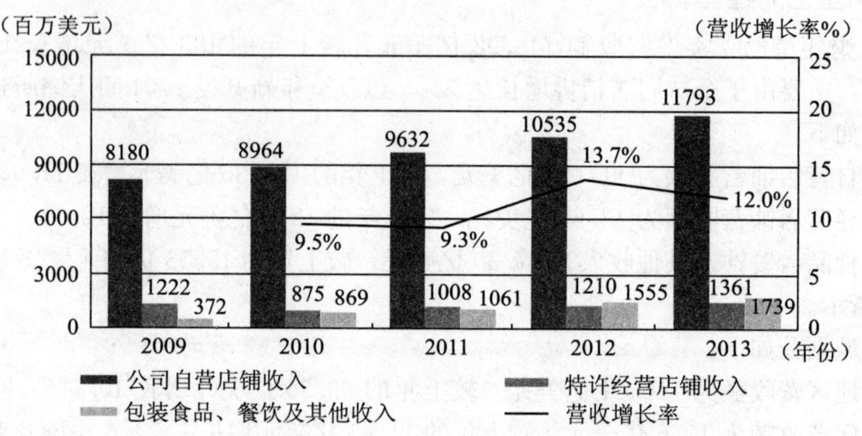

图 6-2 各分部收入情况

数据来源：企业年报/半年报/季报、估股网。

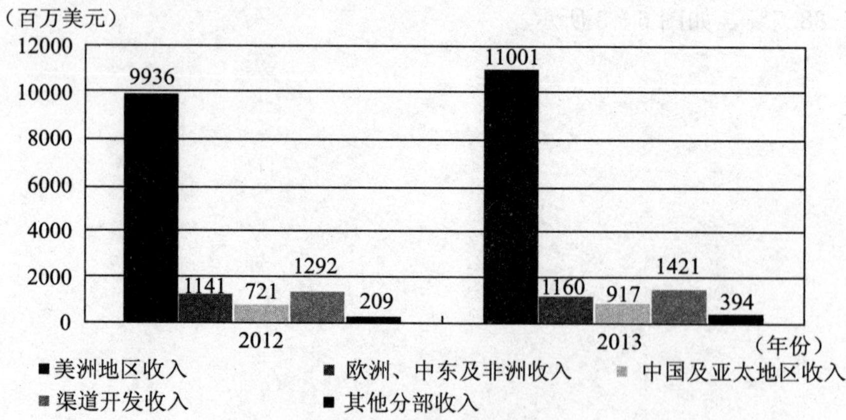

图 6-3 各地区收入情况

数据来源：企业年报/半年报/季报、估股网。

二、星巴克供应链管理现状

(一) 星巴克的供应商选取

星巴克能把店铺分布在世界各个角落，它的供应链如图 6－4 所示。

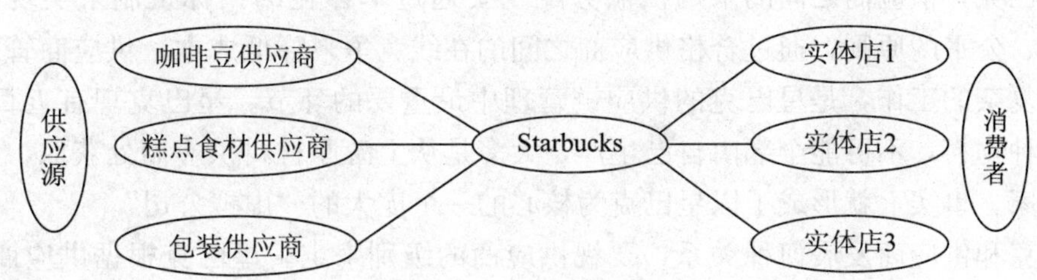

图 6－4　星巴克供应链

星巴克的关系模式延伸到供货商，包括咖啡种植园的农场、面包厂、纸杯的加工厂等。对“关系”资本的研究表明：星巴克遵从着成功公司的模式。当公司把工作的重心放在主业的时候，同供应商的关系至关重要，特别是关键商品和附加服务的供应商。成功公司知道商业交易和相互信任之间的根本区别，他们使相互信任在采购过程中“制度化”，因此在进行正常业务的时候，成功公司进一步紧密供应商的关系，最后捆绑和整合成战略伙伴。供应商将承担更多的责任和义务。

公司希望同供应商保持长久的协同合作关系，这不像从一个价格比较低廉的供应商那里买东西那么简易。星巴克的采购经理 Buck Hendriy 说：“质量放在第一位，服务放在第二位，价格放在第三位。我们不会因为低价格而在质量和服务方面放宽标准。”

选供应商是一个相对漫长和正规的过程，各部门有关员工都将参与进来，由采购部门牵头，履行程序，提供范围。商品开发，品牌管理和业务部门的员工也会参与其中，这使星巴克公司了解整个供应方式及对今后业务的影响。为达到特殊的质量标准，星巴克从生产能力、包装和运输等多个方面对供应商进行评估，只有具备发展潜力的供应商才能与星巴克荣辱与共。

星巴克已经花费大量人力、物力、财力来开发供应商，所以希望长期稳定的关系，积极配合控制价格而不只是简单地监管价格。星巴克副总裁 John Yamin 说：“失去一个供应商就像失去我们的员工一样，因为我们花了许多时间和资金培训他们。”

双方协同合作的合约一旦签订，星巴克公司希望得到特惠待遇，包括价格、折扣、资源等。作为回报，供应商的营销额将会随着星巴克的壮大而上升。由于星巴克极其严格的质量标准，供应商们也会得益于星巴克良好的品牌。长期的协同合作提高了供应商的声望，也会收到更多的订单。

一旦采购程序开始履行，星巴克会积极地同供应商建立良好的工作关系。在开始的第一年协同合作双方的代表会见面 3～4 次，以后每半年或一年做一次战略业务评估。战略性的商品或战略性的地域越多，高层人员介入也越频繁。评估的内容包括供应商的产量、需要改进的地方等。另外，双方还会就生产效率、提高质量、新品开发进行频繁的接触。

星巴克希望供应商了解业务需要包括商品的趋势发展、成本的理想化、生产效率等诸多因素，以求得牢固的协同合作关系。充分利用特许经营模式，星巴克凭借日益强大的品牌、联盟的方式来销售和开发星巴克的商品。

（二）星巴克的供应商管理

在星巴克，供应商之间的采购份额分配主要通过一体化的招标机制来实现，强调公正、公开、公平的原则，通过合格供应商之间的在线竞争来降低成本。供应商管理是一个重要而且复杂的工作，是星巴克的供应链管理中最重要的环节。星巴克现有近百种商品，涉及数万种物料，不可能全部由自己生产，大多是从上游原材料供应商处获取，目前供应商有数百家。事实上就形成了以星巴克为核心的一个庞大的“虚拟公司”。

星巴克和供应商发展何种关系，要视供应商的级别来定。星巴克根据供应商的配合、规模和商品重要性等指标，对供应商进行综合评级，将其分为三个等级：战略供应商、重点供应商和普通供应商。与核心供应商建立战略伙伴关系，进行全方位、更紧密的协同合作。

尽管在特种咖啡业占据优势，星巴克并没有利用自己的购买能力来压榨咖啡供应商从而达到提高盈利的目的。星巴克携国际保护（Conservation International）——一家非营利性环境保护组织，联合开发了咖啡与种植农公平惯例准则（Coffee and Farmer Equity Practices，C. A. F. E. ）来帮助咖啡种植农民改善生计，从而长期保证高品质咖啡的生产。该项目有 6 个目标。

（1）提高特种咖啡产业在经济、社会及环境方面的可持续性，包括保护生物的多样性。

（2）通过经济上的激励手段和优先购买特权鼓励星巴克的供应商们执行 C. A. F. E. 准则。

（3）实现依据 C. A. F. E. 准则指导购买大多数的星巴克咖啡。

（4）与供应商协商长期互惠合同来支持星巴克的发展。

（5）构建与供应商互惠且更加直接的关系。

（6）在咖啡供应链内促进透明度和经济公平性。

这个准则保证了供应链的可持续性和公平性，让整个体系平缓和谐地维持着，种植农民的利益也有了保障。星巴克作为咖啡业的领头羊却不摆架子，处处考虑着他人的利益和环境的保护，农民们自然是心甘情愿地为它服务，种植出最好的、最健康的咖啡豆。

（三）星巴克的集中供应链管理

星巴克的供应链要支持三种方式：特殊方式、直销方式、零售方式。特殊方式为航空公司和别家零售店服务；直销方式处理邮购业务；零售方式则为自己的店铺和合资店铺服务。星巴克公司采取集中的供应链运作模式来同时支持这三种分销方式。

1. 利用集中管理实现供应与需要的有机衔接，提高反应能力

对供应链实施集中管理可以减少信息失真、提高顾客信息反馈效率，使供求有机衔接、协调一致、反应迅速。

2. 有利于实现精确管理、降低成本，提高资源利用率

降低成本是公司经营的重要内容，是提高效益的重要手段。对于公司供应链来说，供应链的盈利就是从顾客那里赚取的收入与供应链的全部成本间的差额，供应链的成本越低，就意味着公司的获利空间越大。供应链管理就是要不断降低成本，提高效率，也就是说供应链管理就是不断优化，提高资源利用率。现有数据表明，公司实施供应链管理可以减少削价处理损失 40%～50%，库存下降 10%～15%，带来大约 20%的成本节约。

3. 有利于提高交付可靠性，缩短交付时间，提高服务质量

Starbucks 通过加强对供应链的管理，可以大大缩短满足消费者需要的时间，从而获得无法复制的竞争长处。现阶段市场上商品品种越来越多，消费者需求变化越来越快。所以，在这个变化的世界里，成本固然是一个重要的竞争长处，但是快速响应消费者的需要，进而有效地满足消费者的需要才是竞争的根本。

4. 有利于成为受欢迎的业务伙伴

实施供应链管理使供应商和销售商实现信息共享，供货商们可以直接进入到公司的系统，相互的信任度大大加强，双方不再是零和关系，而是建立在共赢基础上的受欢迎的业务协同合作伙伴。

(四) 星巴克自身的生产模式

星巴克公司采取按库存生产模式，随着模块化设计的兴起，生产逐渐变成在特定场所进行的组装，包括装配、包装及贴标签等活动，这更有利于发挥集中管理的优势。

所谓按库存生产（Make to Stock）即现货生产，通过成品库存随时满足用户需要，商品在接到订单前就已经生产出来，顾客订单上的商品可以随时从货架上取到，通常这类商品可能属于大众化的通用规格的消费商品，也可能是公司的自有品牌商品，它随着市场的需要并参考本身的库存存量来决定是否要安排生产计划，具有以下优势。

(1) 在库存生产模式下，最终商品是从成品库中直接发运的，其好处是缩短了交期，顾客不需要等待即可获得商品。生产的需要来自分销商和顾客，生产商并不知道顾客是谁。

(2) 在按库存生产策略的类型中，顾客基本上对最终商品规格的确定没有什么建议或要求，他们的投入很少，生产商生产的商品并不是为任何特定顾客定制的，所以按库存生产的商品一般属于大众消费品。

(3) 按库存生产的管理重点是预测和库存控制。如果没有很好地把握市场变化，则容易造成库存积压，直接造成资金的占有和损失。

(4) 按库存生产属于推式供应链，要求供应链公司有较强的库存控制能力或资金实力。

(五) 星巴克的 RFID 计划

星巴克的咖啡店遍布全球，供应商多达四万多家。为了解决送货问题，公司计划让供应商在晚上咖啡店关门以后再派送馅饼皮、牛奶、咖啡豆等货物。作为这个计划的一部分，公司正在考虑采取无线射频技术（RFID)。同时，公司还需要确保这样做可以避免送

货人员“在送货的同时，还顺手牵羊”。星巴克公司将带有 RFID 芯片的卡片分发给供应商，送货人员凭此卡就可以在晚上进入咖啡店。系统同时还会做好他们的出入记录。

RFID 标签含有一块微芯片和一根天线。其工作原理是通过无线电波将一串数据发射到电子阅读器，后者就可以对持有此标签的人或物进行识别。理想的情况是，送货人员在星巴克咖啡店店门边上插入塑料卡，系统通过这张卡确认供应商的身份，同时，关闭防盗警报功能。

为使顾客在更多的地点感受星巴克的服务，除星巴克分店外，星巴克还通过机场、书店、酒店、百货店来销售商品。“在星巴克严格的质量管理和特许销售行为之间，商品品质的控制是有风险的，”舒尔茨说，“这是一种内在矛盾。”因此，星巴克制定了严格的选择协同合作者的标准：协同合作者的声望、对质量的承诺和是否以星巴克的标准来培训员工。

（六）星巴克降低物流成本的方式——协同合作

星巴克的特许业务包括业务联盟、国际零售店许可、商品零售方式许可、仓储娱乐部项目、直销合资厂等。星巴克的第一张许可证给了 HMS（美国最大的机场特许经营服务商）。如今，星巴克的特许经营店已经发展到 900 多家，包括美国的巴诺连锁书店、零售连锁店艾柏森，另外，美联航与凯悦饭店等公司也已经和星巴克签订协议，只提供星巴克的咖啡。

在许可经营和特许加盟连锁店之间，星巴克更倾向于前者，因为前者更容易控制。两者在销售品牌上是最近似的，但因为许可经营者不像后者拥有加盟店的产权，只是付费经营，因此更容易控制管理。星巴克希望协同合作者们盈利，对于协同合作者提供的相关商品和服务（包括运输、仓储、信息等）都不赚取盈利，星巴克只向协同合作者收取一定的管理费用。

巴诺连锁书店是与星巴克协同合作最成功的公司之一。他们一致认为，书籍和咖啡是天生的一对。巴诺连锁书店早已经发起一项活动，即把书店发展成人们社会生活的中心。为吸引更多的顾客，这里需要一个提供休闲服务的咖啡店。1993 年，巴诺连锁书店开始与星巴克协同合作，星巴克在书店里开展自己的零售业务，双方都从中受益。早晨星巴克把人流吸引进来小憩而不是急于购书；而书店的人流则增加了咖啡店的销售额。此外，巴诺连锁书店在星巴克没有业务的地区或暂没有开店计划的地区，通过得到星巴克的许可证经营星巴克咖啡，设立巴诺连锁书店的咖啡店。星巴克的 Hendrix 说：“由于该公司的经营理念与星巴克相近似，使协同合作顺利进行。”

尽管双方都试图尽量不侵犯对方领地，但当星巴克在美国中西部开始设立自己分店的时候，为确保各自的业务量增加，双方的矛盾冲突不可避免。最终双方坐下来解决矛盾，达成一致。星巴克不在巴诺连锁设立咖啡专卖店。而在 400 多家巴诺图书连锁店内只提供星巴克咖啡，拥有了大量不可缺少的顾客。Hendrix 说：“你可以设想一下在这 400 多家书店里，顾客品尝的是另外品牌的咖啡是什么感觉？”

此外，星巴克还同食品公司和消费品公司结成战略联盟。例如，食品服务集团和指南针集团：为公司、学校、医院提供晚餐，在这里人们可以喝到星巴克咖啡。通过同百货公

司如Kraft Peps和德瑞尔等公司的协同合作，使星巴克的品牌延续到了百货零售方式中，充分利用了现有的分销网络，并共同分担了物流费用。星巴克同Kraft公司的协同合作开始于1998年，它使人们可以在商店里买到星巴克的咖啡豆和咖啡粉。Kraft公司拥有3500名销售人员，是食品工业中最大的直销团队，成为星巴克最大的零售商之一。同时，它还为星巴克展开一系列市场推广活动提供支持，人们可以从咖啡车上得到星巴克的咖啡，使星巴克无处不在。

（七）星巴克在北京的供应链管理

在中国，星巴克采取第三方配送模式，把业务外包出去，产权分离，属于协同合作型的关系。总部设在北京的环京物流由于其硬件扎实、资源丰富、软件先进、服务周到、反应快速，被星巴克选中，作为其在北京地区的物流供应商。

作为一家经营快速消费品的连锁公司，星巴克不光经营咖啡，还经营蛋糕和甜点，这些临近保质期的商品，对于物流配送的要求相当苛刻。因此，环京物流与国内外知名软件公司展开全面协同合作，开发和建设了一整套的物流信息化管理系统，包括由应用仓储、物流配送、速递服务等系统模块组成的物流公司ERP系统，全程信息化管理，用现代电子商务服务星巴克。能够实现在同一区域业务的统一管理，通过基于WOB系统，实现门店的各种数据在环京物流公司集中共享，制订最合理的物流配送管理方案。

1. 配送委托订单管理

实现了公路干线运输、铁路专线运输、普货运输等的运力配载、车辆调度和线路优化，运输安全管理，签收单管理。

2. 运输管理

制订运输需要计划。根据各种出库指令对商品的体积、重量和送货地点生成配送路线计划和车辆送货计划。最大限度地提高人员、物资、金钱、时间等物流资源的效率，达到集约化，节省物流成本。运用车辆跟踪系统，让用户能够实时了解车辆行驶情况。

三、应用五力模型分析星巴克的供应链

（一）供应商议价能力

星巴克作为一家咖啡店，其主要供货商是咖啡豆供应商和乳制品供应商。以星巴克在北京开店的数量和速度来看，它对原材料的采购量极大。虽然星巴克对原材料的采购量极为巨大，但是其并没有将大量的订单放在一家供应商上，所以其供应商的议价能力相对较强。此外，星巴克在世界数十个国家采购咖啡豆，其中绝大部分来自拉美，而亚洲只占其中很少的一部分。星巴克中国本土咖啡产品采购来自中国云南的咖啡豆，数量十分少。与其他很多公司一样，星巴克不是直接和供应商如咖啡农户交易，而是和出口商交易，这样出口商手中拥有的大量资源成为其议价的资本。加上星巴克遍布很广，受众人群多，又属于快消品，因此非常注重产品的保质期，对于一些过了保质期的食品不会再次销售，当天的蛋糕若没能卖完则可由店员自愿带回，也因此，星巴克对于原材料的需求量极大，是供应商们眼中的“肥肉”，使得它与供应商之间一直保持着密切的关系，星巴克的采购量会

在很大程度上影响供应商的收益，所以考虑到这个因素，供应商会相对减少议价的幅度。

（二）购买者的讨价能力

大部分普通消费者对价格敏感度比较低，而且星巴克的价格相较于其他的咖啡店，价格定位并不是很高，一杯咖啡30元左右，在中国市场，星巴克犹如小资、白领的代名词，代表了有品位的小奢侈生活。其消费人群主要是收入比较高的白领阶层，且星巴克有自己的价格体系，产品价格相对比较固定。当然，这种价格对于学生或者其他群体可能略高，但对于星巴克的主要消费者们来说还是比较合适的，可以说购买者的议价能力并不高，对他们来说到星巴克消费是一种身份地位的象征。

（三）行业内竞争者的威胁

北京现有的各种咖啡店的数量很多，比较知名的有COSTA、上岛咖啡以及其他一些非品牌化的咖啡店及酒吧。随着生活质量的逐步提高，人们对于这类咖啡店、茶点店的需求也越来越多，我们可以看到在北京的大型商场、著名步行街都有这类店铺的身影。而且其中不乏有些物美价廉的店铺，这会在一定程度上对星巴克的市场地位产生挑战。此外，许多并不专营咖啡等饮品的食品店，也在越来越多地供应咖啡，比如麦当劳的麦咖啡、各种西餐厅等。由于他们同时供应食物及饮品，使其可以吸引大量并不仅仅想喝咖啡的顾客光顾。即便很多餐饮店的主打产品不是咖啡，但也提供条件供顾客用餐，在提供特色小吃的同时也有花样繁多的饮品。有些蛋糕店虽然主要经营范围为糕点，但是也开始提供悠闲舒适的环境让顾客坐下来慢慢品尝糕点和饮品。虽然这些品牌的规模、声誉还远不如星巴克，但是也存在不小的威胁。

（四）潜在竞争者的威胁

咖啡连锁店技术要求不高、所需资本不是非常多而且获利率相对较高，所以具有很强的投资吸引力，对于人力、物力的获取都很容易，星巴克就很喜欢招聘大学生兼职，一是因为工作内容简单、容易上手；二是因为大学生人力成本低。此外，许多原本与食品行业毫无关联的资本也会有一部分投资咖啡行业，参与到竞争中来。也就是说，潜在竞争者的进入障碍低，对星巴克的威胁比较大。

（五）替代品的威胁

快节奏的生活使人们享受咖啡的时光越来越少，越来越多的速溶咖啡、罐装咖啡和外卖咖啡走进人们的生活，加上越来越个性化的选择，越来越多的各类饮品在市面上出现，星巴克的代替品可以说是呈增长趋势的。星巴克咖啡的主要替代品可以分为如下三类：果汁、奶茶等非咖啡饮品，瓶装、罐装等包装化咖啡饮品，以及袋装速溶咖啡等。对于非咖啡饮品，其对星巴克的影响并不是很大。首先，其开设时间大多要早于星巴克，如鲜果时间、快客等，已经形成了相对比较固定的消费群体。其次，不同的消费者具有不同的口味偏好，一心想喝咖啡的人就不会轻易转向其他饮品。然而，对于包装化咖啡和速溶咖啡，根据市场调查，这两者的收入非常可观。其在便利性和可携带性上的优势不言而喻。与之相比，星巴克在这方面并没有太大优势，不过星巴克能够提供给顾客的不只有口感上佳的咖啡，还有休闲、轻松的文化氛围，所以也具备非常大的竞争力。但是总的来说，罐装或

速溶咖啡在咖啡市场上仍会对星巴克造成不小的威胁。

综合以上分析，可以看到，在供应商方面和顾客方面星巴克占优势较多，但其替代品和竞争者过多，给其造成了不小的威胁，不过星巴克有其特有的咖啡文化，在一定程度上能够有效缓解一部分威胁。总体来说，星巴克的市场前景还是值得看好的，总体的五力分析模型如图 6-5 所示。

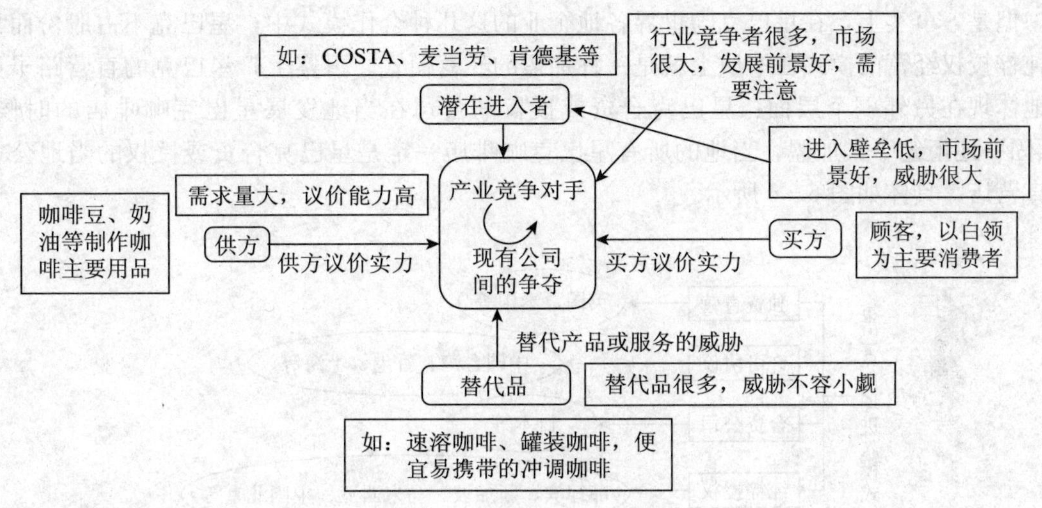

图 6-5　波特五力模型分析

四、星巴克在中国的成功

（一）灵活的经营模式

星巴克善于根据世界各地不同的市场情况采取灵活的投资与合作模式。在中国的经营模式，从最初进入中国市场采取合资和特许加盟的授权经营方式规避市场风险，到如今随着国内市场走势一路良好，消费群体逐渐稳定，为了更好地控制星巴克的服务品质，获得更大的利润，而叫停特许经营，回收股权，变身直营经营。

投资与合作模式同麦当劳的全球扩张一样，星巴克很早就开始了跨国经营，在全球普遍推行三种商业组织结构：合资公司、许可协议、独资自营。星巴克根据各国各地市场情况，灵活地采取相应的合作模式。主要有四种情况。

（1）星巴克占 100%股权，比如在英国、泰国和澳大利亚等地。

（2）星巴克占 50%股权，比如在日本、韩国等地。

（3）星巴克占股权较少，一般在 5%左右，比如在中国的台湾、香港，夏威夷和增资之前的上海等地。

（4）星巴克不占股份，只是纯粹授权经营，如北京等地。

星巴克在世界各地的合作伙伴不同，但是经营的品牌都是一样的。这样做的好处是，“它可以在同一个时间，借别人的力量来帮它一起做很多事情。”星巴克制定严格的选择合作者的标准：如合作者的声誉、质量、控制能力和是否以星巴克的标准来培训员工等。

目前，星巴克在中国内地有三家合作伙伴：北京美大咖啡有限公司，行使其在中国北方的代理权；中国台湾统一集团行使其在上海、杭州和苏州等江南地区的代理权；南方地区（中国香港、深圳等）的代理权则交给了中国香港的一家公司。

星巴克多以直接经营为主。30 多年来，星巴克对外宣称其整个政策都是：坚持公司直营店，在全世界都不要加盟店。

但是，事实上，在星巴克与世界各地企业的这几种合作模式中，星巴克不占股份而只是纯粹授权经营的模式在本质上就是一种加盟的经营模式。事实上，星巴克的直营路子更多地体现在另外一个层面：星巴克合资或授权的公司在当地发展星巴克咖啡店的时候，“顽固”地拒绝个人加盟，当地的所有星巴克咖啡店一定是星巴克合资或授权的当地公司的直营店，具体如图 6－6 所示。

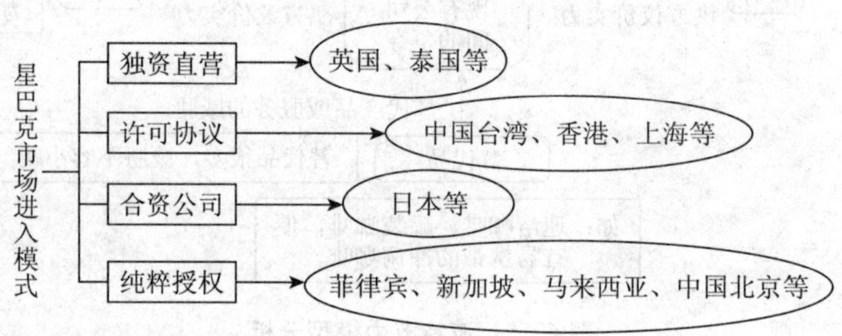

图 6－6　星巴克国外市场进入模式

星巴克为自己的直营路子给出的理由是：品牌背后是人在经营，星巴克严格要求自己的经营者认同公司的理念，认同品牌，强调动作、纪律、品质的一致性；而加盟者都是投资客，他们只把加盟品牌当作赚钱的途径，可以说，他们唯一的目的就是为了赚钱而非经营品牌。

（二）“第三生活空间”式的体验

在消费者需求的中心由产品转向服务，由服务转向体验的时代，星巴克成功地创立了一种以创造“星巴克体验”为特点的“咖啡宗教”，星巴克与一般咖啡店不同的地方在于赋予了一杯咖啡更丰富的体验和更深层次的文化内涵。店内颇有情趣的灯光设计、咖啡色的桌椅、个性化的装饰、优美的音乐旋律，营造出温馨的意境，闻着空气中弥漫着的咖啡浓郁香味，再品尝着同样考究而且种类繁多的咖啡和糕点，在星巴克消费，总能获得一种独特的感受。

1. 感官体验

色香味触舒适的“第三空间”。星巴克以为顾客创造“第三空间”为主题，营造了一个全新的体验。

在环境布置上，星巴克努力使自己的咖啡店成为“第三空间”，即家庭和工作以外的一个舒服的社交聚会场所，成为顾客的另一个“起居室”：既可以会客，也可以独自在这

里放松身心。因而从咖啡店的设计到音乐氛围的营造，都旨在给顾客一种温馨、典雅、舒适的感觉，让顾客体会到一种无拘无束的氛围。

良好的店堂环境，迎合了现代人文化消费的需求，提高了商品和服务的外在品质和主观质量，使商品和服务的形象更加完美，顾客在听、看、嗅的过程中，产生欢喜的感觉，星巴克真正把这种感觉传递到了顾客的心中。

2. 情感体验

感受浪漫，星巴克人认为自己的咖啡只是一种载体，通过这种载体，星巴克把一种独特的格调传送给顾客，这种格调就是“浪漫”。星巴克努力把顾客在店内的体验化作一种内心的体验，让咖啡豆浪漫化，让顾客浪漫化，让所有感觉都浪漫化。

当咖啡被当成“货物”贩卖时，一磅卖300元；当咖啡被包装为商品时，一杯就可以卖25元；当其加入了服务，在咖啡店中贩卖，一杯最少要30～100元。但如能让顾客体验咖啡的香醇与生活方式，一杯就可以卖到100元甚至好几百元。

现在，从销售咖啡到销售咖啡文化的星巴克，实现了产品为中心到顾客体验为中心的转换，这正是体验营销的一个核心特征。于是，在星巴克，没有顾客再去关心价格、分量、质量这些原本在咖啡的产品经济模式中最直接的竞争要素，顾客要的就是情调上的体验。

3. 关联体验

消费者的格调，针对商品或服务和顾客的消费心理，利用一种传统文化或一种现代文化，使之形成一种社会文化气氛，有效地影响顾客的消费观念，进而引导顾客自觉地接近与文化相关的商品或服务，促进消费行为的发生，甚至形成一种消费习惯、一种消费系统。

星巴克的品牌塑造过程中，特别强调它的文化品位。星巴克咖啡的名称暗含其对顾客的定位：不是普通的大众，而是有一定地位、有较高收入、有一定生活情调的人群。

就如价值主张所说的：星巴克出售的不是咖啡，而是人们对咖啡的体验。星巴克的成功正在于营造出独特的“咖啡之道”，让有身份的人喝“有道之咖啡”。

（三）至上的产品品质和口味

星巴克始终追求品质上的卓越，坚持提供给顾客高品质的产品。为了让所有热爱星巴克的人都能品尝到最纯正的咖啡，星巴克对原材料十分挑剔与苛求，无论是咖啡豆的运输、烘焙、配制还是最后把咖啡端给顾客的那一刻，一切都必须符合最严格的标准。此外，星巴克拥有30多款手工制作的浓缩咖啡和多款咖啡冷热饮料，咖啡种类多样，既有原味的，也有速溶的；既有意大利口味的，也有拉美口味的，能迎合不同口味的消费者。

（四）新产品的研发与创新

星巴克在创新方面一直走在咖啡连锁店的前面，从卡布其诺、星冰乐、咖啡味啤酒等新创意的巨大成功，到投入巨资对浓缩咖啡萃取技术的研发成功，无不表明星巴克在创新方面拥有很大的优势。星巴克还在国际化与本土化之间寻求一个自然的融合，2010年3月，星巴克将独一无二的“星巴克体验”进一步延伸到了中国消费者所喜爱的茶饮品领域，推出了包含中式茶和异域茶两大类共 9 款茶品，沉淀了星巴克在全球茶饮上的丰富经验。

（五）细致周到的顾客服务

星巴克深知每一个顾客是最直接的消费者，应该努力使之成为常客，为此星巴克对店员进行了深度的培训，使每个员工均成为咖啡方面的专家。在顾客细品咖啡的同时，可以和店员进行深层互动，一起探讨有关咖啡的各类知识。在服务过程中，星巴克实行一种“定制式”的“一对一”服务，真正做到真心实意为顾客着想。

（六）充分占据有利的商圈

对于咖啡零售业而言，好的地段是开店成功的一个重要因素，因此星巴克在店面选址上基本上是选择在市中心或繁华的商业人流密集的路段，力求让顾客随时随地都能找到星巴克。同时，还打破了方圆多少千米不能重复开店的商业常规，一个地区会集中开设多家门店，更密集地占据空间使得竞争对手难以介入，以更好地应对竞争。

五、星巴克供应链管理的不足之处

（一）组织结构的效率不够

对中国那么多家门店进行整齐划一的高效管理，本身对任何企业都是一种挑战。更何况，星巴克是靠逐渐收购原先的代理商来统一和整合中国市场的。目前，星巴克仍然没有实现对中国门店 100％的股权控制，只是掌握了中国大部分地区的运营管理权。可以想象，在不同的地区面对不同的合作伙伴，在协调和统一管理上，星巴克需要付出额外的努力，谨慎地调整发展战略。

（二）供应链集中管理的压力

供应链的管理压力改变原来的供应商和运输管理，代之以星巴克统一的物流中心的管理，这对星巴克物流中心是巨大的挑战。挑战不但体现在群体管理的效率、准确性和专业性上，还来自原来各地市场不同的存货管理方式的整合压力。

（三）资金链管理的压力

据介绍，星巴克在上海每开一家新店，投资都在人民币 300 万元左右。这些投资主要包括从美国进口设备、报关费用、场地租金、人员招募、培训费用等。星巴克自 2000 年 5 月进入上海以来，达到了几乎每月开一家新店的速度。以此计算，星巴克在上海一年用在开店上的投资就要 3000 万元人民币以上。

同时，由于星巴克不允许加盟，所以经营者不能像其他咖啡店那样靠加盟金坐收渔翁之利。而为了吸引客流和打造精品品牌，星巴克的每家店几乎都开在了租金极高的昂贵地段，租金压力也是经营中的一大风险。

对于选址定位于黄金地段的星巴克来说，过快的开店速度必然会影响星巴克的资金链，从而进一步影响公司的成本控制和财务决策。再加上近年来，随着中国经济的发展，商业地产的租金价格仍然有很大的上涨压力，这将给星巴克未来的盈利空间造成较大的风险和不确定性。

（四）体验淡化、服务水平下降

规模快速扩张并没有给星巴克带来业绩和品牌的同步提升，反而危及其健康发展。星巴克在扩张的同时，为了获取规模效应和达到财务目标，接连降低成本，采用流水作业完成其服务流程，导致其核心的星巴克体验的淡化和服务水平降低等问题。

六、对中国茶馆经营的启示

作为公认的当今最成功、最令人称赞的公司之一，星巴克已经改变了世界各地人们喝咖啡的习惯。更了不起的是，它让一种沿街叫卖的商品变成了高档商品。它开创了一种星巴克式的生活方式，这种生活方式从美国开始蔓延，正被越来越多的人所接受。

从其可口的饮料，到拥有专有权的原豆咖啡，再到其战略关系，星巴克都有许多东西值得中国茶馆学习。除了其美味的咖啡，还有几个因素推进星巴克占据行业领先地位。

（一）从良好的经营理念开始

星巴克之所以取得极大的成功，是因为其前所未有的投资理念：将咖啡馆打造成社交场所。咖啡馆不再只是去喝杯美味咖啡的去处，而是成为了社交和谈天论地的场所，尤其为学生和年轻的城市职场人员所青睐。星巴克提供了相关服务，却又与众不同。它让一种不起眼的商品变成了顾客们乐意接受的非常体验。

目前，我国多数茶馆定位的消费人群主要是怀旧的中老年人、商务洽谈或参与私人聚会的高端人士，也有一小部分的茶馆变成了三教九流抽烟打牌的大排档。除去常遭人诟病的后者，高端人士选择茶楼是因为其清静、具有一定的文化气息，比较适合商务交谈。

老年人通常出于经济考虑，还是习惯在家泡茶。如今，私人会所越开越多，集餐饮、品茶、SPA 等多种服务于一体，其较高的准入门槛恰好迎合了商务人士的心理需要，又抢夺了茶馆的部分客源。

与星巴克相比，中式茶馆市场定位忽略了“80 后”和“90 后”这类重要的消费群体。这群年轻人富有冒险精神，消费欲望较强，但其休闲、聚会通常不会去茶馆，由于缺乏对中国传统文化的了解，他们很少愿意理解中国的茶文化。他们更喜欢美国爵士乐，而非中国的古筝。尽管如此，“80 后”和“90 后”人群，虽然对茶文化缺乏了解，但是他们生长于中国这样的国度，对茶一无所知也是不可能的，他们同样对茶充满了好奇。

雅俗文化差异，意味着茶馆经营者要有明确的目标客户群，分高、中、低档次经营，将专业茶楼与娱乐茶楼区分开来，针对不同的顾客群体开发不同的产品。

（二）志向远大

星巴克 1971 年在西雅图的派克市场开了第一家店。当时公司规模很小，但创业初期就有远大的抱负。公司 1982 年公开上市，离最初创办已有 10 年。起步时虽不起眼，但公司现在已占有了专业咖啡市场的 40%，并且这方面的预期增加让其有进一步增加拓展的大量机会。

星巴克在进入中国市场的很长时间内，其美国总部都居于幕后，耐心地观察和研究中国市场，在积累了必要的发展基础和市场经验后才逐步回收控制权。我国连锁企业可以从中获得的启示在于，进入与本国文化不同的市场，应尽可能进行全面、周详的市场调研来决定可能的市场需求和销售潜力，逐渐在市场扩展过程中积累东道国的运营管理经验。

面临国际化的发展趋势，中国茶馆应一方面注重引进和吸收国际连锁经营的技术和经验，缩短与国际连锁经营巨头的差距，坚持走现代化和国际化的道路；另一方面，在培养一批高起点、规范化的市场经营方式的同时，也应注重对国际市场商机环境的评估和分析工作，重视茶文化对东道国经济的融合和对东道国文化的尊重，为发展民族企业和国民经济贡献力量。

可以说，星巴克才刚刚开始其独霸全球的步伐。星巴克是稳扎稳打增加业务的。它肯定不是那种一夜暴富的公司，但是坚持、耐心、过人的经营及财务运作使其成了全球关注的对象。

(三) 打破常规思维

星巴克的成功离不开其发现机会的能力，有时甚至不惜违背零售规律。星巴克超常规思维的能力是其他发展壮大的小型公司所共有的特点。这一点表现在星巴克发展不动产的模式上，已经成为传奇。星巴克对各个分店选址时从不遵循零售业的金科玉律，不是单单注重人口、交通、竞争对手的位置甚至各分店的间隔；相反，会在选定的区域集中开店，让星巴克的分店到处可见。传统的零售思维反对各分店集中分布，因为这样会减少现有分店的销售量。

星巴克违反常规，追求集中分布，以此来增加总销售量和市场份额。这种做法虽有风险，但已经见到成效：地毯式轰炸的开店模式使其迅速取得了市场长处。这种策略在很大程度上降低了物流成本和各分店的管理成本。公司巨大的规模能够化解新店开张时对其他分店销售量的冲击。

当然，将巨无霸似的连锁企业星巴克和中国单体茶馆进行比较似乎有碍公平，但是星巴克毕竟也是从小咖啡店起步的，而它带给国人对于咖啡的全新体验，值得有着千年茶文化历史的中国反思。虽然目前中国茶馆还不完全具备竞争优势，但是上千年的文化积淀和产品特色一旦被挖掘，其巨大的发展潜能和广阔的发展空间将无法估量。

星巴克所倡导的第三空间理念，在中国茶馆同样适用。顾客来茶馆消费，其目的无非是休闲放松、商务会谈、朋友聚会或是追求文化品位。要了解他们对于家庭和工作以外的一个高品质社交场所的需求，在茶馆既可以会客，又可以独自在此放松身心，体验忙碌的都市生活中的闲情逸致。

在茶馆设计理念上，要充分体现这一特点。很难想象，一场重要的商务会谈会放在曲艺杂耍、歌舞表演的场所进行。因此，茶馆定位的首要前提，是将市井文化与商务会所、专业茶楼与娱乐茶楼区分开来。茶馆的功能是多种多样的，必须找准其中的一个点来做文章。

茶馆应该针对顾客的特征和个性进行独特的定位，定位于高端精品路线的茶馆，应将具有较高文化修养和品位的中青年白领及追求时尚元素的“80后”“90后”人群定为茶馆的主要消费群体，定位于大众市场的茶馆，则应以普通劳动者和闲居市民为目标顾客。茶馆必须了解目标客源的消费动机和消费习惯，对自己的经营进行精准定位。

（四）标准化管理

一个成功的企业，要能够依靠组织的力量在市场中生存与发展，而不必依靠某个人、某种产品或某个机会等偶然因素。随着市场的进一步完善与规范，企业必须越来越依靠一个好的机制，包括好的组织结构、好的评价考核体系、好的战略管理等，高瞻远瞩。公司成功的关键不是人而是制度。

中国茶馆缺乏规范和标准，是经营困顿的最大原因之一。茶馆的经营标准，包括茶叶选购、茶艺服务、管理制度、店堂装修等。茶馆为顾客提供的是心理感受与自我体验，如果没有统一的标准，即使是同一个服务员，用同一种茶叶、同一种水、同样的时间，也不一定能泡出同样的茶味，良好的感觉和体验很难被批量复制和生产，这就是中国茶馆与星巴克最大的区别。

茶馆的工作人员，特别是茶艺师应该是茶馆的支柱，其素质高低直接影响茶馆效益，应具备一定的创新意识、良好的心理承受能力和口头表达能力。要有与职业相关的充分的知识储备，掌握茶叶泡饮的技艺，知识面要宽广，能与不同的客户进行简单的交流。

在管理机制上，首先要优化分配机制。将业主与员工的关系变为“伙计加伙伴”的关系，员工工作是在给自己干活，自然格外用心、卖力。其次，目标合理可行。给员工制订的工作计划以“看得见，够得着，得的到”为原则，目标既不能轻而易举达到，也不能遥不可及，要让员工多加努力就能达到。最后，培育好企业文化。薪资待遇只是员工关注的问题之一，大多数员工更加看重的是企业文化和其自身的发展、培训。尽可能为更多、更优秀的员工提供广阔的进步空间，为他们做好职业生涯设计。让年轻员工拥有自己的目标和自己的梦想。

标准化及培训是复制能力的基础，标准体系使企业的发展比较稳健，同时又能使企业在扩张时不至于手足无措。茶馆服务标准化是指用服务质量标准来规范服务人员的行为，以此为准则为顾客服务，提高服务质量，避免差错和事故的发生。

（五）营造独特的体验

星巴克开创了一种独特的零售体验，怡人、舒适、轻松，让顾客向往并吸引其一再光顾。在星巴克的店里，有舒适的座椅、无线网络连接，甚至音乐也可自己选择。星巴克2001年开始提供无线高速上网服务，以让学生、出差的商业人士、网上冲浪者在品尝喜欢的咖啡时还能上网，使其有更愉悦的体验。

中国的茶文化历经千年，深邃久远，具有较强的内涵和外延空间。中国茶文化的历史积淀，是欧美咖啡文化所无法比拟的，包含茶叶、茶具、茶点，茶风茶俗、茶道、茶礼、茶艺及与茶有关的诗词歌赋、历史典故等，不论是高档还是中低档茶馆，文化一定是茶馆生存的支柱。因此，以茶文化为依托，营造茶馆的茶文化氛围非常重要。以文化为主题的设计理念在各大茶馆、会所盛行，无论是外观设计还是室内装修均体现了不同的文化主题。在产品设计上，除了传统的茶叶茶点外，一些精美的茶具、茶宠，也可以通过文化附加的形式对外销售。

美国未来学家阿尔文·托夫勒指出，服务经济的下一步是走向体验经济，人们会创造越来越多的跟体验有关的经济活动，商家将靠提供体验服务取胜。但是，在中国，大多数的茶馆欠缺的，正是星巴克所提倡的那种文化体验。喝茶的人多，懂茶的人少，而中国茶文化的精髓是“天人合一”和“物我玄会”。茶馆所承担的责任就是让顾客知茶、懂茶，让顾客亲自体验消费过程的每一个细节。服务的内容、形式与流程、良好的文化氛围，让顾客感受情景交融，激起潜在的消费欲望，并形成忠诚的消费习惯。例如在茶艺师的引导和提示下让顾客体验冲茶、品茶所带来的参与的快感。对于那些寻求了解茶文化知识的顾客而言，就非常需要茶馆的引导，茶馆可以组织一些有关茶叶、茶艺的培训，从而激发顾客对茶文化的兴趣，让顾客领悟到茶与众不同的内涵，以知识引导兴趣。

第七章　娃哈哈供应链管理案例及点评

现代市场经济条件下，产品生命周期不断缩短，需求瞬息万变，竞争压力的增加以及经济全球化局面促使企业在注重自身内部管理的基础上开始重视对供应链的管理，以求更好地降低成本、提高效益、满足市场需求。本章选取了国内饮料巨头娃哈哈作为案例，分析其供应链的管理模式，同时针对其模式中物流部分的不足之处提出相应的建议。

一、娃哈哈公司的背景

（一）娃哈哈的发展现状概述

娃哈哈创建于 1987 年，经过近三十年的发展，已成为目前中国最大、效益最好、最具发展潜力的食品饮料企业和全球第五大饮料生产企业，仅次于可口可乐、百事可乐、吉百利、柯特这四家跨国公司。娃哈哈集团公司将自己定位于“全方位饮料公司”，拥有世界一流的自动化生产线，以及先进的食品饮料研发检测仪器和加工工艺，主要从事食品饮料的开发、生产和销售，主要生产含乳饮料、瓶装水、碳酸饮料、茶饮料、果汁饮料、罐头食品、医药保健品、休闲食品、儿童服装等产品，其中瓶装水、含乳饮料、八宝粥罐头多年来产销量一直位居全国第一。2006 年，娃哈哈实现营业收入 187 亿元，在资产规模、产量、销售收入、利润、利税等指标上已连续 9 年位居中国饮料行业首位。娃哈哈营业收入自 2009 年起，增长率在 23%～32%。而 2012 年，娃哈哈营业收入为 636.31 亿元，首次出现下滑。经过调整，2013 年营业收入为 782.78 亿元，同比增长 23.02%。尽管娃哈哈已走上了多元化发展之路，但饮料业务一直是其主导业务，因为其销售收入的 80%以上来自于饮料业务①。

（二）娃哈哈的物流供应链战略

娃哈哈物流供应链属于功能性产品供应链，供应链的设计主要着眼于各环节综合成本最小化，以推动策略、预测囤货型生产为主，通过采购、生产、配送的平稳运作来降低成本。具体来说，主要有以下几点。

1. 产品

娃哈哈以瓶装水、含乳饮料为核心产品，属于大销量、高周转日用消费品。饮用纯净水和含乳饮料的主流品种集中在 5～6 种，其他品种由于生产量小、频繁换产，生产准备成本高；发货批量小，配载难度高，耗用配送中心 50%左右的配送成本。

---

①　数据来源于网易财经，网址：http：//money.163.com/14/0617/14/9UURD8JH00253G87.html。

2. 渠道关系

比起主要竞争对手，娃哈哈渠道价值链培养起步较晚，客户平均规模较小，年销售额上千万元的只有40家，占所有分销商的2.5%，年销售额150万元以下的客户还很多，订货批量小，地域分布散，关系不稳定。

3. 销售网络

娃哈哈销售网络由西北、华北（东北）、华中、华东、华南和西南六个大区组成，六个大区市场孕育成熟度各有不同，销售量差异较大，优势市场为北京、河北、江苏、上海、江西；潜力市场为河南、山东、湖南、湖北、安徽、辽宁；弱势市场为西北省份、内蒙古、云南、广西、黑龙江、吉林。

娃哈哈销售网络布局随着优势市场的开拓而形成，工厂的设立局限于固定成本投入的节约，供应网络没有综合规划，产能与销量极大不平衡，大部分市场的产品是由中山长途调拨过去的。根据娃哈哈的财务报表显示，东北市场70%的水和90%的含乳饮料、华北市场60%的含乳饮料都是由中山基地调拨过去，物流费用与配送半径近似成正比。

4. 库存策略

娃哈哈的库存现状总体来说，原材料库存过高（排除其他因素），资金占压严重，成品库存尤其是销地库存有所不足，订单满足率低；娃哈哈2000年前各销地保有库存，通过销地库存满足当地市场需求，2000年后取消销地库存，在全国设立了七大配送中心，采用高度集中的库存供应各地销售，一定程度上整合仓库资源，提高了配送运载能力，但边远市场和小规模客户的配送极不经济，目前这种高度集中的库存与配送在部分销售市场已经形成效益的背反。

5. 市场需求

娃哈哈发现同质性产品，产品本身差异化很难吸引消费者在不同的品牌中选择，品牌价值相当的市场使销售成功的要素在于高的可得性，当你的产品随处可见时，消费者选择你的产品的概率就在，并可能成为忠实的品牌消费者；相反，当消费者在货架上总找不到你的产品时，就开始选择其他的品牌，你的市场此时就开始流失，因此可以说物流创造了核心客户服务价值。

6. 配送战略

目前娃哈哈对“直汇直运”客户实行直接配送战略，深度分销力度。直接配送缩短了交货的提前期，客户不用担心运输环节的各种问题；中转配送的实行解决了没有工厂的销售问题，配合市场的开发；分公司与分公司及客户之间的转运，缓解了不同实体之间的矛盾，减少了供应链上的风险和损失。

7. 组织结构

在组织结构的设计上，矩阵式结构转变为以各产品事业部和其他职能部门为中心，以各大区为单位，大区内设置大区物流主管，由其协调所有与工厂、配送中心、销售分公司之间的物流活动，包括销售计划、订单、运输调度、生产与采购计划。大区物流经理是一种非正式的组织，是个目标中心，其作用不仅在于反映问题传送政策，更主要的职责在于根据区域情况制订整合计划工作。

二、构建竞争性的供应链模式和关键点

有效的供应链是饮料企业保持竞争优势的重要方面。通过饮料行业的价值链，可以看出从浓缩液制造—成品装瓶—库存管理—分销渠道—广告促销—批发零售—客户关系管理等环节，其供应链模式如下图所示。

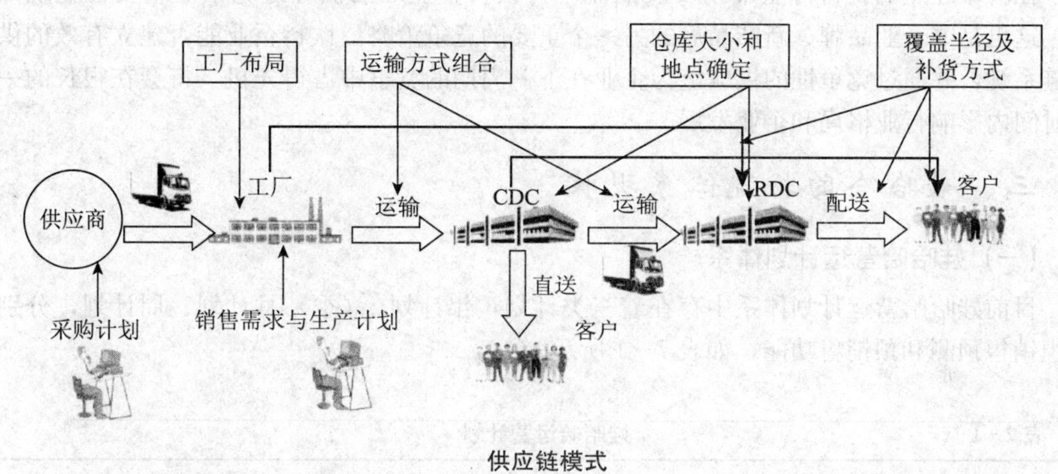

供应链模式

（一）销售需求预测是供应链有效性的基础

从饮料企业供应链模式中可以看出，销售需求独立于供应链系统，销售需求预测部门更多的是与公司销售市场部门沟通，将未来一段时间内的市场计划与销售方案，在可预测的周期（如1周或1个月）结合考虑公司CDC库存能力，以及综合工厂生产能力，制订产品生产计划。经公司生产部门、销售部门和采购部门确认后，正式公布成为下一周期的执行计划。采购部门根据该计划，制订和调整采购计划，并重点关注关键物料的前置期是否能够满足生产部门的需求。该阶段的成功关键因素如下：①提高需求预测精度；②产能协调；③协调销售、市场促销；④库存关注；⑤对生产计划及时响应；⑥缩短前置期；⑦应急采购能力。

（二）工厂布局和市场策略决定了企业运输和仓储模式的选择

从饮料行业来看，企业将生产基地建立在靠近销售市场的地方，是为了更为有效地满足对市场客户的服务，建立良好的客户关系，进一步提升企业产品覆盖率和市场占有率。在产品同质性和品牌差异不大的条件下，是否能够快速补货，满足客户订单，成为是否能够稳定客户源的关键。是采用高安全库存模式，还是提高运输与配送的敏捷性来实现对销售的支持，取决于饮料企业选择和定夺的物流策略。该阶段的成功关键因素：①仓库使用效率；②出库及时性；③货龄控制；④货损率；⑤货品保障RDC库存；⑥叉车作业效率。

（三）直送客户还是建立区域配送

如何快速满足销售终端客户需求，是每个饮料企业都非常重视的问题。订单的获得只是完成了销售过程，对于客户来说，产品的送达与签收才是该订单完结。如何满足客户需求，是直送客户还是建立区域配送中心进行精细配送；是采用当日订单响应策略还是隔日订单送达策略，饮料企业需要根据自身物流配送能力，以及第三方物流企业具备的基础能力来制定相应的策略。该阶段的成功关键因素：①合理确定库存运输计划；②控制断货率；③制定应急货品调拨；④直送方案；⑤第三方物流管理和控制；⑥10%运输执行的车源保障；⑦运输费用控制；⑧应急运输方案；⑨保障配送服务能力；⑩货龄控制。

在群雄逐鹿的饮料行业市场发展潮流中，饮料企业之间供应链竞争的重要性显现出来，这也是继企业品牌、新产品后的另一个重要的竞争策略。饮料企业能否建立有效的供应链系统，并通过竞争性的供应链为企业在下一周期的竞争中占得先机，将会在很长的一段时间内影响行业格局和企业发展。

三、娃哈哈的物流体系现状

（一）娃哈哈营运计划体系

目前娃哈哈营运计划体系中存在着三类计划，年计划、（季）月计划、周计划，分别承担销售预测和预销售功能，如表7-1所示。

表7-1　　娃哈哈运营计划

	年计划	（季）月计划	周计划
内容	年销售计划 年生产计划 年采购计划	（季）月销售计划 月生产计划 月采购计划	周要货计划 周生产计划 周采购计划
性质	以预算为导向，代表集团销售生产和采购的年度计划	由客户和分公司预测，通过年计划修正，是销售预测和生产储备的结合	周计划是销售生产和采购的核心的运作指导，一种以预测销售为核心的订货活动，是集团后勤系统营运平稳的关键
制订部门	营销总部 生产总部 采购总部	分公司；销售计划科；品类科；生产计划科；采购计划科	客户；分公司；销售计划科；生产计划科；采购计划科
提前期	—	15天	1～2周
制订方法	统计分析＋预测	年计划分解与分公司提报相结合	自下而上逐层上报，逐层修正
准确率	90%	90%	50%～60%

（二）娃哈哈物流配送中心的送货方式

现阶段，娃哈哈公司在各大区一般选择两种配送体系。

1. 市场部要货，配送中心被动送货

首先，分公司每日收集各网点的销售情况；其次，各分公司综合当天的销售数据，并向配送中心发出要货清单，配送中心由专人对要货单审核后开出发货单；再次，第二天一早配送中心配货完毕，运输车队发车；最后，货车送达目的地市场部，若有需要，拉回不适销的库存。这种送货方式的关键在于建立市场部监控机制，以及提高市场部人员的要货素质。这种配送方式的优点在于当地市场部的送货要求可能更加接近实际，配送中心的管理较简单，但同时市场部也有可能出现抢货现象等缺点。

2. 配送中心主动送货

首先，分公司每日收集各网点的销售情况；其次，各分公司将当天各网点的销售数据传输至配送中心，配送中心由专人借助分析软件，制定针对各网点的送货量，同时向分公司开出发货清单；再次，第二天一早配送中心配货完毕，运输车队发车；最后，货车拉回不适销的库存。这种送货方式的关键在于要求配货中心的配货人员具备非常扎实的业务能力及实际经验和很强的协调能力。这种配送方式的优点在于对库存的控制力强，但同时配送中心的配货可能与实际要求有差距。

（三）客户对娃哈哈的物流要求

根据娃哈哈客户的问卷调查，34%网点回答者认为在不影响销售情况下，可接受的平均到货时间为 2 天，34%认为是 3～4 天，20%认为是一天。所以，配送体系应当满足金额较大的紧急订单当天到货的要求，而对一般要货，配送中心应当有两天到货的能力，但没有必要当天送到。配送体系的送货频率应为旺季一周 3～4 次，淡季一周 1 次（网点客户要货频率的调查显示，对于旺季，37%回答为 2～3 天一次，25%回答为 4～5 天一次；对于淡季，39%以上回答为 7 天一次，30%回答为 6～7 天一次）。

（四）娃哈哈存在的物流问题及原因

从现况分析来看，娃哈哈物流运作的问题总体表现在较高的物流成本和较低的服务水平。

1. 娃哈哈成本问题

物流成本是由运输成本、仓储成本和配送中心管理成本构成的。娃哈哈的市场集中在大中城市，它通过这样的方式来组织物流活动，在主要销售区设厂房来满足当地市场需求，当地生产能力不足或所在区域没有生产厂的市场主要由中山通过铁路长途调拨直接发给客户，或将货物发至该地所在大区的配送中心，再由配送中心通过汽车运输将货物送至客户手中。因此，由于长途调拨而产生的运输费用在产品价值中所占比例很大，例如从中山发往哈尔滨的运费占产品价值的比例超过 25%。不通过长途调拨的产品的配送费用占产品价值的比例低于 9%。和竞争对手相比，娃哈哈的物流成本偏高，而造成成本过高的原因有许多，如表 7－2 所示。

表 7-2　　娃哈哈物流成本过高的原因

表现	本质原因	其他原因
运输费用高	产能布局不合理，整体配送半径过大，大量的长途调拨二次中转甚至“串调”，成为运输成本高的本质原因；销售渠道结构，客户规模小、分布散，订货批量小，导致的满载率低影响率在 90%以上	回程车利用率小；操作失误引起的空载等现象
淡季仓储面积大	季节性销量，导致旺季爆仓和淡季空仓影响率在 90%以上	仓储计划失败等
营运费率低	配送中心建设之初，初期费用投入大	

2. 物流服务水平问题

物流的高成本并没有对应合理的物流服务水平，相反，物流却不能对市场做出快速反应。物流在客户服务上的不足主要表现在以下几个方面，如表 7-3 所示。

表 7-3　　物流服务水平过低的原因

订单的处理时间和货款的确定时间长 一周订单实际平均交货周期为 15 天左右	运输时间长，其实是生产布局不合理、流程不合理和缺乏信息系统支持 分销的周期货源计划在报给分公司后，分公司汇总各地订单再报给总部，总部对订单进行协调与沟通直至形成确定的生产计划的时间在 3 天左右；在计划不修改的情况下生产周期为 4 天，质检为 3 天，从生产厂成品仓库到配送中心之间用铁路来调拨，申报车皮计划和货物在途时间长约一周，非直接送达的订单，产品从配送中心执行到客户的手中也在 4 天以上，因此一周订单的实际交货周期为 15 天左右
库存策略 生产能力不足 物流成本约束	库存策略。娃哈哈根据客户规模和付款方式将客户分为直运直汇和非直运直汇客户，在物流上都是从客户所在的配送中心发货，订单满足率低的直接原因是配送中心的存货水平无法保障较高的存货可得性，影响率在 40% 生产能力不足。4 个月间，由于生产能力不足导致的销售计划的调整达 27 次，同时对于分销商追加的订单生产，厂家难以在短时间内调整计划，也使一部分订单无法完成，影响率在 40% 物流成本约束。对于分销商较小的要货批量，由于物流成本过高放弃该订单，影响率在 20%
交货不及时，交货不及时成为客户投诉的首要问题	订单的处理时间和货款的确认时间长，成为导致交货过程中的诸多不可控因素，影响率为 30%左右 生产延迟。产能不足经常导致整个订单或订单内某种型号的生产延迟，造成了装运等待，影响率在 30%左右 配送能力。由于配送计划的失误和对承运商管理不严，因配送的延迟导致交货不及时，影响率在 20%左右 仓库分布。内外仓的分置造成一个订单多点装运，造成装运时间延长，影响率为 10% 装卸作业瓶颈。销售巅峰时刻装卸力严重不足，影响率为 5%左右 多点卸货中的客户因素。由于客户不及时协助卸货，导致后续配送的延迟，甚至后续运力调度的紧张，影响率在 5%

续 表

采购、配送环节出错	由于采购缺货、生产能力导致的订单某些型号的不一致，影响率为90%左右 配送中心错发。销售巅峰时装卸力严重不足，影响率为10%左右
物流过程产品批号陈旧	导致产品批号陈旧的主要原因是交货周期长，实际上也是目前物流配送网络不可避免的原因
交货时间不合理	配送计划排程 交通管制
司机服务态度差	承运商自身素质 承运商培训不足
货损率高	承运商运输品质

四、娃哈哈的供应链管理决策分析与改进

(一) 娃哈哈的供应链管理决策分析

目前饮料企业间的竞争主要体现为成本、质量、反应速度和创新的竞争，体现在提供差异化产品、差异化服务的能力上。这就要求娃哈哈的供应链管理不仅需要考虑成本因素，更要兼顾反应速度和灵活性，以适应针对客户的柔性生产和快速变化的外部市场。

1. 库存管理的外部竞争环境分析

外部环境分析是企业制定库存策略的必需步骤，针对竞争者、消费者、供应商不同时段的具体特征，在满足消费者需求的同时，根据竞争者的市场策略和市场地位及供应商的供货能力和掌控力度来制定相应的库存策略。

(1) 行业和产品发展趋势分析。行业和产品发展趋势分析包括生命周期确定和食品饮料特定的季节分析。生命周期通过市场容量、市场增长率和增长方式决定着企业的长远计划，例如，厂房规模、生产线设计、库房地点、面积、运输车辆规模等资金投入；季节分析一方面是为具体销售预测提供依据；另一方面是从具体品种销量变化中发现消费者的变化，从而针对消费者制订相应的市场策略和库存计划。若库存计划没有清晰的市场分析引导，销量快速增加期采用的积极备货策略在产品转入平稳期和快速下降时就可能产生致命的后果，大量原材料和成品将无法通过正常的市场消化，资金必将积压，严重时将导致报废。

(2) 消费者需求变化。①消费者价格敏感度变化。消费者永远关注价格，但不同时段关注度会发生变化。例如，每年7—8月酷暑期间，消费者饮料需求急增，需求重点是购买及时性和方便性，而价格影响会略有下降。作为库存管理，此阶段的重点是如何提供足够的库存满足销售，库存资金占用可以退居次席。产能充足时应及时扩大库容，加强配送能力，产能不足应提前备货，降低断货风险。而到每年11—12月，消费需求更多的是通过市场促销来推动，必须不断降低营运成本为市场促销提供资金支持，此时降低库存量成为库存管理的重点。②消费者质量敏感度。消费者质量敏感度主要体现在对包装、货龄的要求，其中货龄对库存管理尤为重要，所以对影响货龄的新产品上市、新产品的促销必须时刻关注。

（3）供应商供货能力及讨价还价能力。供应商的供货能力和讨价还价能力也是库存管理者必须关注的。由于供应商大多同时为几家厂商供货，比如制罐厂同时为几家饮料灌装厂按不同比例供罐。当旺季来临制罐厂的产能也将满负荷，对不同灌装厂自然会有优先次序。如果饮料灌装厂预先了解制罐厂的实际供货能力，就可对库存预先进行安排，对备什么库存，备多少，也就非常清楚。换个角度来说，如果对供应商的掌控能力很强，可以直接介入到供应商的库存管理，实施供应链管理。

（4）竞争者分析。库存管理中竞争者分析也非常重要，企业运作的目标是优于竞争者而不是做到满分。饮料的库存目标是所有消费者购买的产品都是当天生产的。但要达到这点需要企业投入大量的资源，例如，必须有足够产能的生产线，必须有大量性能良好的运输车辆，必须有健全的信息传递系统等。但市场容积在某一时段是固定的，并不会因为产品或企业的某一项指标达到最佳而急速增长。既然销量不会急速增长就应该通过降低运作成本来提升利润，其标准就是竞争者的状况。

2. 库存管理的企业内部优势和劣势分析

（1）财务分析。企业内部分析首先是财务分析，包括资产负债、损益等。一方面财务的压力会直接带来明确的库存指标，比如库存金额上限和库存周转率。另一方面，财务具体提供库存管理可利用的资源，例如客户的信用（涉及多少库存可放到客户处）、库房预算和运输预算（涉及库房和运输车队的选择）等。兵马未动，粮草先行，对公司财务有了清楚地认识才可能制订出符合公司状况的库存计划。

（2）人力资源分析。人力资源分析包括人员招聘、再就业安排、培训、劳资关系等。饮料行业有非常明显的季节性，在每年春节，7—8月销售旺季，生产、运输都处于超负荷状态，需要增加大量的临时员工，可一到淡季，生产线开不满，大量的工人只能下岗。除了管理人员、技术人员、关键岗位人员，其他人员一直处于流动中。在此背景下，人事的安排直接影响库存计划。

（3）企业生产能力分析。公司生产能力包括产能分析和运行状况跟踪，产能分析分长期和短期两种，长期分析关注于生产线的配置、全年产能峰值分析，目的是为财务决策和预算作基础；短期分析关注具体时段的生产安排，目的是保证库存计划的实施和提高效率。

（4）配送能力分析。配送能力也是库存计划中必须考虑的。饮料行业的销售渠道和区域相当复杂，不同的分销渠道和区域可能配置不同的配送车辆，旺季时还有配送吨位要求。而企业一般根据全年平均运力需要来确定自己车队的规模，增加的运力需求主要靠社会资源，而实际状况是旺季全社会都处于运力紧张状况。对于库存管理而言，必须预先了解公司的配送能力，配送吨位不足时必须提前加大库存，并提前配送到各分公司库房或客户处。

（5）仓库状况分析。公司仓库状况主要指存货可用面积和发货区域大小。库房在租赁

时或建造时面积都已固定，可以调整的只有库位，最终指标是日最大库容和日最大发货量。一方面根据库容制订的库存计划才有实际意义；另一方面库存管理也可为库房的建造和租赁提供指引。

（二）娃哈哈的供应链管理的决策改进

1. 建立快速反应型的组织机构

（1）适应信息管理的要求。饮料行业外部环境极其复杂而且处于不断变化中，每天都有大量信息流入，所有企业都会面临两个问题：一是如何提高处理更多信息的能力；二是如何降低具体职能部门对信息的需求，避免不相关信息干扰，使其专注于独立的工作任务。一个有效的解决方案是企业建立一个专门的组织来处理信息。

（2）适应快速反应的要求。适应快速反应的要求是饮料行业的共同标准，但单凭合格产品已不足以区分两家公司，于是时间成为确定市场领先者和跟随者的关键竞争指标。基于时间的关键竞争要素主要包括：一是后勤的速度，即资源流入到产品进入顾客的时间，其涉及产品和原材料流入、转换、流出等一系列增值过程；二是并行工程的质量，即从产品开发开始阶段就开始的多样化顾客服务。要完成上述工作，原先单一职能部门和临时性项目小组由于不同部门间的利益冲突和临时性工作必然的熟悉阶段，都无法满足快速反应的要求。

（3）必要的授权和高素质的人员。一方面，所有计划的执行和监督都必须有充分的授权，特别是跨部门的计划，同时信息的收集和定期汇报也需要公司明确的流程进行规定，所以必要的授权是上述部门得以发挥功效的重要前提；另一方面，需求和营运计划的负责人既要熟悉公司生产、销售、采购、储运的各项流程，熟悉公司拥有的各项资源，对企业经营理念、策略、项目管理应有较深刻的认识，同时还应有丰富的沟通技巧和经验以适应大量的协调工作。这样的高素质人才需要花相当的时间去寻找和培养，但一旦拥有将成为企业独有的社会稀缺人力资源，对企业的长久发展非常有利。

2. 提高产品竞争力

（1）构建良好的物流网络。因为饮料产品具有重量大、价值相对较低的特点，价格是消费者选择饮料的内在因素之一，从生产地到消费地的运费有可能构成产品成本的一大部分，因此要构建一个良好的物流网络，使生产地和消费地较近，这样产品成本中的运输成本降低，提高了产品的竞争力。而且在目前饮料业竞争激烈、产品同质性较强的情况下，通过缩短运输距离降低产品成本显得尤为重要。

（2）增加预测精确度和准确度。因为饮料产品的保质期限短的因素以及包装的经常更换，所以要求严格控制生产量，增加预测精确度和准确度，按市场需要生产，缩短产品的循环时间，保持较小库存，以便及时更换包装。饮料市场经过二十多年的发展，已经从供不应求的“推进型”市场演变成为竞争激烈的“牵拉型”市场，现在已经不是“只要生产就能卖出去或只要便宜就能卖出去”了，因此，必须了解顾客需求，按照顾客需求来生产。然而，不同季节、不同地区、竞争对手的促销活动等都会使顾客需求发生变化，这就需要精确掌握供应链各节点的需求情况以及整个供应链的库存情况，否则就有可能出现积压的情况，导致饮料货龄增长，影响销售。要提供最新鲜的产品给顾客，就要求饮料行业在供应链的构建时注意消除企业间的信息壁垒，加强供应链信息系统的建设，提高企业在供应链方面预测、计划的能力。

(3) 保证生产柔性。由于饮料饮用的即时性和产品同质性，当出现偶然的消费高峰时，必须有足够的产品及时满足消费者的需求，否则，消费者会购买竞争对手的产品或者过一段时间则不再有需求高峰。因此，要满足饮料消费的即时性，首先要保证生产要柔性，当饮料需求量突然变化时（如天气突然变暖引起某种饮料销量突然增长），可及时生产出产品；其次，要根据过去的经验，增加预测精确，如气温上升会增加饮料的需求、一些传统地方性节日也会增加需求，企业这时可适当增加库存以应付消费高峰。

五、娃哈哈供应链管理对国内饮料企业的启示

娃哈哈的飞速发展不得不让人叹服，而相比之下，我国的其他饮料企业在供应链管理方面的不足与缺陷却更加明显，存在供应迟缓、生产滞后、信息不匹配、发送延期、服务不周等诸多问题。娃哈哈的供应链管理情况对我国其他饮料企业有着深远的启示，值得借鉴。

1. 经销商方面

娃哈哈逐步形成了具有个体、民营、国营经销企业等多元成分，以一级批发商为主，二级批发商为辅的多层营销网络。公司不设立地区独家经销商，不要求其经销商专营娃哈哈公司的产品，经销商都是同时经销多家品牌，包括娃哈哈公司的竞争性品牌。

2. 保证金制度

一批经销商不论大小均按公司统一批发价（不含运费）提货，月初提货，月末结算，娃哈哈实行保证金制度。保证金制度的有效实施使公司避免了欠款、三角债等纠纷，可以保证资金的及时回流。所谓保证金制度就是公司要求批发商在开始承销公司产品的同时，交纳一定金额（通常大于或等于货款）的保证金，而公司支付高于银行存款的利息。在月末结算时，若经销商未能及时支付货款，娃哈哈则直接从保证金中扣除，而作为经销商可以日后及时补交保证金至原有水平。

3. 激励机制方面

娃哈哈为了更有效达成供应链伙伴之间互利的合作关系，采取了一系列的激励机制，包括年终返利、不定期奖励等。年终返利是对经销商最直接的刺激，以他们的业绩（销售额）为依据确定返利比例。公司年平均返利金额大约占公司年利润的4%～5%。公司通过返利政策的不透明性和灵活性加强对经销商有效的激励和控制，而不定期的奖励则可认为是年终返利制度的补充与厂商保持良好关系的润滑剂，具有更大的灵活性和不确定性。

4. 销售队伍方面

娃哈哈配有自己的销售人员，隶属于集团公司总部的销售部，销售业务员的职责在于与当地批发商建立良好的关系，为他们提供公司资讯，协助他们促销；同时着眼于开拓各种新业务，拓展当地市场；公司要求每个销售业务员必须定期、不定期地向公司反馈当地市场情况，汇报业务进展情况以及该地区批发商动态。销售人员的薪酬直接与其负责地区的销售业绩挂钩。

5. 其他信息方面

为了更好地推广公司产品，娃哈哈统一负责促销广告活动的策划，并承揽全部广告费用及产品推广费用。此外，娃哈哈还帮助一级批发商建立二级销售网络，协助他们举办招商会等促销活动。为了减轻经销商们的负担，公司还承揽了货物的运输工作：铁路运输的方式保证货物发至批发商所在城市火车站；公路运输则保证发货至对方仓库。公司对于各经销商的发货量，一般依照其要求的数量，但由于饮料业具有明显的季节性，在销售旺季时产品往往供不应求。遇到这种情况，娃哈哈的通常做法是根据经销商以往的经销业绩按相对比例配置货源，酌情增减发货量。同时，娃哈哈要求经销商们在淡季保证一定库存，一方面减少公司淡旺季销售落差，另一方面缓解旺季货源不足的压力。为此，娃哈哈采用优惠价发货的政策鼓励经销商的这种行为。

第二篇　服装行业篇

第八章　浅析中国纺织服装供应链

伴随经济全球化的不断推进，服装品牌也在加快全球销售扩张的脚步。国内纺织服装行业拥有强大的生产制造能力，但是在产品的设计和销售环节大大缺乏竞争力。国内品牌对供应链管理意识比较淡薄，对近几年来导致高库存现象的评估也过于片面，缺乏统观全局的思想。本章分析国内服装行业的供应链现状，并针对不同模式提出了相应的建议。

一、产业发展背景

英国供应链管理专家马丁·克里斯托弗（Martin Christopher）在 1992 年指出："21 世纪的竞争不再是企业和企业之间的竞争，而是供应链和供应链之间的竞争。"中国的服装企业也一样，正如雅戈尔集团董事长李如成所说："未来的竞争，将是整个供应链的竞争。"我国是纺织服装的生产大国，但却不是纺织服装的强国。其中纺织服装供应链竞争力的缺乏是原因之一。

（一）我国纺织服装行业的大国地位无可撼动

据 WTO 统计，2013 年，中国占全球纺织服装贸易的份额为 37.1%，十年间中国占全球份额增长了 17 个百分点。虽然自 2008 年金融危机以来，中国在主要市场上的份额在缓慢下降，中国纺织服装出口已进入中低速增长通道，但中国的优势在一定时期内无人能够撼动。

2014 年，中国纺织服装出口 2984.2 亿美元，增长 5.1%。其中，服装出口 1862.8 亿美元，增长 5.2%；纺织品出口 1121.4 亿美元，增长 4.9%。全年进口纺织服装 265.5 亿美元，同比下降 1.7%。其中，纺织品进口 203.9 亿美元，下降 5.9%；服装进口 61.6 亿美元，增长 15.8%。

（二）企业生存环境日益复杂

2008 年全球金融危机后，中国纺织服装行业受经济全球化的影响越来越大。受劳动力成本上升、原材料价格波动、人民币升值、国际政治和经济的不确定性及国内融资成本不断加大等因素的影响，中国纺织服装行业面临的挑战越来越大，企业的生存环境变得复杂和艰难。

劳动力成本在过去 10 年增长了三倍多，2014 年全国共有 19 个省调整了最低工资标准，涨幅平均 14.1%。目前沿海地区纺织业用工成本已超过每月 4000 元人民币。同时，劳动力短缺矛盾日益突出。自 2012 年以来，中国劳动年龄人口已连续三年下降，2014 年 16～60 岁劳动年龄人口减少了 371 万人，劳动密集型产业赖以生存和发展的人口红利逐渐消失。与此同时，招工难、招熟练工难成为大多数生产商近些年面临的主要问题。

（三）供应链结构有待完善

我国的服装供应链贸易模式单一，缺乏自主品牌、设计和创新。服装价值链的构成中，从生产环节获得的利润仅占总利润的10%，大部分获利在品牌、营销、设计和研发环节。中国正失去在制造环节上的竞争优势，但向价值链微笑曲线两端延伸的速度还不够快，仍然缺乏设计创新能力，在分销和品牌领域更还是“小学生”。尽管如此，中国纺织服装产业在全球纺织服装供应链中仍然处于有利地位，短期内仍然不可被替代，供应链完整、综合制造成本仍然具有比较优势。

二、服装供应链的特点

要改变目前服装供应链管理现状，就需要明确服装行业与其他行业的差异，认清服装供应链特点，正确把握服装供应链的发展趋势。

（一）以顾客为中心

客户存在于供应链的末端，对于供应链的发展起着决定性作用。对于生产创新性产品的服装行业来说，其核心竞争压力不是来源于竞争对手，而是来自多样的客户需求。顾客需求的日益多样化促使服装企业在制定决策时，必须首先考虑到顾客，在衡量企业效益的同时，也要兼顾顾客满意度。服装行业需要站在时尚的前沿，不断推陈出新来迎合顾客的口味，才能确保产品的销量。

（二）服装供应链的复杂性

随着消费者对时尚的追求不断变化，服装企业也必须以很快的速度推出新品来满足客户的需求，因此服装种类日益繁多。同时，消费者对服装的要求不仅仅停留在衣服本身，衣服配饰的跨界搭配也逐步受到消费者的青睐，服装产品需要越来越多的材料做装饰，这就导致服装供应链上的节点企业可能跨越服装行业而来自其他的行业，从而使服装供应链的结构、管理等变得更加复杂。

（三）服装供应链的择优性

现在的服装企业几乎没有牢固的供需关系，同种产品的一个供应商对应多个制造商，多个供应商对应一个制造商；服装供应链的择优性表现在，企业之间随时都在考察对方，只要一方不再适应此条供应链，它随时都会被剔除出来。

（四）服装供应链的长鞭效应

服装生产贸易活动中，服装供应链上各企业以装配线、高度劳动分工而著名并获得了极大优势，也就是说，各企业间的高度劳动分工为企业带来了高效率。在高度劳动分工下企业专注于做好自己擅长的工作，这也正好符合管理学界提倡的发展企业核心竞争力的思想。但是，各服装企业的生产流水线一旦确定，就决定了其技术的种类与应用、生产标准水平以及生产计划的模式。这种组织对于计划、控制、管理生产线非常有效，是传统的技术自组织，但是这种组织方式缺乏灵活性，尤其缺乏对上下游企业的信息应变能力。具体而言，由于上下游企业信息传送过程中的曲解来自销售终端的订货需求信息沿服装供应链

逆流而上，导致订货需求逐级放大从而导致生产计划与市场需求相关的及敏捷生产活动不匹配，使整个供应链的运作绩效下降，这种现象就是服装行业中的长鞭效应。

三、我国服装行业结构

从经济发展的周期看，目前我国经济总体上仍处于较快增长期，运行在过剩经济、消费需求相对不足的大环境中，但同时又有局部的过热甚至某些较为严重的投机行为。服装行业从整体看发展迅猛，但是内需不足，产能严重过剩，库存积压加重。

近几年国内品牌服装侧重于白领阶层，在价格上每年按照一定的百分比不断上升。从整个行业来看，中国的服装品牌因为市场消费结构的改变，形成新的两大阵营。

第一大阵营是走高端路线的服装品牌，定价高、销量好，特别是2001—2006年这部分品牌获得了巨大成功，只是2009年、2011年遭遇了两次危机逆袭。究其原因主要表现在中国的财富集中在0.5%的人手中，这部分人消费能力非常强，他们对奢侈品和高档品牌的消费能力在不断增长，但有必要多多关注中等收入的消费群体。

第二大阵营是走低端路线的服装品牌，其销售阵营也收获颇丰。此处值得一提的是有别于服装批发市场的低端路线践行者：服装尾货与速食式服装。2006年年底，首家服装尾货市场亮相北京，凭借超低价格优势迅猛发展，以天兰天尾货市场为例，试营业3个月期间，市场出货量已经超过1.2亿件，销售额为20亿元。2007年H&M在上海开业之初就造成了很大的轰动，其超低的价格令上海出现了顾客提着篮子买衣服的奇观。作为欧洲最大的跨国服装零售连锁企业，H&M公司坚持“快速低价地提供时尚的产品”。

财富的过分集中也造成两极分化越来越严重，中端品牌在市场中的生存变得越来越艰难。消费者需求的把握、价格的定位、渠道的拓展、市场规模化经营都变得极为重要，同时消费者需求变得越来越捉摸不定。在一个没有形成中产阶级的国家，通过寻找符合品牌目标的群体，去培养群体对品牌的认知程度，成为品牌的忠实顾客，但这个过程是非常艰难的。

所以根据中国消费群体财富集中的实际情况，做高端品牌的企业应把目光锁定在顶层消费群体。通过与国外品牌的合作、学习，发展成为中国顶层消费群体喜爱的品牌，产品定价应该和他们的收入、喜好、需求配套。这些品牌应该灵活机动地调整定位，把握市场需求，以灵活应对不确定的顾客群体。

（一）竞争激烈的休闲装市场

20世纪80至90年代迅速崛起的休闲装品牌经过这几年激烈的竞争，市场需求出现疲软，产能超过实际需求能力。一部分老的休闲品牌开始衰退，逐渐被国内的优秀品牌如美特斯邦威等品牌替代。但是市场的增长毕竟是有限的，即使很多经营不善的品牌让出了市场的空白点，就休闲装市场而言，新的空白点依旧不多，休闲装企业在制订未来几年发展规划过程中，必须考虑生产与市场是否配套。过分强调市场占有率，忽视需求因素，企业的利润和库存会受到显著影响。

（二）高速发展的运动装市场

从阿迪达斯、耐克、彪马、李宁、安踏，再到乔丹、361°、特步，运动装市场这几年的发展很快也会进入到产能过剩的时代。一个产业竞争激烈到一定程度，产能和需求开始不匹配，这个产业就开始进入优胜劣汰的环节。有实力被认同的品牌会生存下来；没实力不被认同的品牌会消失。

在运动装市场中，国内品牌主要集中在二线以下城市，国际品牌主要集中在一、二线城市。随着耐克、阿迪达斯调整市场战略，关注二、三线市场，运动装市场的血拼在2008年达到高潮。那些有远见、有能力，同时做好了准备的企业，将会是最后的赢家。但由于市场消费的需求不旺，进入2012年，高端品牌也难免减价促销。

(三) 发展中的童装市场

童装企业连续几年不景气是有目共睹的，拥有几亿儿童人口的中国，消费能力和生产能力却不匹配。庞大的消费人群却无法拉动市场消费趋势的增长，子女高额的教育成本给父母有限的收入带来了沉重的压力，父母用在孩子身上的耐用消费品如服装的支出不断缩减。在没有建立起庞大的社会教育体系前，童装企业还要做好打持久战的准备。

(四) 多元化竞争的女装市场

中国的女装品牌已经逐步形成了由高端到低端的市场格局，风格也变得百花齐放。产品的设计能力和品牌的经营水平正在向国际水平靠近，但是中国的女装尚未形成一个领导型的品牌，主要是因为消费者需求多元化的同时购买力却没有快速增长。当需求和购买力不成正比的时候，产品设计要多款少量，这样会给企业的成长和多元化带来沉重压力。所以说中国的女装企业要在诸多不确定因素中抓住机会寻找新的亮点，把握住市场需求。

四、我国服装供应链主要结构

我国服装业基本上形成了三种竞争形态。

第一种是单纯的生产加工企业。这一类企业以接受国内外客户的订单并完成加工为主要业务，其目标是“按正确的质量、以正确的时间、在正确的地点交货”。这类企业尽管利润微薄，但所面临的竞争程度低、管理技术简单，因此企业能够稳步发展。

第二种是被业界称为“虚拟企业”的企业，这类企业以建立、提升自身品牌为目标，注重对终端消费者的消费习惯、消费行为、消费需求的研究，并根据这些研究结果展开产品研发，同时完善自己的配送与销售网络。比较典型的有温州的美特斯邦威。他们所面临的竞争十分激烈。一般来说，如果市场预测准确，企业会赚取高额利润；如果预测失误，会给企业带来巨大损失。这类企业建立优秀的物流系统，满足顾客的需求，从而实现企业在市场的竞争优势。

第三种是供、产、销一体化的企业。这类企业面临的竞争最为激烈。从供应链的角度看，这类企业从事了供应链节点上的主要业务。既要有具有战略合作关系的上游供应商和下游销售商，又要具备很强的产品研发、生产能力，还要具备很强的品牌管理能力。因此，如何形成自身的核心竞争力是这类企业面临的最大问题。比较典型的企业如杉杉、雅戈尔。

纺织与服装供应链环节如图8-1所示。

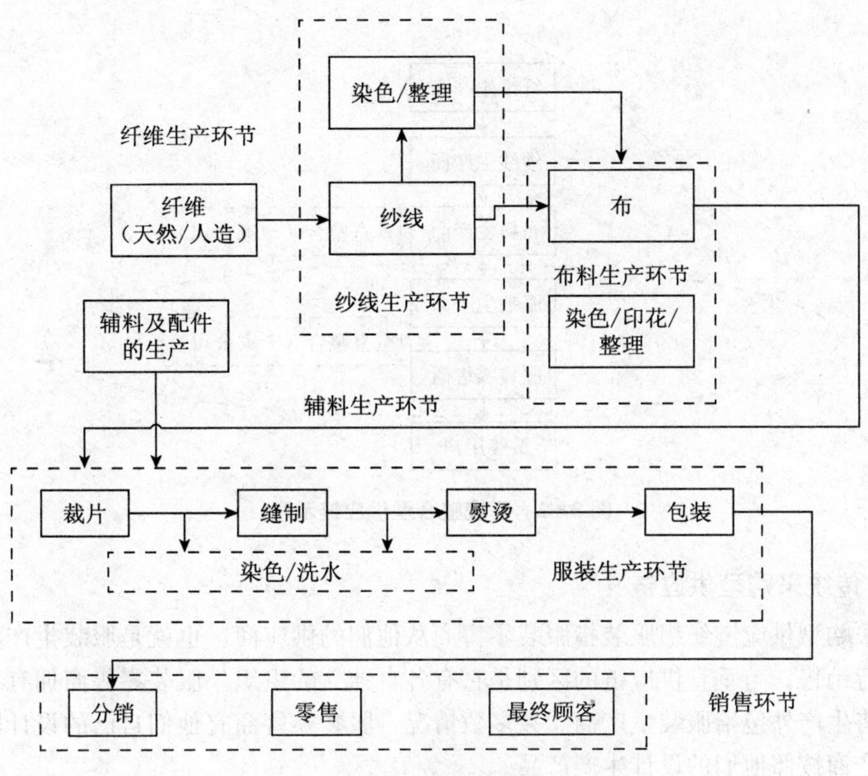

图 8-1 纺织与服装供应链环节示意

（一）垂直整合型供应链

垂直整合是指同一家公司控制产品的生产和销售的不同阶段，从而提高这家公司的市场地位。有学者认为垂直整合是供应链管理的一种选择，通过所有权来更有效地控制整个生产销售过程。实际上，垂直整合可以看作是内部化了的供应链管理。这些服装零售商至少拥有属于自己的服装生产厂，还可能拥有自己的织布厂、纺纱厂，甚至拥有自己的棉花种植基地。很显然，他们是整条供应链的协调者。他们必须安排供应链中所有的相关活动，例如物流、库存等，至少是从布料的买进一直到最终产品的售出。

在北京王府井的东方新天地商城里，顾客会注意到这样一家商店，它的品牌是一个大大的数学符号“π”，中文写作“派”。这里只出售纯棉衬衫，价格比一般的知名品牌贵，而且从不做广告。当众多知名的服装品牌纷纷圈地开店、以期增加销售额的时候，它依然保持在全世界开设唯一商店的姿态。更加奇特的是，这家公司的业务涵盖了棉纺、梭织、针织、染纱、后整理及制衣、销售等各个环节，生产工厂遍布世界各地，并且在新疆种植棉花。这家公司是香港溢达集团，在 10 个国家拥有 47000 名员工，每年向 Hugo Boss、Eddie Bauer 和 Tommy Hilfiger 等公司供应 6000 万件衬衫。

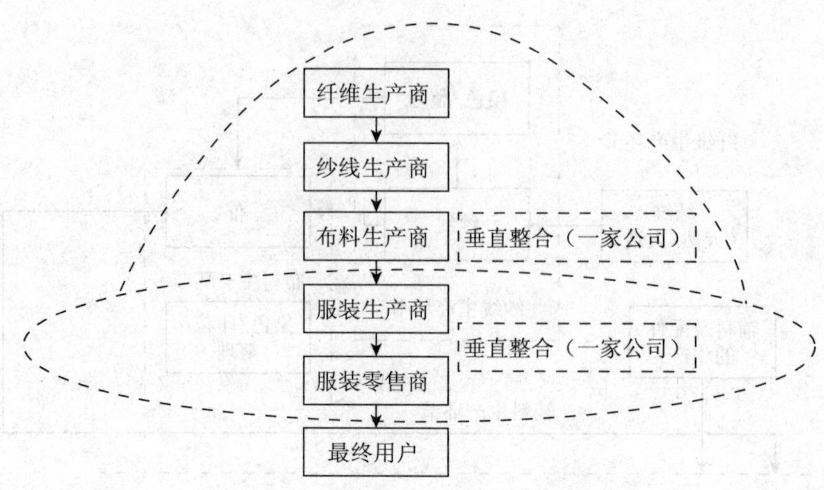

图 8-2　垂直整合型供应链示意

（二）传统采购型供应链

传统采购型供应链纺织服装指服装零售商从他们的供应商，也就是服装生产商那里采购产品进行销售。与垂直供应链的区别是它有各自独立的组织。服装零售商拥有自己的品牌，他们将生产外包给服装生产商。大多数情况，服装零售商有他们自己的设计队伍，他们要求生产商按照他们的设计生产产品。

国内的服装企业一般都拥有完整的产业链，大型的服装巨头甚至有万余名员工、几十个分公司，甚至涉及诸如房地产、外贸、公共设施建设等许多服装以外的行业。但美特斯邦威一开始创立就没有像传统服装企业一样，划一块地皮，建一方工厂，进一批机器，招一批工人。1994 年，美特斯邦威品牌创建之时，创始人周成建只拥有 400 万元的原始资本。对于如此有限的资金，他深感为难：满足市场需求需要成倍购买机器扩大生产，但如果把钱用于建立工厂，规模不大，其他工作也做不了，更别说创什么品牌了。剑走偏锋，周成建硬是闯出了一套独特的经营模式，用他自己的话说，这就是“借鸡生蛋”（定牌生产）和“借网捕鱼”（特许连锁经营）。

实实在在的品牌经营，虽然是虚拟的生产战略，虚拟的销售策略，可是周成建也明白，服装行业没有核心技术可言，要获取市场靠的是实实在在的品牌。一直以来，美特斯邦威将大量精力投在服装设计、经营管理、品牌提升等核心业务上。公司 1998 年就在上海专门成立设计中心，从法国请来一位顶级服装设计师吕克担任集团设计总监，培养了一支具有国际水准的年轻设计师团队。这支设计师团队非常善于学习，在竞争对手 H&M 开业时，美特斯邦威还曾派出专人去研究它们店里的各种细节，包括陈列、周转速度、服装标签上的面料等级和针织手法等。一位员工透露，“他们大多只用 8 针面料，而我们都是 16 针的面料，他们用料比我们便宜”。据了解，这一设计师团队每年向市场推出 7000 多个服装新款。

美特斯邦威没有厂房，没有先进的生产流水线，却有着许多排列整齐的电脑操作台。在美特斯邦威总部大厦里，有一间 100 多平方米的大房间，房间的一面墙是几十个呈现实

时画面的荧屏，通过电脑，可以随时调用系统内各地任意一家专卖店的实时图像。这里就是美特斯邦威管理全国范围内专卖店的“神经枢纽”，通过这套系统，总部可以掌握各专卖店是否做到了统一形象、统一宣传等。这套耗资1亿元的系统只是美特斯邦威庞大计算机信息网络管理系统的一个子系统。服装是时尚季节性产品，最大的风险是库存。周成建确定“虚拟经营”模式后，深知当企业达到一定规模时，如何管理外部资源至关重要，必须通过信息化管理来支持这种模式的发展和品牌的维护。

美特斯邦威明白自己在整个生产经营链中处于中枢位置，大量的信息数据必须由自己掌握。该和哪个供应商下多少订单，该往哪个地区调送多少产品，全部都由自己统筹监控。美特斯邦威的上游外协工厂在全国有200多家，包括面料、辅料和成衣厂。“企业在贴牌生产的（OEM）生产商选择上一定要慎重，如果轻率选择价低、质劣的OEM厂家，产品质量难以保证，销售中会出现许多退货或售后服务的问题，不但不能给企业创造太多的利润，还严重影响了企业的品牌形象，得不偿失。事实上，问题不仅仅来自生产商，加盟商的统一规范运作也直接影响企业的品牌形象”。在加盟商方面，美特斯邦威也是通过一套信息管理系统实现了对全国2000多家加盟连锁店的管理和掌控。加盟店犹如内部的一个部门，加盟店的整个业务流程与美特斯邦威的产供销和财务结算，完全是一体化的，实现了网上实时下单、实时配送跟踪、实时结算和对账。同时，美特斯邦威强调管理文化嫁接经营理念共享，对所有加盟连锁店实行复制式管理，统一形象、统一价格、统一宣传、统一配送、统一服务标准。

传统采购型供应链如图8-3所示。

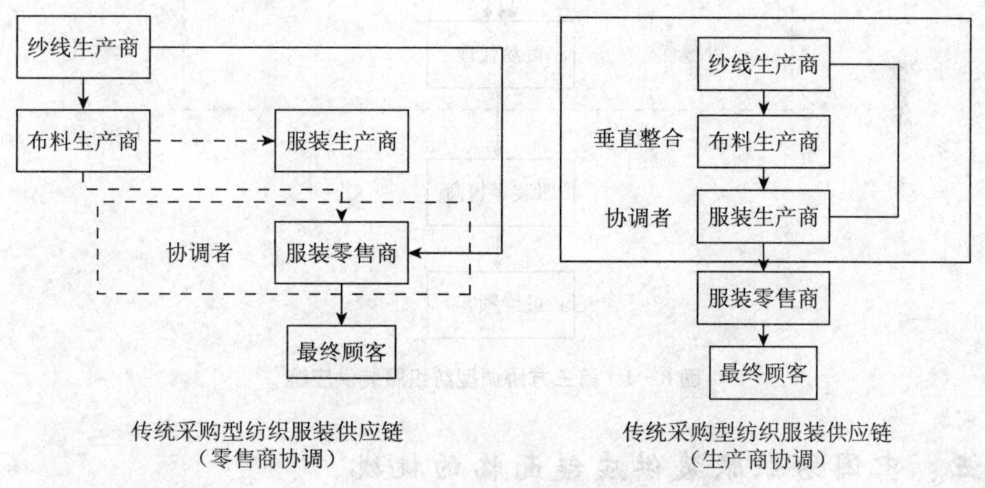

图8-3　传统采购型供应链

（三）第三方协调型供应链

在第三方协调型纺织服装供应链中，服装贸易公司充当了协调者的角色，他们协调整条供应链，向他们的客户——服装零售商提供最终产品。这些贸易公司并没有自己的生产工厂，他们帮助零售商选择供应商，并且管理包括质量在内的整个生产过程，有时甚至还包括服装设计。他们的核心能力就是他们强大的供应网络和良好的协调能力。可以说，他们实际上是服务提供商，是供应链管理的经理人。利丰集团是一家以中国香港为基地的大型跨国商贸集团，其特色为运用供应链管理概念来经营出口贸易、经销批发和零售三项业务。哈佛商学院曾对利丰进行了 6 个案例分析。利丰于 1906 年创立于广州，是中国目前历史最悠久的民间华资商贸公司。利丰集团旗下设有利丰贸易、利和经销和利丰零售三家公司。利丰贸易经营出口贸易，在 40 多个国家及地区设立了 70 多间分公司，为欧美及日本客户管理和统筹高流量消费品的原料采购、制造及出口。该公司拥有雇员约 6000 名，2004 年度的营业额逾 60 亿美元。利和经销于 2004 年在中国香港上市，是一家立足亚洲的综合分销服务供货商，主要服务那些有意进军亚洲的消费品及保健产品品牌商。利和经销业务遍布亚洲 9 个经济体系，为营销、物流及制造三项核心业务提供全面的综合分销服务。利丰零售公司现有两大连锁店业务：OK 便利店及玩具“反斗城”。目前，零售业务已遍布中国香港、台湾及东南亚等市场，并已在广州开展业务。

为抓住全球经济一体化及中国加入 WTO 带来的机遇，利丰集团并未囿于国与国之间的边界，而是以全球的视野，利用内外贸交叉和合并的运作方式把国内外的资源和市场连接起来，为其全球业务的开拓和发展做出了新一轮的战略部署。

第三方协调型纺织服装供应链如图 8－4 所示。

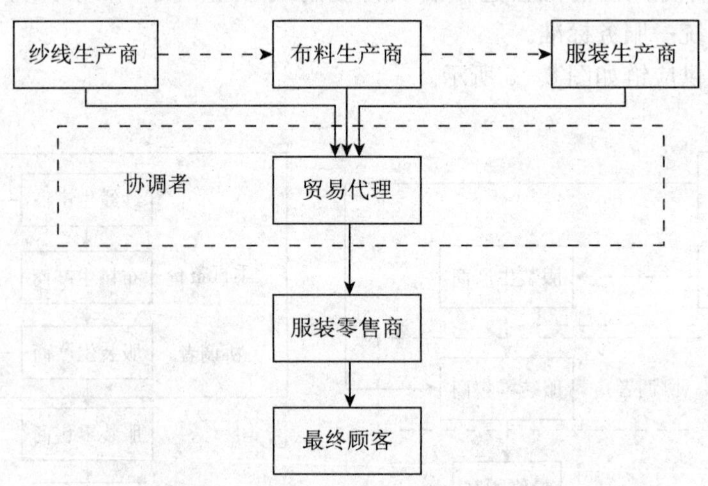

图 8－4　第三方协调型纺织服装供应链

五、中国纺织服装供应链面临的挑战

改革开放 30 多年，中国拥有世界最具竞争力的品牌供应链，但随着世界经济不稳定因素加剧，粗放型发展过程积累的问题也逐步暴露出来：产能总量相对过剩，行业缺乏自主创新能力，产业结构严重失衡，国际贸易失去定价权，供应链自我调节能力有限等。具体体现在以下几方面。

（一）盲目扩张的后果

近年来，一些大企业不计供应链的有效需求，盲目向上游发展，短时间内纤维产能大幅增加，打破了供应链原有的平衡，使同行业中小企业生存更加困难，企业自身的风险也在加大。中国纺织服装供应链脆弱的一面应该引起行业的高度重视，行业需要更加理性地看待中国纺织服装供应链竞争力，避免出现由于供应链失衡造成的恶性竞争。

（二）供应链延伸能力不足

中国纺织服装企业大多处于供应链的中游加工制造环节，附加价值是最低的。随着世界经济的复杂化发展，中国纺织服装加工企业盈利能力更加有限。当前供应链由最终客户控制，贯穿商品设计到原材料供应、生产、销售全过程，以及通过中间过程运输、仓储，把产品送到最终用户手中。供应链的上下游包含了附加值较多的增值空间，从一条供应链来说，延伸供应链可以获得更大的附加价值，但从整个供应链角度看附加价值没有改变，从行业角度可以深挖中游的潜在价值，获取价值增值，推进经济增长方式的转变。

（三）库管管理落后

库存管理存在于产业链中的每一个环节。企业供应链的健康发展，需要供应链上每一个企业的密切配合。由于我国缺乏现代化的库存管理系统，常导致库存管理责任不清，库存盘点不及时，导致库存积压，库存成本上升，影响了服装企业的发展。

（四）市场环境有待规范

目前，中国的内销供应链管理水平较低，大多数企业至今沿用传统的信息交换方式，复杂的人际关系和不规范的交易仍然不可避免地影响着供应链的商业价值链，致使中国纺织服装供应链的整体优势远远没有发挥出来。国际买家对国内供应链的整合力度高于国内品牌的整合力度，供应链之间的合作机制和驱动力尚未形成，产业链的对接和协作仍然处于相对较低的水平。

六、中国纺织服装供应链未来的发展趋势

中国纺织服装企业的竞争已经逐步转向品牌供应链之间的竞争。今后中国纺织服装供应链的发展应着眼于结构调整，打破供应链的牛鞭效应，逐步建立供应链的平等合作机制等。中国纺织服装行业应顺应全球纺织服装供应链的发展趋势，主动提高供应链的自我调节能力，把握发展机遇。

中国纺织工业联合会名誉会长杜钰洲认为，纺织服装供应链的竞争力主要表现为：质量、创新、快速反应和社会责任，四位一体，供应链的竞争力是综合实力的竞争，最终反映的是品牌之间的竞争。而互联网和智能终端的发展也极大地冲击着原有供应链的运作模式。

（一）新技术的影响力加大

信息是供应链的一个重要驱动要素，信息化使供应链要素整合、协调成为可能，服装“快时尚、慢周期”的矛盾也有可能用信息化手段缓解甚至解决，极大地提高了全球纺织服装供应链的效率。随着信息化技术的不断发展，供应链的快速反应速度也被大大提升，

给跨国供应链带来新的希望。信息化技术的推动已经发展成为提高供应链反应速度的最有效手段，如ERP技术、基于云计算的物联网技术、RFID技术等均给供应链管理带来革命性影响和推动。

（二）低碳环保思潮开始流行

构建绿色产业链和价值链是《建设纺织强国纲要》（2011—2020）的重要思想。人类的生产生活必然排放二氧化碳，目前学者普遍认可地球变暖是由于大量温室气体所致。减少温室气体排放是今后纺织服装供应链各环节的共同目标。低碳经济会在未来纺织服装供应链发展过程中广泛体现。首先，供应链的低碳经济不仅体现在节能减排降耗上，技术创新和技术革命也锁定在低碳的目标上；其次，大力提高产品质量，延长产品生命周期也是最重要的低碳表现；再次，从供应链的角度看，可以创造性地避免由于管理带来的高碳排问题；最后，从消费层面引导理性健康消费，减少不必要的消费，提高供应链过程中包装、运输、销售环节的重复和工艺，减少一次性产品的比例等都是低碳经济的表现。

（三）创新产业集群逐步涌现

产业集群强调一定地域内企业之间的联系，包括产业基地、产业链、特定空间竞争力集聚、各类支撑服务体系四个要素。产业集群是一种介于市场与企业之间的组织形态，它主要由中小企业构成。我国服装企业应以研发为核心，以都市时尚型为发展趋势，在垂直快速响应成为大势所趋与水平方向进行产业链的整合，加强企业间的协同与技术方面的交流与合作来创新产业集群；同时，各级政府应通过对服装企业提供技术培训支持、税收优惠政策等措施来推动产业集群从低成本型向创新型攀升。有学者还提出建立一个共同的服装供应链管理机构，帮助服装供应链节点企业统一管理。

七、中国纺织服装企业应对建议

在这种大环境下，企业如何面对服装行业现状所出现的变化，可以参考以下建议。

（一）精益运营

短期内，必须解决过去粗放增长带来的一系列运营和管理问题，一方面要通过各种方式让低效率的无效终端快速退出，同时要进一步提高核心终端的经营效率，并通过零售端的改革进一步推动内部运作模式的改革和经营效率的提升；另一方面，在企业低增长时期，企业也要稳定团队、提升士气，改善内部管理进而为下一轮增长积蓄势能。可以说，这也是管理者面临的一大挑战。

（二）融入互联网思维

从服装行业现状分析情况不难看出，互联网对服装行业的冲击也不容小觑，尤其是来自传统电商的侵蚀，包括移动互联网、O2O营销与服务等领域的快速创新等都会给传统服装行业造成巨大影响，在这种情况下，企业就应该着重组织内部创新并积累在新环境下的团队力量和运营经验，以应对挑战。纺织服装企业的发展更加强调多元融合，当前互联网技术的高速发展，云平台、大数据以及移动支付等信息技术与高端定制、快速反应、新生活方式营销等在服装产业领域的多元融合，对产业的推动和刺激作用已经显现，尤其是

服装电子商务网上消费每年有 30%～40%的增长幅度。

（三）外销向内销的转变

中国纺织服装品牌的快速发展和国际竞争环境的恶化将是提升内销供应链竞争力的主要驱动力。中国纺织品服装供应链总体上可以分为内销和外销两条供应链，内销和外销同样重要，内需将是中国经济的主要驱动力。据外交学院与欧盟安全问题研究所发布的《全球发展趋势 2030 报告》称，到 2030 年全球中产阶级将强势崛起，价值观趋同，80%的中国人将成为中产阶级。随着中国人均可支配收入的提高，中国隐含的巨大纺织服装需求将会逐步释放出来，国内市场即将步入消费的黄金时期。

纺织服装企业要把握“大势”，着眼长远。随着全球经济重心的转移，必定会带来新的消费群体与新消费市场的形成，同时也会带来生产力布局等方面的一系列变化，纺织服装企业更要着力于中长期核心竞争力的塑造，与国内市场上的一些国际品牌企业进行对标，找出差距。纺织服装企业的“多元融合”还体现在不同产业地区，不同文化背景，不同设计网络，不同品牌定位，不同供应链模式，不同销售业态的共存与交流，满足“精细化”的不同消费群体和需求。

（四）优化库存管理模式

在日新月异的快速消费品市场，产品的更新换代速度决定了企业的发展状况。库存危机主要是需求预测不准确、上下游企业缺乏合作、缺乏库存管理绩效体系等原因造成的。因此，企业应该积极学习国外服装企业的库存管理经验，根据自身条件构建库存管理绩效评价指标体系。协调与供应商的合作关系，实现与供应商或者经销商联合管理库存，通过多种措施全方位优化本企业的库存管理情况。

（五）供应链结构的调整

中国纺织服装品牌供应链的集中度会显著加强，未来 5～10 年中国势必出现几个超级品牌处于供应链的绝对领导地位，对中国纺织服装供应链发展产生重要影响。在新常态下，纺织服装供应链优化和升级应体现在四个方面。一是战略重构，“变基因”，增强供应链战略柔性，使战略变“柔”。二是组织重构，“变形体”，增强供应链软性，使组织变“软”。三是运营系统重构，“变速度”，加强供应链反应速度，使运营变“快”。四是商业模式重构，“变战术”，增强供应链感性，使商业带“感”。

（六）加强信息共享和信息系统建设

供应链系统是否能够快速、高效地运行，完全依靠供应链中的两个关键驱动要素——信息和物流。改变传统的对企业商业信息保密的做法，实现信息的充分共享。将销售信息、库存信息、生产信息、成本信息等与合作伙伴交流共享，信息在整条链上迅速流通，实现企业间的资源共享和链上各企业对彼此信息的快速反应，有利于供应链之间的协调管理，提高供应链整体的快速反应能力。加强信息系统建设和管理，除了要建设好统一的信息平台之外，还要建好各种功能的了系统，要实现各子系统信息技术与管理模式的现代化，从而形成快速反应机制。通过整合供应链上需求和供给两方面的信息（由生产商、零售商等彼此分享），为供应链上各个企业降低库存成本，减少运营费用，创造更多的业务机会，提高销售额，满足消费者的需求，形成多方共赢。

八、总结

随着全球化生产的脚步逐渐推进，我国纺织服装行业供应链的问题将更加凸显。虽然国内服装品牌拥有强大的生产能力和低廉的劳动力，但伴随着中国人口红利逐渐减少，在国外服装巨头登陆国内市场的不断冲击下，国内服装企业面临极大的生存挑战。

国内企业应打破传统观念，摒弃盲目扩张的思路。企业需要不断提高现代化建设，促进企业的信息化管理，加强与供应商以及经销商的合作关系，提高信息的共享能力，最大限度地监测产品在供应链上的流动情况，根据实际需求不断优化库存管理。国内企业需在拥有生产能力优势的基础之上，依据自身情况，寻找新的发展道路，学习并探索符合自身的供应链管理模式，只有不断创新，才能在未来挑战中不断胜出。

第九章 ZARA供应链管理研究

ZARA是西班牙Inditex旗下的国际品牌，由阿曼西奥·奥特加于1975年创立。在过去的40年里，ZARA品牌迅速成长，从一个不起眼的成衣店到现在的国际流行服饰的风向标，在全球范围内都有属于自己品牌的销售门店，ZARA创造了服装零售的神话。ZARA不仅是明星喜欢的时尚品牌，更是大众消费者追捧并且消费得起的品牌。在全世界范围内，ZARA拥有众多粉丝和忠诚顾客。因为ZARA的率先成功，ZARA的母公司Inditex更是快速扩张和拓展了旗下多个知名服装品牌，打造了一个由快速和时尚为主导的服饰帝国。ZARA的成功是毫无疑问的，然而倘若要概括ZARA的成功之道，或许有太多的影响因素，比如成功的IT营销以及物流优质的供应链管理。本章通过对服装行业背景的阐述，并以ZARA为案例研究其全程供应链管理，进而总结了ZARA得以实现极速供应链的成功之处，为中国的服装行业寻找可供学习的经验和启示。

一、服装行业背景分析

（一）服装行业现状

服装行业是世界最古老的行业之一，是一个传统又经久不衰的行业。随着人类社会的日益进步和人民生活水平的提高，物质文明和精神文明都有了跨越式的发展，服装行业也在发展的浪潮中不断前进和升级。经过多年发展，服装行业由古老的小规模式的单件手工作坊式生产制造逐步发展到现在的大批量规模型机械自动化生产；由“御寒、遮羞”的本质功能发展到现在的时尚化和个性化的潮流标志、身份的象征和品位的体现。

1. 国际化分工

服装业是比较典型的劳动密集型产业，高效率、低成本是纺织服装业发展持续追求的目标，随着经济全球化的发展，顺应世界产业结构调整的步伐，服装行业不断进行大规模的转移和升级，全球服装行业的生产中心不断向具有劳动力成本比较优势的国家转移。发达国家通过直接投资的方式将服装业的制造能力大量向亚洲“四小龙”（韩国、新加坡、中国香港、中国台湾），拉美的巴西、哥伦比亚以及南亚的印度、巴基斯坦等劳动力成本低并具有一定工业基础的国家和地区转移，使这些国家和地区的纺织服装业获得了较快发展，他们凭借廉价的劳动力和丰富的资源，在纺织品服装生产数量方面占据了统治地位，并迅速成为世界纺织品服装生产制造的主要力量。

目前，欧美发达国家的服装行业已转向高端产业，在研发和应用新型纺织品方面始终处于世界纺织服装工业发展的领先位置，欧美的服装企业一方面以先进的工业技术为支撑，将大量高水平生产技术、设备应用于生产，减轻对日益增长的劳动力成本的压力，凭借着技术的优势在高档产品方面占据优势地位；另一方面以研发为先，主导着整个国际服装的发展趋势，并将环保、特殊功能的面料广泛应用于服装生产，增加服装的附加值。

2. 女装占主导

在全球经济快速发展的推动下，人们的生活水平和消费水平日益提高，随着全球服装贸易格局的逐步成型和持续发展壮大，服装行业消费中心与生产中心的分离使全球服装贸易迅速增长。尤其是近几年来，随着欧洲和北美市场的全面开放，全球服装零售总额持续稳步增长，根据国际咨询机构 Datamonitor 对全球服装零售市场的统计，2005 年全球服装零售总额为 9138 亿美元，2008 年达到 10117 亿美元，由于受金融危机影响，2008 年增速有所放缓，但仍保持增长态势，到 2009 年达到了 10315 亿美元，2005—2009 年年复合增长率达到了 3.1%。随着服装行业的持续发展，女性消费观念和消费行为的转变，女性的爱美、追求名牌、追求个性化以及从众心理越来越明显，女性服装体现出了设计新颖、技术含量高、时效性强、批量小、周期短、简洁时尚、变化快等显著特点，随着女装市场的快速发展，女装在国际市场上的地位不断上升，逐渐占据了服装零售行业的霸主地位。

近年来，无论是从消费数量还是发展程度上看，女装在整个服装行业中的突出地位越来越明显，女装行业的发展程度已俨然成为一个国家或地区的时尚度与服装行业发展成熟度的最显著标志。2005 年以来，随着服装行业的稳步发展，女装消费也持续稳步增长，零售总额在整个服装零售业中占比始终保持在 53%以上，占据服装零售总额的一半以上，到 2009 年，全球女装零售总额达到 5533 亿美元，男装零售总额达到 3522 亿美元，童装零售总额达到 1260 亿美元。

（二）服装行业进出口情况

随着经济全球化的发展，全球服装行业进出口市场主要分布在欧盟、美洲和亚洲等主要国家和地区，随着服装行业国际化的分工格局和产业的逐步转移，亚洲国家凭借廉价的劳动力和丰富的资源，在纺织品服装生产数量方面占统治地位，而欧美发达国家凭借着技术的优势在高档产品方面占有优势。

（三）服装行业盈利模式

盈利模式是服装企业通过对价值链核心竞争力的组合，确立其在服装产业价值链中的角色与位置，从而分割相应市场，获取期望利润的战略。从服装行业的发展过程来看，服装行业的盈利模式有以下三种基本的形式。

1. 生产盈利模式

这是一种以生产为中心的盈利模式。以国内市场为主，服装生产商为服装产业价值链的主体，经历了大量生产、质量保证、多品种生产三个过程。

2. 贸易盈利模式

这是一种以贸易为中心的盈利模式，以国际市场为主，服装贸易商为服装产业价值链的主体。服装生产商主要是贴牌加工。

3. 品牌盈利模式

这是一种以营销业务为核心的商业专业化模式。品牌商没有生产能力，以其商标产品开发为核心，发展大批零售加盟店，树立品牌在公众心目中的有效形象，形成一个销售网络，以此形成对生产商的整合能力。

（四）服装行业发展趋势

1. 零售市场总量保持增长

随着全球服装行业的快速发展和欧美等服装配额体制的废除，全球服装行业进入后配额时代，全球服装市场格局发生变化。收入不断增长的东南亚市场以及发展中国家中高收入群体等，成为新的前景成长市场。同时随着全球经济的全面复苏，在后金融危机时代和后配额时代的双重机遇下，全球服装零售行业将会迎来一个快速发展的时段，根据国外研究机构 Datamonitor 对全球服装零售市场的预计，在未来几年，全球服装零售市场将保持旺盛的需求，到 2012 年全球服装零售总额将超过 11000 亿美元，同比 2011 年增长率将达到 2.6%；2012 年以后全球服装零售市场的需求增长速度将有所放缓，但在 2015 年以前都将保持 2%以上的增长速度，到 2015 年预计可以达到 12628 亿美元。

2. 业务模块全球化分工

在日趋激烈的国际竞争环境下，纺织服装业的“外包”已经不再局限于传统意义上的“代工”和“贴牌生产”（OEM），国际品牌服装企业将外包业务的范围从成品加工逐步扩展到了纺织原料的研发、产品款式开发设计、产品供应链管理、产品展示和营销等更多领域。一方面，服装业出现了越来越多从事研发、设计、展示、营销的专门公司，这些公司凭借其突出的核心能力掌控着行业的战略资源；另一方面，随着发展中国家纺织服装企业生产规模的扩大及其设计能力和产品质量的改进，其中一些企业已经不再被动地接受发达国家大跨国公司的资产转移，而是更广泛地参与跨国公司的全球生产体系，其作为合同制造商在行业分工体系中的地位有所提高。外包的发展使纺织服装业国际产业转移的方式更趋多样化，在这种方式下，纺织服装企业可以结成多种有效的分工和战略合作关系。

纺织服装业是较典型的劳动密集型产业，高效率、低成本是纺织服装业发展持续追求的目标。在技术革命的推动下，全球纺织服装产业结构调整的步伐加快，生产组织方式不断变革，使得国际服装品牌厂商更加注重将服装生产的业务模块进行全球化的分工。

3. 快速时尚引领服装零售业

在数字消费时代，特别是后经济危机时代，快速时尚消费也日渐成为这个时代的表征，以“快速、时尚、平价、少量、多款”为主要特征的快速时尚服装迅速兴起，带动全球的时尚消费潮流，他们跳出了产品和产业的局限，以品牌和创新为武器，以最具创意的人才、最有料的供应商、最有创新的生产商以及最有活力的制度，给市场奉献最独特的时尚，向消费者传递时尚的生活方式。

快速时尚这种平价却不失品位和时尚的消费模式迎合了消费者对快速时尚的追求，因为这些快速时尚服饰产品始终追随国际流行潮流，新品到店的速度极快，橱窗陈列的变换频率更是一周两次，不需要太多的钱就可以享受到奢侈品品牌的时尚体验。快速时尚产品除特别注重品质保障外，在面料和工艺方面皆有创新，形成了其品牌的独特魅力，满足了消费者追逐时尚、紧贴流行潮流又平价的时尚欲望。

目前，欧洲最成功的三大服装零售品牌企业瑞典 H&M、德国 C&A 和西班牙 Inditex（旗下最著名的 ZARA），以及全球前五大服装零售企业中心中的美国 GAP 和日本 Uniqlo，均以快速时尚服装为主。

表 9－1　快速时尚服装品牌特点

定位	喜欢时尚的所有消费者
	产品线广泛，涵盖男装、女装、童装等
平价	在劳动力较便宜的地区采取外包生产方式
	采用价格合适的面料，保证产品高质平价
	更少的中间商，大批量采购形成规模效益
时尚	由设计师、买手、制版师构成的国际化团队
	大牌设计师、艺术家亲自设计
质量	严格的质量检验体系
营销打造强势品牌	大牌设计师客座，平民价格买到设计大师级的衣服
	明星代言，紧跟时尚，定期举行服装发布会
	有吸引力的橱窗展示，合理的店铺陈列
强大的供应链管理能力	以 IT 为基础，采取海陆空结合的运输方式
	能够将数百万产品及时、准确运送到对口的店铺
	消费者总能在店铺中发现新的、有吸引力的产品

4. 电子商务打开服装行业销路

随着信息化步伐的加快，由信息技术、商务技术和管理技术相结合而诞生的现代生产力——电子商务正处在空前的发展时期，并以其强大的生命力推动着部门经济、区域经济、国民经济和世界经济的快速发展。电子商务在整个供需链与贸易链过程中，从原材料采购供应到对消费者服务都进行双向的信息交换、传递和应用集成，并以高效快捷的信息交流与直接应用完成全部商务活动。

在全球范围内，各国经济力的竞争中，电子商务的发展成为一个重要的竞争环节，在竞争激烈的经济时代，降低成本是企业提高竞争力的重要手段，电子商务可以降低功效成本，开拓新的市场，创造新的商机，从而增加企业利润，因此开展电子商务，是企业生存发展的需要，随着计算机技术的飞速发展、因特网的普及应用，以及相关技术的创新，企业开展电子商务成为了流行。

随着电子商务正成为我国跨国贸易的重要工具，电子商务正由企业应用（B2B）延伸到个人应用（B2C），逐步占据了更多群体消费习惯的中心，网络购物、网络营销等电子

商务行为正受到人们越来越多的关注。电子商务营销已经是我国服装营销中不可或缺的一部分，并且随着网络技术和相关配套技术的日趋成熟，电子商务销售将会发挥更大的作用。

(五) 服装业的供应链特点

服装是一种快销产品，从其产品的特性可以看出服装业供应链具有以下几个特点。

(1) 服装行业供应链季节性强，要求企业对过程生产具有极强的把控能力。而传统服装企业的库存周转率较低，从接单到交付客户订单时间流程耗时很多。

(2) 服装行业供应链库存管理尤为重要。服装的品种较多、批量一般较少，时效性较强。因此，库存管理在供应链中的地位尤为重要，库存过少必然制约销量；库存过多，必然造成资金占压过大，过季后折扣出售大幅降低经营利润。

(3) 大众化服装生产中，原材料占成本比重较大。同时，服装产品的多样化使企业对原材料需求难以准确预测，如何有效管理原材料，增加原材料的通用性是服装企业的重中之重。

从供应链的功能性角度看，传统服装企业是一种典型的有效性供应链，即以最低的成本将原材料转化成半成品、产品，随着人们生活水平的不断提高，客户对服装的需求不再是遮体保暖的基础功能，而是更加追求时尚与个性。因此，涌现出一批以创新性供应链与反应性供应链相结合的服装企业，如ZARA、H&M、优衣库等，这些品牌依托全新的供应链模式给服装业带来了一次巨大变革，这些企业通过时尚来引导消费者，并且能够根据市场的需求，迅速调整产能来追求利润的最大化。

二、案例背景分析——ZARA

1975年，学徒出身的阿曼西奥·奥尔特加在西班牙西北部的偏远市镇开设了一个叫ZARA的小服装店。而今，昔日名不见经传的ZARA已经成长为全球时尚服饰的领先品牌，在全球86个国家拥有1808家专卖店。2012年8月8日，根据彭博亿万富翁指数显示，随着印第迪克股价上涨3.8%，收于创纪录高点，76岁的奥特加的财富也增长了16亿美元，达到466亿美元，使这位服装连锁店ZARA所有者的身家超越了伯克希尔公司董事长巴菲特，成为全球排名第三的富豪。ZARA品牌笼罩着太多的光环，但绝非徒有虚名，其背后的财务数字则是最佳的注解。

(一) ZARA的发展历程 (见表9-2)

表9-2 ZARA的发展历程

1975年	在西班牙拉科鲁尼亚市开设第一家零售门店，以销售积压货物	使集团创始人意识到生产和市场"联姻"的重要性
1976—1984年	在西班牙各大城市开设ZARA分店	使得ZARA的时尚概念得到广泛的肯定
1985年	确立Inditex为集团的母品牌	为日后集团的发展奠定了基调，树立了灵魂

续 表

1986—1987 年	整个集团致力于 ZARA 连锁店的发展	为建设能够满足高速成长的供应链奠定了基础
1988 年	在葡萄牙波尔图市开设第一家海外门店	迈出了集团海外扩张的第一步
1989 年	在美国纽约开设第一家门店，打入美国市场	得到了两大对时尚有着苛刻要求的服装市场，使得 ZARA 的时尚理念在世界得到进一步的推广
1991 年	创立 PULL&BEAR 连锁品牌，并买入 Massimo Dutti 集团 65%的股份	创立 Pull&Bear 连锁品牌，并买入 Massimo Dutti 集团 65%的股份
1992—1994 年	先后在希腊、比利时、瑞典开店	涉足欧洲较远市场
1998 年	推出品牌 Bershka，向 14～24 岁的年轻女性提供非常便宜但又绝对时尚的服装，并以门店形式打入其他一些国家	集团壮大海外门店扩张，STRADIVARIUS 成为集团的第五个连锁品牌
2002 年	开始修建 ZARA 位于 Zaragoza 新的物流中心	进一步增强自身的物流配送能力，协调较远市场的快速反应机制
2004 年	Inditex 在中国香港开设集团的第 2000 家门店，同年，集团在摩洛哥、爱沙尼亚、拉脱维亚、罗马尼亚、匈牙利、立陶宛和巴拿马首次开设门店	至此，集团的销售门店已经遍布欧洲、美洲、亚洲、非洲的 56 个国家
2005 年	Inditex 集团在摩纳哥、印尼、泰国、菲律宾和哥斯达黎加首次开设门店	至此，Inditex 已在全球拥有 2893 家门店，其中 ZARA 门店 917 家，遍布世界 50 多个国家和地区
2006 年	集团在塞尔维亚、中国大陆和突尼斯开设门店	
2013 年	2013 年 9 月 12 日，ZARA 的六大姊妹品牌 Oysho、Bershka、Stradivarius、Pull & Bear、Zara Home、Massimo Dutti 登陆杭州西溪印象城一层	集团更加重视中国市场，加快了在中国的品牌布局

(二) ZARA 的组织机构 (见图 9-1)

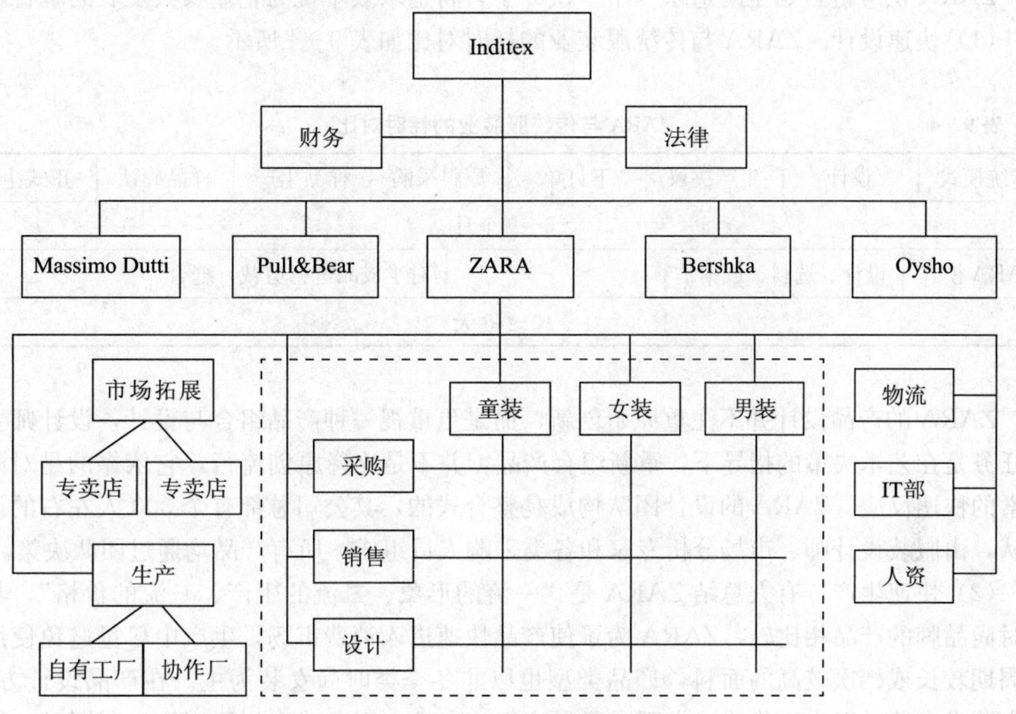

图 9-1 ZARA 的组织结构

(三) ZARA 的市场细分 (见表 9-3)

表 9-3 ZARA 的市场细分

地理细分	ZARA 的独立专卖店一般选择商厦的临街底商位置，大面积的建筑外壁面设计形成鲜明的品牌形象，巨大的店铺外观形成天然的广告牌
人口细分	ZARA 目标客户群定位在 20～35 岁的消费者，这一年龄段的消费者时尚敏感度高，但尚不具备购买顶级服饰品牌的能力
心理细分	ZARA 以其"多款式、小批量"，满足了大量个性化的需求，培养了一大批忠实的追随者；款式更新更快增加了新鲜感，吸引消费者不断重复光顾
行为细分	ZARA 可以说是时尚服饰业界的一个另类，在传统的顶级服饰品牌和大众服饰中间独辟蹊径开创了快速时尚（Fast Fashion）模式，俨然成为时尚界的先锋

(四) ZARA 的营销战略

全球唯一一个能在 15 天内，将生产好的服装配送到全球 80 多个国家的 1808 家连锁店的时装品牌。

1. 快速战略

ZARA 供应链自始至终追求一个“快”字，将追求效率视为企业长久发展的基石。

（1）快速设计。ZARA 与传统服装业的耗时对比如表 9－4 所示。

表 9－4　　ZARA 与传统服装业的耗时对比

传统模式	设计	生产决议	下订单	原料采购	样品生产	样品确认	正式生产
6～9 个月							
ZARA 模式	设计、选料、成本估算			对半成品进行剪裁，缝合			
10～15 天							

ZARA 的产品设计并不注重原始创新，而是更重视一种产品组合与设计，设计师主要的任务是在艺术决策的指导下，重新组合产品，并不是诠释原创流行，它依靠的是对潮流元素的快速反应。ZARA 的设计团队构成是整合式的，其公司总部有个 300 人左右的设计团队，由服装设计师、市场分析专家和各类采购人员组成，所有产品均通过团队决策。

（2）快速生产。有人总结 ZARA 是“一流的形象、二流的生产、三流的价格”，与高档时尚品牌的产品相比较，ZARA 为了使产品快速进入消费市场，生产中尽量避免使用制作周期较长或档次较高的面料，产品类型也以非冬季类时尚女装为主。在产品设计方面，不去苛求细节，以生产优势追求现时段最流行的产品，不求“形似”，只求“神似”。概括来说，ZARA 将与“时尚”无关的细枝末节通通去掉，在保证产品质量的前提下最大限度地节省成本。

ZARA 的生产过程如表 9－5 所示。

表 9－5　　ZARA 的生产过程

面料选择	染整、剪裁	针缝、整烫	贴标价牌	打包入库
在设计过程中团队已经根据数据信息确定所需面料，缩减了等待面料时间；生产过程中只需要直接到仓库中领用面料	根据产品设计要求在高度自动化的剪裁设备上剪裁衣服的小装饰，在 ZARA 的仓库中是现成的，制成样品只需要很少的时间	裁剪好的布料被运送到 400 多家小型工厂进行缝合，快速地缝好衣服并不断送到 ZARA 工厂	完工后的成衣被贴上标签装进塑料袋，标签上已经打上不同地区不同货币情况的价格，便于产品到达专卖店后可以直接上架出售	包装好的产品自动转移到与工厂相连的 2 个物流中心，这里就是 ZARA 的仓库，缩减了库存周转的时间

（3）快速更新。通过产品组织与设计、采购与生产、产品配送环节的快速、有效运转，ZARA 虽然不是时尚的第一倡导者，却是以最快的速度把“潜能”变成现实的行动者。有人称“ZARA 是一个怪物，是设计师的噩梦”，因为 ZARA 的模仿无疑会使他们的

创造性大大贬值。大多数服装零售商的这个周期却达到了6～9个月甚至更长，所以他们都不得不努力去预测几个月后会流行什么、销量会有多大，而一般提前期越长，预测误差越大，最后结果往往是滞销的商品剩下一大堆，畅销的又补不上，只能眼看着大好的销售机会流逝。

（4）快速销售。ZARA具有极快的新品推出速度。ZARA每年推出12000多种设计款式，每一种款式在同一家店面的数量很有限；而且每款设计在旗舰店的摆放时间不超过3周。这种人为造成的“稀缺”能给消费者造成两种印象：一种是这个店的服装销售得很快；另一种是店面的服装总是新的。一家店面的数量很有限，并始终保持着只补货一次的策略，最终造成每款设计在店中的时间通常不超过三周。

这种人为造成的稀缺给消费者带来极强的心理暗示：店面的服装销售速度非常快，错过了就没有机会了，其实很多消费者在ZARA都有错过自己钟爱款式的经历，而这也正是ZARA的用意所在，在心理学的层面上，所有人都会放大心中已经确定的印象，也就是说，当消费者错过了一款他们想买而未及时买的款式，自然而然地会美化这一款式在心中的印象，使得当再遇到相似情况时会毫不犹豫地购买，甚至失去理智。

2. 时尚营销

ZARA总部有一个300人的商业团队，是由设计专家、市场分析专家和采购人员组成的“三位一体”的商业团队。他们随时穿梭于巴黎、米兰、伦敦、纽约等时尚中心，追踪最新的流行趋势并寻找灵感，并以最快的速度推出仿真款式以满足市场。

ZARA有专人收集时装展示会、交易会、咖啡馆、餐厅、酒吧、舞厅、街头艺人、大街上的行人、时尚杂志、影视明星、大学校园等地方和场所，以及各类人群展示的流行元素和服装细节。正是有如此之多的资源整合，ZARA完全理解了消费者的购买目的，即立即拥有“流行的”服装，对消费者来说，“流行”就是影视杂志上看到的服装和明星们在影视剧里穿的衣服。

3. 平价营销

ZARA的理念是用最低的价格买到最潮流的时装，这也是其能够抓住年轻人的需求并迅速扩张的原因。ZARA与其他品牌价格对比如表9-6所示。

表9-6　　ZARA与其他品牌价格对比　　单位：元

	ZARA	PRADA	ARMANI	D&G
女装外套	800	10000	12000	5000
女裤	350	4500	3000	1600
T恤	100	2000	1200	1200

单纯从ZARA的价位来看，其产品价格并非绝对低廉，但因为其款式取自一线高端品牌，与拥有同等设计水平的品牌相比，我们以PRADA，ARMANI和D&G三个高端服装品牌为参照，可看出它的价格大概只相当于对方的10%～20%，是相对便宜的。

(五) ZARA 的运营策略

1. 差异化市场定位策略

ZARA 品牌定位能成功区隔市场，其关键在于能贴近消费者需求以及充分整合区域资源。ZARA 是“中低价位却拥有中高级质量”的国际性流行服饰品牌，以中高层消费者为主要客户族群，让低价服装也可以像高价服装一样入时好看，以满足消费者追求流行不需要花大钱的心理需求。

2. 全球运筹营运策略

ZARA 运用西班牙、葡萄牙廉价的生产资源以及邻近欧洲的地缘优势，大幅降低产品制造与运输成本、提升货品上架时效，熟练的 JIT 策略，是其能提供消费者所喜爱的物美价廉的产品的关键原因。

3. 创新营销策略

ZARA 以“欧洲制造”为主要营销策略，成功切入消费者内心对“欧洲制造”等同于高级流行服饰品牌的意向，其以市场需求驱动的营销策略是成功打入市场的关键因素之一。

三、ZARA 全程供应链分析

(一) 全程供应链的特点——快速响应

ZARA 的全程供应链是指所有环节围绕目标客户运转、整个过程不断循环往复。ZARA 的经营理念关注完整的产业链，从价值链角度来说，ZARA 注重协同合作、实现共赢，在每个价值增值的环节上下工夫；从供应链角度来说，ZARA 力争实现供应链管理的最高目标：系统成本最低化，即用最短的时间提供顾客所需的产品和服务。对供应链上下游资源的掌控是 ZARA 实现快速响应的核心能力。ZARA 公司采取“快速、少量、多款”的品牌管理模式，在保持与时尚同步的同时，通过组合开发产品新款式，快速推出新产品，而且人为地造成“缺货”，以实现快速设计、快速生产、快速配送、快速销售、快速更新，实现专卖店商品每周更新两次的目标。

ZARA 创始人曾说过：“做时装就像是贩鱼，一件剪裁时髦、颜色新潮的夹克像一条新鲜的鱼，卖得快，价格不菲，而前一天的鱼只能打折出售，并且无人问津。”服装零售行业是个高度时尚、快速更新的行业，顾客对时尚的追求不断变化，意味着服装企业必须能够快速把时尚概念转换为现实的产品服务，并能够在竞争对手之前快速向市场推出，满足顾客的需求、确保企业能够盈利。在 ZARA 全程供应链的每一个节点上都会有成本产生，因此每个节点所发生的成本因子都需要考虑在内。正是由于 ZARA 独特的全程供应链，大大缩短了从服装设计到成衣摆在柜台上出售的时间，才使得 ZARA 迅速占领市场，获得竞争优势。

ZARA 运营图如图 9-2 所示。

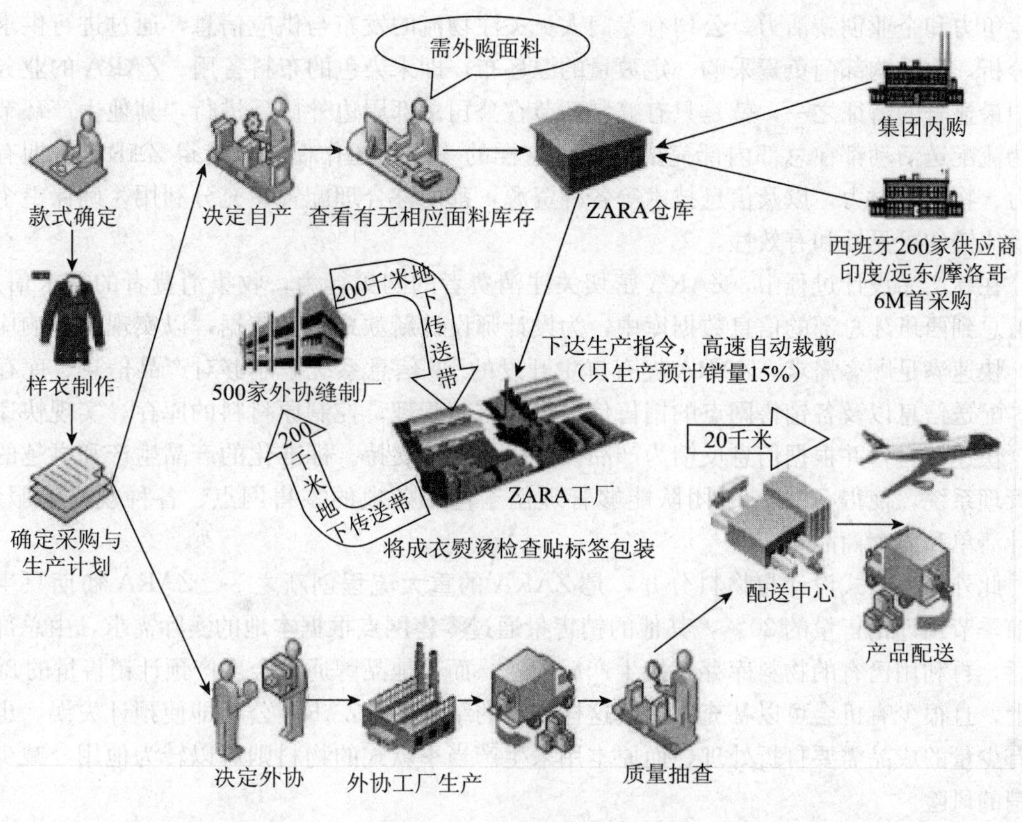

图9－2　ZARA运营图

（二）全程供应链的四个阶段

1. 产品创新与设计

（1）快速反应的跨部门设计团队。ZARA公司总部有一个庞大的时尚资讯搜集团队和一个由设计师、市场专家和采购专家组成的“三位一体”设计团队。ZARA的门店经理直接与顾客进行交流，收集第一手资料，将其快速反馈到总部的数据库中，为设计师提供参考素材。同时，ZARA在全球各地都有极富时尚嗅觉的买手，他们购买当地各种高档品牌或主要竞争对手的当季流行产品，并把样品迅速集中返回总部做“逆向工程”。此外，ZARA全球各专卖店通过信息系统返回销售和库存信息，以便总部分析畅销、滞销产品特征，供完善或设计新款服装时参考。另外，各门店可以把销售过程中顾客的反馈意见，甚至是来光顾ZARA商店的顾客们身上穿的可模仿的元素等各种信息反馈给ZARA总部。ZARA的设计师每天穿梭于米兰、巴黎等各大时装秀场，观察最前沿的设计理念与设计元素，并初步绘出草图。设计师与采购专家和市场专家一起探讨生产成本及产量等方面的问题，并确定最终的方案。正是由于这样“三位一体”的团队设计方式，ZARA大大缩短了产品的前导时间，同时也能够以低价满足顾客的需求。

（2）产品设计流程创新。ZARA的业务特征之一，就是在公司业务流程外不断搜寻流行物料和时尚资讯，为公司源源不断地提供最新的时尚资讯和最前沿的时尚因素，保持持久竞争力和企业创新活力。公司有专门人员关注物流的发布与供应信息，通过进行供求数据分析，由采购部门负责采购一定数量的原坯布，即未染色的布料备用。ZARA 的业务流程中最显著的特征之一，就是只有缝制环节在公司总部周边外协厂进行，其他生产环节以及物流配送活动都在总部内部完成。通过这样的一体化运作模式，使得 ZARA 所拥有的人力、物力、财力，以及信息技术等各种资源，都能够合理配置、充分利用，确保整个集成供应链的可见性和有效性。

在新产品设计过程中，ZARA 密切关注消费者的购买行为，收集消费者的需求信息，并汇总到西班牙总部的信息数据库中，为设计师设计新款式提供依据，以实现快速响应市场，快速满足顾客需求。ZARA 拥有自主开发的 IT 信息系统，能够对产品信息、库存信息、配送信息以及各销售网点的销售信息进行有效管理，控制原材料的库存，实现快速配送、快速销售，并根据信息反馈为产品设计提供决策支持。标准化的产品生产和卓越的信息管理系统，使得 ZARA 的团队能够管理位于世界各地的零售网点、各种规格的服装、设计清单和库存商品等。

此外，把款式设计与物料分开，是 ZARA 的重大流程创新之一。ZARA 初期只生产当前季节预计销售量的 20%，其他的销售量通过零售网点根据本地的实际需求，由总部汇总后，再利用已有的物料库存直接生产后配送。而其他品牌通常会生产预计销售量的 80% 以上，且很少有机会可以补充货源。这样导致的结果是，ZARA 公司即使预计失误，也只会有少量的成品需要打折处理，而原本用来生产当季款式的物料则可以转为他用，减少了滞销的风险。

ZARA 的另一创新点则是由零售网点根据不同地区的需求量，直接向总部下采购订单，每星期一次。这样简单有效的物料供应，降低了库存风险，提高了产品周转速率，根据需求迅速抢占市场。

ZARA 的设计流程如图 9－3 所示。

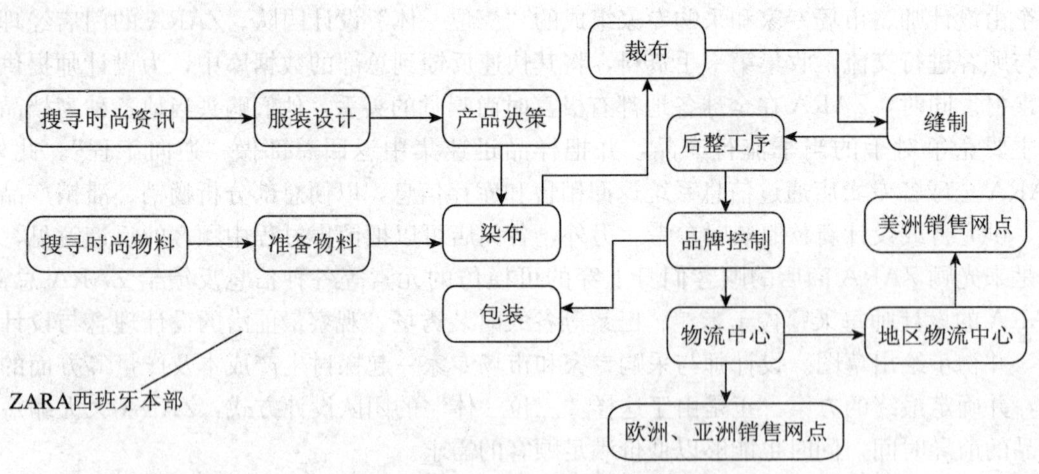

图 9－3　ZARA 的设计流程

2. 全球采购与延时策略

ZARA 主要依靠母公司 Inditex 旗下的服装生产、采购及布料处理部门提供支持。Inditex 从西班牙、远东、印度和摩洛哥买来原坯布。ZARA 从 Inditex 公司购买染料和 40%的布料，其余的原材料均由自己的工厂加工生产，或者来源于公司附近 260 多家供应商供应，但是每家供应商的份额最多不超过 4%。

购买原坯布不仅可以迅速应对市场花色变化的潮流，还可以有效降低原材料的库存管理成本，并预防缺货的风险。通过保持对染色和加工领域的控制，使 ZARA 具有按照需求来生产的能力，能为新的款式提供所需的布料。此外，ZARA 通过延时策略来获取更多的灵活性。采用延时策略使 ZARA 在不增加库存成本的情况下为顾客提供各种款式与颜色的时装。

对于库存的管理，ZARA 利用其先进的电子信息系统进行实时管理，确保存货不超过下季度出货量的 20%。ZARA 依靠精准的市场预测以及快速的产品响应能力，不仅降低了全程供应链的成本，而且大大提高了其核心竞争力。

3. 物流配送网络

为加速物流周转，ZARA 总部还设有双车道高速公路直通配送中心。产品包装检查完毕后，将通过长约 20km 的地下传送带运送到配送中心。ZARA 没有采取耗时较多且易出错的人工分拣的方法，而是借用激光条码读取工具（出错率不到 0.5%），以确保每一笔订单都能准时准确地到达目的地。其分拣系统每小时能挑选并分拣超过 80000 件衣服，分布在世界各国的每个专卖店的订单都会被独立地放在对应的箱子里。产成的服装每周至少配送 2 次，包括分拣、打包、装运、区域配送等各物流环节。

根据各地区的订单将产品分类，物流中心装备最先进的系统，使得任何一批货品在 8 小时之内一定被分运上路，每小时的配送能力是 8 万件，1200 名工人每周工作 4 天，每天工作的班次多少则依据货品的数量来安排，除了总部和马德里的 2 个配送中心，ZARA 还在巴西、阿根廷和墨西哥拥有 3 个相对较小的配送中心，来应对南半球和欧洲的季节和遥远的距离。西班牙本土较远的连锁店主要是靠空运，货物从配送中心 24 小时运到欧洲，48 小时之内到达美国，48～72 小时空运到日本大阪，第二天由承包方送到专卖店。Inditex 特别强调速度的重要性，该公司的一位高级经理说："对于我们来说，距离不是用千米来衡量的，而是用时间来衡量的。"

在产品配送阶段，ZARA 与大多数服装企业不同的是：ZARA 更强调的是速度，甚至不惜代价地与时间赛跑，因为失去时间的概念也就没有了前沿时尚的概念，失去了快速反应市场的能力，而其他服装企业更注重的是成本和利润。其配送中心在快速、高效地运转，实质只是一个服装临时周转中心，其主要功能是负责周转而并不储存货物，而国内众多服装企业的配送中心是面积越建越大，而且仓库成品堆积如山。同时，ZARA 的各专卖店基本上采用从配送中心通过卡车直接配送的模式，在这方面，国内大多数服装企业都是当地设分公司建仓库，从而也在各级中间环节积压了大量库存。ZARA 高频、快速、少量、多款的补货策略也保证了专卖店的新式服装的快速供应，保证了库存周转，减少了库存积压的风险。

ZARA 的配送时间如图 9-4 所示。

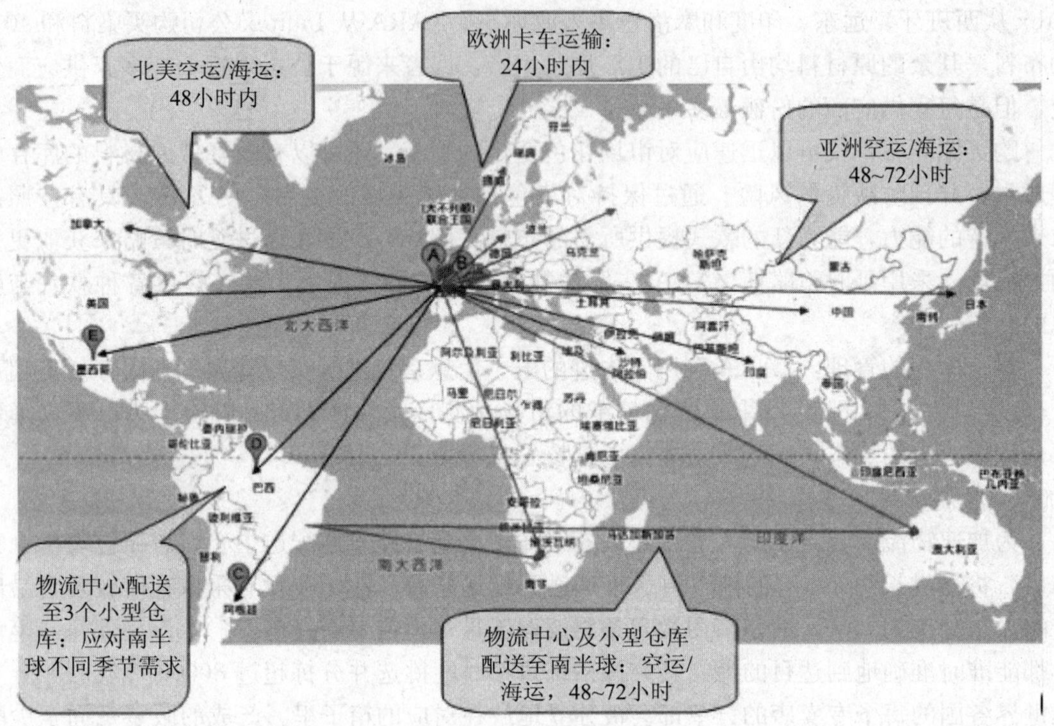

图 9-4 ZARA 的配送时间

4. 产品销售和信息反馈

ZARA 总部拥有一整套完整的计划、采购、库存、生产、配送、营销和客户关系管理平台，遍布全球的营销网点可以通过终端与总部保持实时紧密的联系，及时做出市场反馈，以便总部了解销售动态，做出相应调整。

通过前面三个阶段，即产品创新与设计、采购与生产、物流配送的快速高效运转，确保 ZARA 各专卖店每周都有新品上市。最重要的是，此时的时尚杂志还在报道当季最新服饰潮流，追随时尚的消费者们对时尚概念把握还处于模糊阶段，服装行业的竞争对手还在为最新时尚资讯和最时尚服装款式一筹莫展，ZARA 就已经把迎合时尚潮流的新款服装陈列在自己的专卖店里进行销售。

ZARA 是如何为其终端销售的顺利展开做铺垫的呢？这就要取决于其前向一体化的销售模式，以及支撑其供应链的精确的 IT 系统。为了让消费者赶上最新流行的脚步，商品上下架的替换率非常快。每周两次的补货上架，每隔 3 周，其服装店内所有商品一定要全部换新。

ZARA 的各专卖店每天把销售信息发回总部，并且根据当前库存和近 2 周内销售预期，每周向总部发两次补货订单。订单必须在规定时间前下达：西班牙、欧洲南部其他专卖店通常是每周三 15：00 之前和每周六 18：00 之前，其他地区是每周二 15：00 之前和

周五18：00之前，这是由于其他地区运输距离远，提前下订单则可和西班牙当地的订单加起来集中生产，可一定程度上加大生产批量、减少生产转换时间、降低成本。同时，销售店铺对每位店长进行业绩考核，考核重点是预测准确率、库存周转率、人均销售和增长率，而国内众多服装企业基本只考核销售额。

四、企业供应链管理的成功之处

ZARA在流行趋势上的核心竞争力在于它的"先知先觉"，通过模仿时装展以及其他奢侈品牌的时尚因素，以更低廉的价格、更快捷的速度推出市场，经营管理以掌控上下游供应链为目标，真正实现供应链管理的核心目标：系统成本最低化。其成功与创新的模式成为业界标杆，堪称"时装行业中的戴尔"，被认为是欧洲最具研究价值的品牌，秘诀就是敢于打破服装零售业态局限。在快速时尚的理念引导下，形成了快速响应的供应链管理模式。

（一）垂直一体化的生产优势

ZARA供应链活动很大一部分都是在西班牙自有工厂完成的，包括产品设计、50%的产品生产、物流管理等。ZARA的供应链管理非常注重对时间的把握。ZARA通过缩短新产品的投产时间来降低投产成本；提高产品质量以降低质量成本；提高供应链产出和生产率以降低劳动力设备成本；通过增加供应链系统柔性，以降低市场风险，降低产品多样化成本；通过缩短前置时间降低整个供应链系统的库存。

ZARA独一无二的生产模式为其提供了4个重要的优势。第一，拥有自有工厂，ZARA能够更加灵活敏捷地对市场需求变化做出响应。在不和外包商进行沟通的情况下，ZARA可以根据销售信息反馈，调节某些特殊物品的产能，以此来提高整个供应链的柔性。第二，通过增强对供应链不同节点的计划和决策的控制权，ZARA改善了整条供应链的效率。第三，ZARA有自主研发的IT系统，基于此ZARA能够更加高效地进行沟通与信息共享，在整条供应链上与上下游供应商完美协作。第四，供应链上所有节点，特别是生产、配送阶段，不论是公司内部，还是其合作商都能够朝着共同的目标努力，即缩短前导时间，快速满足消费需求，为顾客提供低价产品。

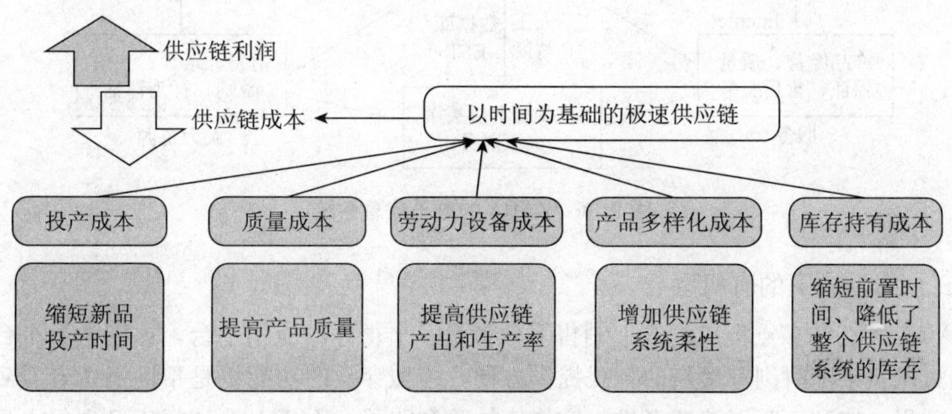

图9-5 ZARA的极速供应链基本要素

（二）高效的电子信息系统

ZARA 在电子信息技术上的运用也是将效益和产能最大化的最强力的武器。由于信息系统是 ZARA 自主研发的，根据企业实际情况，契合企业要求，定制化较高，各功能模块也日趋完善。一个成功的信息系统不是得益于其功能的多样性或者技术的先进性，而是在于其功能的拟合性，即其功能能否实现关键数据的提取、记录、分析与挖掘。ZARA 有着独特的 JIT（Just In Time）信息平台，能够将实际销量情况与生产能力相结合，避免许多由于信息回流慢而造成的供求误差。信息系统发挥的关键作用在 ZARA 企业体现得淋漓尽致，企业各个层面、各个业务活动，都离不开信息系统的控制与支持。从产品设计、产品生产到物流配送，以及销售、人力资源、产品售后服务和供应链设计，都是以供应链管理信息系统为基础而展开的。

同时，ZARA 的门店管理与信息平台的一体化让门店管理不再成为企业管理的一大难点。而我国的服饰企业在这方面还很欠缺，不仅缺乏服务平台和电子交易手段，而且缺乏市场响应机制。因为没有统一、规范的信息服务平台和安全、可靠的电子交易平台，没有建立对用户不确定性需求的跟踪管理系统，就不能及时对顾客需求做出响应，顾客满意度下降，企业顾客丢失，形象受损，供应链中的所有成员不能协调一致，信息得不到共享和快速传递。因此，在这方面也需要学习 ZARA 的现今技术。

ZARA 的电子信息系统如图 9-6 所示。

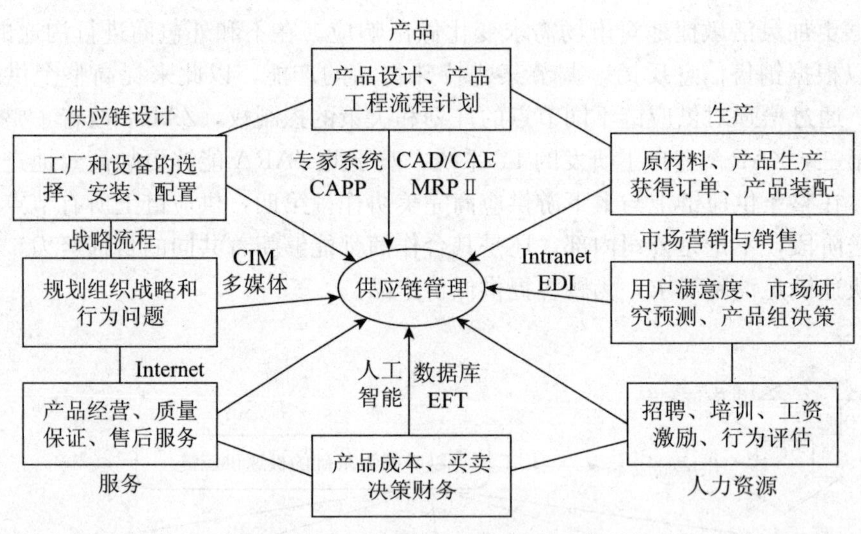

图 9-6　ZARA 的电子信息系统

（三）线上线下的有机融合

ZARA 拥有的多点集成的线上销售平台就是一个很好的应用平台，这种电子平台为消费者通过网页来随时浏览最新的款式提供方便，模拟穿戴的功能更是帮助消费者看到了衣服上身效果，有利于吸引消费者进入实体店体验和购买。ZARA 全球门店经理每人配备有

一台手持终端，通过手持终端可以直接与西班牙总部进行信息沟通，沟通的内容主要包括顾客需求信息和订单信息等。

ZARA的IT系统的应用极大地缩短了产品的前导时间，实现了服装行业多批次、小批量的物流配送，突破了规模经济的束缚。ZARA在完成线上与线下有机融合时，需要重新设计合理的进货机制，实现有效的库存管理。因为在服装行业中，各销售网点的订单量是根据下游的市场需求决定的，以此作为分区域配送的依据。有限的店面数量使得进货成本具有局限性，虽然减少货物的库存数量可以大幅控制库存成本，但当遇到需求突然增多时，就没有办法及时应对，并且这种方式也可能带来顾客流失风险，门店无法满足顾客的需求，造成潜在损失。ZARA需要把握好“适度”原则的同时，通过一定的营销手段，促进销售增长。在电商模式推行后，进货机制需要考虑集中销售的特点，满足客户总体的需求，将库存数量维持在恒定水平。ZARA的线上库存可以集聚不同种类的衣服，极大增强了库存的利用率，提高了仓储效率。

（四）协同的供应链管理模式

随着全球经济一体化、世界分工合作的发展，跨国公司可以更加自由地在国外开展业务活动，ZARA在全球各地建立了分支机构，保证了跨国供应链的协同运作。对于服装面料等一些中小型的原材料供给企业，ZARA进行了积极的渠道扩张，保证了原材料的供给，同时在稳定的供应商合作关系的基础上，有利于降低供应链成本。ZARA作为供应链的领导核心，其实际运作离不开各物料供应商的参与和配合，也离不开渠道商的推广。因此，在供应链的实际运作过程中，ZARA要注意各利益相关者之间的利益分配，制订供应链伙伴间权益共享方案来实现利益均衡，从而稳定快速发展。

ZARA在跨国运作过程中，将利益博弈协调作为关键控制点。利益协调的有效性受到企业组织结构的影响。ZARA采用总部管理的组织结构，其经营的业务额度由总部直接管理，会对下游供应商给予一定程度的约束，这种控制方式有效地避免了利润的纷争。ZARA采用统一价格的方式，即线上的商品和实体店的商品价格保持统一。ZARA通过一致的店面设计，实现了实体店设计的标准化，加深消费者对ZARA的品牌形象。同时，通过直营店的方式，各门店可以充分调拨库存进行销售。这种销售方式也收到了应有的效果，通过2014年第一季度的销售显示，ZARA的互补订购模式满足了消费者的购物需求，这就会对其电子商务模式产生强大的推动作用。

（五）合理有效的店铺运营

除了生产，在整个供应链中，店铺的管理也是重要的环节。快速响应的实现需要良好的店铺运作，需要货物在各店铺合理流动，货物供应的适时跟进和销售终端的及时反馈。在ZARA的店铺里，店长和导购员都是拿着步话机与库房和内部人员随时联络。如此可以做到信息的及时传递，店面内部可以直接向库房请求调拨产品，减少信息传递时间，从而降低物流成本。更重要的是，ZARA的特别订单服务相当于国际调拨功能，当顾客看中某款衣服而门店缺货时，顾客可以向门店经理申请免费的特别订单服务。店员在手持终端发出订单，在总部不缺货的情况下，从订单开始“网上旅行”，直到货物送达门店，最快只用3天时间，便可以让消费者得到满意的服装。此外，顾客也可以去任何一家ZARA分店自行调换。ZARA在全世界有1800多家店，正是这些店铺的高效运作，成就了这个品牌。

五、ZARA极速供应链的问题分析

正如上文介绍，来自西班牙的Inditex公司以及其旗下主流品牌ZARA的供应链在服装行业领域的确具有得天独厚的优势，而且这些优势也是通过其公司对于市场策略的独到见解以及不惜成本的投入而达到的。在服装行业，ZARA凭借独一无二的极速供应链系统与自有IT创造了行业的奇迹。然而ZARA的组织结构也给整条供应链增加了风险，完全依赖自有资产，包括生产、物流和IT等，在以后的全球扩张中有可能会使ZARA陷入危机。除此以外，由于ZARA所有的生产活动都集中在西班牙，随着石油价格以及欧洲劳动力价格的变化，ZARA的低价策略可能难以维持。在未来，ZARA在以下几方面的问题可能会逐渐凸显出来。

（一）法律纠纷问题

媒体曾多次报道，因为“抄袭”，ZARA在欧洲经常被大量官司缠身，而且屡打屡败，为了这些官司ZARA每年支付给那些顶级品牌的罚款多达数千万欧元。而这在现实生活中却并没有给消费者们带来过多的消费阴影，或影响忠实消费者的热情，毕竟在这样的快消时代里，消费者自然希望能够用平易近人的价格买到像大牌设计一样令人眼前一亮的服装。

同时对于抄袭等造成的法律问题，《哈佛商业评论》曾经有文章报道Inditex创始人阿曼西奥从不喜欢纠缠所谓行业道德的问题，ZARA对于涉嫌抄袭的指控罚单都无所畏惧，并且依然能在此情况下创造巨额的利润。1999年，ZARA进入英国市场，由于每周都有新货，让英国服装界急得团团转，因为当地传统的服装零售商每年只有三四季新货。可ZARA完全颠覆了这一约定俗成的套路，全球各门店都保持每周进两次新货的惯例。而且每年设计的新产品将近40000款，其中10000多款投放到市场。它是全球唯一能够在15天内将产品从设计到配送至80多个国家的1800多家分店的服装公司，ZARA的速度无人能及。

（二）客户定位问题

ZARA目前为止在中国的营销策略为每年新增15～20家店，到2014年年底，全国店面的总数不少于140家，每年全国排名后2名的店面关闭，当年新开张的店面不在评估之列，并且新店主要分布在：上海、北京、深圳、广州、杭州、长沙、成都、重庆、南京和大连等大城市。总体销售目标为单店销售指标以每年15%的速度增长。而这样的全球战略在中国的适应性，暂时还得打上一个问号。一方面，跟风的中国消费者需要引导，许多消费者对洋品牌的认知度不足；另一方面，中国的大多数消费者对时尚的消费达不到西方国家的水平，对ZARA的品牌忠诚度有待提高。

（三）价格优势在中国受到挑战

ZARA的低价主要是相对西方国家的消费人群而言的，在中国ZARA的售价已经属

于中等价位。目前，同等价位的ONLY、杰克琼斯、SELECTED以先入为主的优势，占据了市场的较大份额。定位更加年轻化的美特斯邦威、森马为了扩大市场份额，在一线、二线城市展开激烈的价格战。对此，ZARA在中国的价格优势必然受到极大的挑战。

（四）忽视大众传媒的作用

当前信息化的时代，媒体的力量已经不言而喻，广告是让大众认识新品牌和新产品的最佳方式，同时，媒体也是树立口碑、打造良好形象的绝佳平台。虽然ZARA的销量在全球名列前茅，但其对广告的漠视程度在业界也是相当出名。如何充分利用大众媒体的作用，是ZARA应该积极考虑的。

（五）网络销售缺少足够支持

在网店与实体店一体化的进程中，在中国做得最好的非优衣库莫属，中国的网络零售规模在2013年前所未有地达到了18851亿元人民币，而服装占全部商品销售规模约为25%，是网购的第一大品类，并且未来仍将继续增长。在中国网购的主战场淘宝和天猫上，ZARA的旗舰店销售量与实体店相比简直差之千里，如何开发网络实体一体化是ZARA在中国急需解决的问题。

（六）质量问题

质量也是现阶段ZARA在中国市场所面临的最大问题。作为全球“快时尚”风向标的国际巨头，ZARA在中国却屡陷“质量门”，两年时间7次上榜。2009年8月和12月，上海市工商局和北京市消协分别检出，ZARA女士凉鞋质量不合格、外套大衣含绒量虚标10%。2010年1月，上海市工商局检出ZARA一款婴孩外套产品色牢度不达标。同月，哈尔滨市工商局公布的监测结果显示，ZARA产品被检出质量不合格、pH值超标。2010年3月，在浙江省工商局检出ZARA部分产品“耐湿摩擦色牢度”“使用说明”等不符合要求。2010年12月，北京市消协再次检出，ZARA标签所称含有70%羽绒的外套大衣实际含绒量仅有51%，与标示值误差较大。2015年4月，北京市消费者协会第三次检测出ZARA存在质量问题，“耐湿摩擦色牢度”“使用说明”等再次被检出不合格。

虽然ZARA近几年多次陷入“质量门”，但是据网易财经了解，自2009年被检出问题至2011年4月，ZARA方面一直采取“沉默”和“傲慢”的态度来回应质量事件，北京市消费者协会曾先后3次对ZARA进行告知，并将检测结果向社会公布，但ZARA对其产品质量问题始终没有明确态度。

在此情况下，2011年4月21日，北京市消费者协会致函ZARA公司，对其忽视产品质量、漠视消费者权益的行为提出公开批评，此事经媒体报道后引起社会各界的广泛关注。迫于舆论的压力，4月25日，ZARA公关传讯总监许雪清才第一次站出来对外界表示，“可能是因为有些供应商没有理解服装质量的标准，才导致ZARA质量问题的发生”。但是许雪清否认ZARA公司存在管理和监督问题。对于此次出面的辩解，业内人士均质疑ZARA缺乏诚意。

业内人士认为，ZARA频陷“质量门”凸显了“快时尚”服装模式的典型问题。所谓“快时尚”服装模式，是指服装商采用非常快的节奏，将巴黎时装秀上最新款式的服装在短至一周内即投入市场，而普通的服装商这一过程起码需要好几个月。ZARA 是“快时尚”服装模式的代表，该模式还存在于 H&M、优衣库等国际知名“快时尚”服装品牌。

快速战略导致质量问题一直是“快时尚”模式的固有缺陷。出于对成本控制的考虑，一方面，ZARA 等“快时尚”品牌在设计阶段就已将高质量、使用期长的面料排除在外。另一方面，其代工厂商选择成本更为低廉的发展中国家。尽管 ZARA 官网上显示，ZARA 大部分所销售的服装均在西班牙生产，部分由其他欧洲国家生产，但经网易财经向 ZARA 中国公关传讯部确认，ZARA 中国所销售的服装也有一部分来自中国本土代工工厂。随着中国等代工工厂的劳动力成本不断增加，为了持续低价，ZARA 等品牌不得不一再压缩质量成本。

对于 ZARA 屡次陷入“质量门”事件，中国服装协会秘书长王茁介绍，ZARA 近几年在中国快速扩张，其所有在中国销售的产品与国外不同，基本是外包生产，产品的供应链很长，这就导致 ZARA 对管理“缩水”，生产过程把控能力缺失，再加上 ZARA 这些品牌大多将主要精力放在产品设计和品牌建设上，同时还要压缩成本，出现质量问题“再正常不过了”。

扩张太快被业内人士认为是 ZARA 屡出问题的主要原因，“价格便宜加上发展速度太快，导致的必然结果就是质量会降低，而且每个店又开得那么大，市场成本过高，所以公司会压缩成本，包括原料成本及人力成本”。

六、针对不足之处提出的改进意见

（一）通过合作减少法律纠纷

ZARA 追求时尚的方法是通过“抄袭”大牌的时尚理念，这种方式为其研发降低了成本，但也付出了高昂的赔偿费。对此，ZARA 高层应该改变研发策略，加强与国际大牌的技术合作，用真正的利益来共享研发的成果，用切实的行动来减少法律纠纷。

（二）定位清晰，深挖潜在客户

在中国 ZARA 可以做到以下几点来因地制宜，更准确地找到目标群。

（1）放缓向更多二线城市甚至三线城市扩张的计划，改为在一线城市开设更多的店面。因为在二线、三线城市的消费者中对于 ZARA 品牌的认知度远没有达到一线城市水平。

（2）一线和二线的重点城市店面开始的方向是：从南向北，从东向西，但中西部地区以长沙、成都、武汉等城市为重点。

（3）店面装修和设计风格：从每 3～4 个月更新一次改为每 6 个月更新一次。一方面节约成本；另一方面要让潜在的客户对 ZARA 有一个熟悉印象的过程。

（三）价格战略调整

ZARA 面对不同国家的消费群体可以采取因地制宜的策略。在中国，鉴于 ZARA 在女性中认知度较高，女装品牌采用更灵活的策略，对畅销品可以涨价，调高消费者的心理预期，使原有客户更有“面子”；而打折促销策略可以维持现状。男装系列适当增加促销

活动，吸引更多的男性客户，增加品牌的认知度。童装品牌需适当降价，这是因为去ZARA店的消费者，很多是有孩子的父母，当看到童装比其他品牌便宜时，更容易对整个品牌产生依赖性。这也是诸如H&M、C&A开设实体店时的策略。

(四) 充分发挥大众传媒的作用

尽快进驻本土网络平台，如开通ZARA的官方微博、微信，并且加强公关部门的建设，对媒体上出现的抱怨和投诉及时处理，积极维护公共形象。同时，在本土的主流媒体上加大广告的投放力度，用最短的时间让更多的人来认识、了解ZARA，使ZARA的品牌深入人心。

(五) 加大网络销售的建设投入

在2014年的"双11"，优衣库在淘宝的销量高达2.6亿元人民币，线上销售已经占据不可小觑的地位。ZARA在中国除了建立自己的官方网站外，还应该加大对淘宝、京东等平台旗舰店的重视程度，学习优衣库的成功之处，努力扩大自己的线上销量。目前，ZARA的IT部门针对全球实体店开发了先进的信息管理系统。作为未来发展趋势的网络销售，ZARA应该提高重视，加快网络销售的建设，为以后的发展奠定坚实的基础。

(六) 关于质量改善计划

(1) 发展逆向物流，对于客户质量方面的投诉，完善退换货机制，坚决无条件退货或换货，提高客户满意度。

(2) 加强质量管理，引入国家标准，建立来货IQC (Incoming Quality Control) 制度，货品经过IQC检验后再上架，对有问题产品要在上架前退货。若没有发现潜在问题，而最终由客户发现的，公司质量检查部门及店长的工作绩效受到影响，并且对于退回的有质量问题的产品，产品经理和生产部门将受到惩罚。

(3) 提升服务质量，对于店内服务人员的服务意识和水平重新培训，并要列入绩效考核。提升服务人员品位，体现出顾问的价值。凡接到顾客投诉的，应有相应机制处理投诉。成立专门的客服部门处理客户的抱怨。

总之，ZARA在打造自己的"快时尚"供应链时，应该考虑多方面影响因素。在不同的国家销售，应因地制宜地制定相应的策略，以质量为前提的同时，考虑客户更多的倾诉。

七、对中国服装零售企业的启示

面对ZARA等众多国外快速时尚品牌对国内服装零售业态的冲击，中国服装零售业应该予以积极应对，朝着大型化、时尚化、国际化的方向发展，重视供应链管理和设计环节，缩短产品上市的前导时间，成为本土的快速时尚服装零售品牌。

(一) 提高供应链管理能力

要增强供应链管理能力，控制成本。这是快速时尚零售业态成功的基石，运用现代化的技术手段与供应商进行沟通，协调供应商的工作，提高生产效率，以达到"低价"和"快速"。总体而言，本土企业在供应链管理方面的水平比较低，多数企业是自己生产，自己销售，或授权加盟商，很少能像 ZARA 那样灵活运用外包策略协调供应链降低成本。并不是说外包的成本就一定是最低的，但高效的供应链管理能力对企业快速应对市场需求和变化、降低经营成本确实是至关重要的。

（二）提高店铺运营能力

门店是销售终端，门店的布局、商品的陈列对促进商品的销售至关重要，特别是在服装行业，门店的设计对吸引顾客、实现销售起到关键的作用，很多品牌从不做广告却依然门庭若市，功劳就在于零售终端——门店的独特魅力。ZARA 门店陈设方面就非常时尚，店铺规模又大，自然吸引消费者眼球，而且它们或善用明星效应，或巧妙把握消费者心理，总能做到先入为主成功塑造品牌形象，这些都是需要我们本土企业认真研究的经营技能。

（三）提高信息技术应用能力

IT 系统的应用将 ZARA 的产品设计、全球采购、垂直整合生产、配送和销售迅速连接起来，加快了供应链的运转。ZARA 15 天的供应链神话源于有 IT 的支持才得以实现。中国服装行业在管理信息系统的研发与运用上还处于较低水平。充分利用信息技术可以帮助国内企业快速发展。

对于服饰这个传统的行业，ZARA 利用现代化的营运和管理，将传统行业做大做强，这可能是每个服装企业都渴望的。在瞬息万变的市场经济引导下，“快时尚”正在成为越来越多企业争相学习的榜样。对于 ZARA 来说，它的“快时尚”实际是市场需求的背景下，根据其市场营销策略得来的产物。ZARA 正在演绎着它的服装业神话，并且将这个神话向世界的每一个角落扩展。它独特的供应链管理模式值得我们的企业去思考和学习。而对于处在转型和改革中的中国服饰企业来说，ZARA 的经验尤其值得借鉴。希望通过本章的梳理，能够真正对我国的服饰企业改革做出正确的引导。

第十章 H&M供应链研究

服装作为人类文明与进步的象征，也是一个国家、民族文化艺术的组成部分，而服装的变化，直接体现了人们生活方式的转变。随着近年来快节奏生活的主导，以快时尚为趋势的潮流主导了服装市场，并以较快的速度在全球迅速扩张。H&M顺应潮流，通过灵活的供应链结构积极应对市场，在没有任何加工厂的情况下，开创了自己的独特成功之路。本章主要研究了H&M的供应链管理模式，分析其管理中仍然存在的不足，并针对这些不足提出了相应的建议。

一、行业背景

市场机构Brown发布的2013年中国最具品牌价值50强榜单中，发现时尚休闲类服装企业的品牌价值有了巨大的提升。但这类企业在发展的同时，暴露出了一些问题。

本次榜单，往年熟悉的李宁、安踏等运动服装企业的品牌价值明显下降，取而代之的是森马这类时尚休闲类服装企业品牌的价值快速上升。这固然有运动服装早先扩张过快，导致产能过剩让企业发展无力的因素存在，但主要原因还是受到了目前中国消费者需求改变的影响。

主营休闲类服饰的美特斯邦威，虽然在2013年同样面临大的库存压力，然而该公司在2013年的营业收入与2012年差不多。相关数据显示，在这5年中，休闲类服装销售额每年基本保持10%～20%的增长。

中国服装协会产业经济研究所所长也认为，目前国内消费者在面临时尚休闲类服装与运动休闲类服装的选择时，会更倾向选择时尚休闲类服装。因为目前我国居民对日常穿着的服饰需求中，相对于运动属性的需求分量小，而对于时尚元素的需求却在日益高涨。同时，可以兼顾时尚与休闲的服装成为了消费者的新欢。

上榜的服装企业中，大多数在国内有高级定制服装业务，像七匹狼在中国国际时装周上，就推出了一场2012秋冬高级定制秀，随后雅戈尔品牌也宣布成立高级定制部门等。

(一) 多样性选择

“目前国内消费者的穿衣风格呈现多元化的发展，但很多人在穿衣方面还是存在盲目跟风现象，人云亦云，无法形成自身风格。人们可以勇于表达自己的喜好，适当追求个性，并且能够有自己独特的穿衣风格。”曾凤飞中式男装品牌创始人、设计总监曾凤飞认为，定制业务是做高端品牌不可缺少的业务之一，定制服务通过建立定制顾客的信息档案，不仅要长期稳定地保持售后联系，更要提高企业为顾客提供全面服装咨询服务的水平。

虽然国内服装企业在近年来的快速发展是有目共睹的，然而缺少独特创新的问题仍限制着国内服装企业的市场拓展。

H&M 和 ZARA 等国际快销时尚类服装企业能做到每个月更新店内产品，这样的更新速度使得他们的产品与世界潮流保持同步，也由于这种产品的快速更新速度使得企业可以持续地高速发展。国内服装企业的创新设计应立足于中国传统文化中的经典，并且紧跟世界时尚、文化和艺术的潮流。

在全球经济危机的影响中，大众消费观念发生转变，便宜、时尚、大批量生产的“快时尚”品牌快速突起，如 H&M、ZARA、优衣库等占据着全球服装市场很大的份额。这些“快时尚”品牌在中国迅速占领市场，也从深层次说明了中国有着非常肥沃的“快时尚”土壤和最有价值的市场份额，这对于中国的“快时尚”品牌既是冲击也是挑战。

极速时尚品牌在产业链中的高效整合方面做得很到位，相比我们过去的思维，只有降低劳动成本才能降低产品成本完全不同。事实上，劳动力成本只占整条产业链成本的 2%，廉价劳动力并不是节约成本的唯一选项。所以，ZARA 不惜花费重金挖出 200 千米的隧道，开设地下传送带网络，并且用空运的方式保证美国、日本市场的供货，所说的都是高效整合产业链的新思维。

庞大的并购背后，是摆在众多服装企业面前必须面对的问题，在服装业竞争格局初步形成的市场环境下，如何寻求新一轮发展。如果用二维平面来代表企业的市场份额，那么平面的两个边分别是渠道和品类，连接起来的面积就是市场份额，现在是大众化时代；要用三维立体来表示市场份额，那就在渠道和品类组成的矩形上加上消费者，他们组成的立方才是市场份额，是消费者的经济时代。如今服装企业的收购行为都是围绕品类和渠道展开的。先说品类，目前国内服装品牌基本以品类型企业为主，如羽绒服类的波司登、女鞋类的百丽等，企业要扩大规模，所说的多品类就是一种途径。要以更多品牌满足不同消费者、不一样穿衣风格、不一样价位、不一样地域消费群的差异化需求，从而达到市场占有率的多层次覆盖。森马代理国外童装品牌，百丽巴罗克进军女装领域，皆属品类突破的例子。最后说到渠道，这对于深耕国内市场多年品牌，终端门店数接近渠道数量的上限，关店潮就是渠道规模触顶反弹的例子。要扩张，就要把眼光放在更为广阔的海外市场。波司登在欧洲地区零售最低迷时“抄底”收购英国渠道商，这就是借助渠道力量突破的例子。

（二）电子商务带来的冲击

近年来，电商成为服装产品销售最具成长性的渠道之一，并且也是未来服装产业发展的必然趋势。在如今服装批发市场的特定地理环境下，互联网在服装销售行业的应用前景向好。据 2013 年统计的数据显示，电子商务中的网购交易额已经达到了 1.8 万亿元，占社会消费品零售总额的比重达到7.8%。中国电子商务发展规模已经超过美国，成为世界第一。

服装批发业转型电商，在政府要求产业转型升级的背景下，是其重要的路径。批发市场转型升级做电商，最大的好处有以下几个方面：一是辐射的半径扩大，全国采购商与零售商都可以在网上看到，将会有更多的客户。二是可以创造中国式品牌，使原有品牌在更广阔的市场上让消费者熟悉，进而创造自有品牌，通过大数据的分析，真正使自有品牌在

消费者心中树立起来。

可以看到H&M在品牌方面很有优势，国外品牌对我们国内企业冲击是非常大的。成本上升，伴随着渠道价格上升；职工价格上升和CPI走势上升，成本也在上升。“80后”人口高峰到来，他们追求流行，有海量信息，品牌忠诚度低，追求情感消费，追求奢侈化，同时互联网增长非常迅速，成本非常低，打破了现有的服装渠道。

服装行业在这五年来发展明显受到电子商务的影响，近年来女性“快时尚”电商平台层出不穷。方便快捷的网络平台，不受地域限制，消费者便可以随时随地购买喜欢的服饰。除了阿里电商平台，当当网、京东等电商在服装电商领域也正在抢占市场份额。真人秀服装设计节目“女神的新衣”也是搭上电视节目和明星效应来做营销，使得节目组、女装品牌、女明星、设计师等都获得了极大的宣传效果。但是事实上，服装市场的绝大部分资源依然掌握在线下，只是它被新兴的网购模式“闪了腰”。未来更多的商机不是线上也不是线下，就在于服装电商如何更好地能走向真正的线上和线下融合，这种线上、线下的融合是双方产业互补资源，高效结合，将服装行业引上另一个顶点。

(三) 服装行业四大困境

1. 日益增大的库存压力

由于服装产业季节性明显，而且服装产品更新的速度越来越快，库存问题成为最令服装企业头痛的问题。不处理，积压只会导致更多库存品持续贬值。采取低价抛售处理，一来那些过季的产品不见得有人要，二来低价抛售对辛苦建立起来的品牌良好形象又是个很大的打击，很容易让消费者对产品的价格体系产生质疑。

另外，库存数与企业缺货数量又往往是成反比的，就由于服装产品从采购面料到生产都有确定的循环周期，为了使自己的产品在旺季时候有足够的数量可供销售，不得不储备大量的货品，从而使库存埋下了隐患。而有些较保守的企业为了减少库存存货，通常限制货品的生产数量，但是，一旦该货品畅销起来，却又因为产品供不应求导致缺货而错失良机。

2. 缺乏自主设计风格

服装设计是中国服装企业普遍的弱点。中国服装设计水准还远较国际上落后，中国具有世界影响的服装设计师相对较少。大多数企业还是以抄袭为主，很难形成自己的产品风格。

中国的服装企业向来缺乏完善的设计师培养机制，但是很多有才华的设计师则更习惯于自己创品牌或者开办设计创业工作室，不愿意在企业发挥才华，从而使中国的服装设计水准很难提升到一个新层次，国际主流时装周上也很难看到我们中国设计师的身影。

3. 行业专业人才匮乏

深入过服装行业的人会清楚地意识到，服装这个行业整体人才非常缺乏。服装产业刚开始发展，以一般劳动技能人才需求为主，对高素质人才需求并不积极。但当一些企业进入到品牌阶段，对高级经理人、营销策划和设计等人才的需求就开始显现出来了。我国服装企业大多属于民营小企业，很多是从家族店起步的，家族企业色彩往往比较浓厚。专业服装经理人、营销人员相对匮乏。

4. 服装产业链不健全

在时尚产业链理论中，面料产业是所有产业里最基础的一环，它左右着设计师产业的发展。相当多的设计师都表示，选择面料最重要的是“时尚”二字，没有了时尚性，面料失去了存在的价值，时尚是面料最为重要也是最有代表性的特点。

面料是服装产品的关键，但目前处于产业链上游的国内面料供应商与国外的面料商还有比较远的距离，面料研发能力不足，高品质的面料大多还依靠进口，这也直接制约着整个产业水平的发展。

纺织业上游产品附加值低，在激烈的市场竞争中处于最下风。随着2012年世界经济震荡持续，附加值较低、缺乏自主创新的纺织企业需向产业链的高端转换。国内市场应该努力形成纺织、印染和服装等配套完善、竞争有力的行业结构，提高穿着、家用、产业用等终端消费产品生产能力和附加值，并且引导企业打造有自主知识产权、高知名度的驰名商标，突破化纤“短腿”和印染“瓶颈”制约。

二、企业介绍

H&M于1947年由Erling Persson在瑞典维斯特罗斯（Vsters）市创立。当时Erling Persson在瑞典的维斯特罗斯开设了自己的第一家服装店。当时只称为“女士的”（Hennes），只做销售女士服装。1968年公司并购了销售狩猎装备和男士服装的“毛里斯·维德弗斯”（Mauritz Widforss）服装店，之后公司也开始销售男士服装。

对国内人来说，是先听到ZARA后才知道H&M的。在迅速占领欧洲和北美市场之后，2006年时，H&M将目光瞄准了中国市场，将亚洲市场作为开拓目标。

H&M总部位于斯德哥尔摩，公司重要的职能部门非常多，如设计采购部、金融部、财务部、发展部、展示设计部、广告部、人事部、物流部、IT与客户服务部都设在总部。与此同时，公司在全球设有15个办事处、22个生产办公室负责与大约700个供应商进行沟通，在这22个生产办公室中，9个在欧洲，10个在亚洲，1个在中美洲，1个在非洲。

H&M在全球24个国家销售服装与化妆品，雇员总数超过5万人。不同寻常的是，H&M没有一家属于自己的工厂，即便如此，H&M与亚洲和欧洲的超过700家独立供应商保持合作。

（一）H&M的公司战略

服装行业是一个松散的行业，在每个市场，H&M都会面对来自国际与本地零售商、独立商店与百货商店的强烈竞争，对此，公司很注意竞争对手的一举一动，特别是价格的调整。但更为重要的是，H&M更加关注自己的内部运作，竭力使自己的产品成为当地消费者的最爱。

H&M年度分为两季：春夏和秋冬。采购活动与市场导向差不多，并且根据分布在世界各地的销售店提供的数据，如什么好卖、气候差异以及购物喜好等不断做出改变，让时尚流行的准确性得到最大的优化。商品的筹备时间从2～3周到半年不等，主要由商品的属性决定。短的筹备时间并不一定最好，但准确的筹备时间是在价格、时间与品质方面保持平衡。

H&M店中的产品是多元化的，提供男女消费者以及儿童流行的最基本服饰，同时贩卖化妆品。店中服饰的平均售价只有18美元。公司认为，平价才能让消费者承受起，使消费者每一年甚至每一季都去店中购买新推出的产品。这种策略可以吸引15～30岁的消费者，尤其是希望随时都能追上流行的女性消费者。

同时为了降低成本，以维持平价策略，H&M并没有自己的成衣厂，制造完全外包给900家工厂。为了拿到最好的市场价格，公司精挑细选外包对象，这些工厂分散于全球20多个工资最低的国家中。由于成本控制得当，公司的产品售价非常低，毛利仍然能够维持在53%左右。

除了价格牌，H&M还打流行牌。公司把流行视为容易腐坏的食品，必须不断保持它的新鲜度，因此公司力求将存货降到最低，而且让新货不断。新创意必须迅速被转化为服饰，使顾客能够快速买下上架的衣服，展示还属新鲜的时髦服饰。

为了达到高效率，H&M的所有服饰都由公司的100多名设计师设计。公司与供应商密切合作，严格控制整个过程，并且扮演进口商、批发商和零售商三个角色，最大化减少产品经手的人数，使得过程更简洁。H&M把衣服从设计到上架的时间压缩，最短只需3周，速度在业界排名靠前。公司因此有能力在任何时候推出符合流行尖端的优秀产品。

（二）H&M在中国的战略

进入中国市场的计划始于2006年左右。时任H&M投资者关系负责人Nils Vinge曾表示，选择在中国开设第一家亚洲零售店的原因是："中国发展很快，这是个令人兴奋的市场，有着巨大的潜力发展。"

2007年4月，H&M顺利在上海开了中国的第一家店。对于H&M当年的选择并不难理解，"这是一种必然的趋势，中国毕竟是新兴市场，谁都想在这分到一杯羹，这也必须是H&M国际战略的一部分"，一位不具名的业内人士对《新金融》记者说。另外，同为"快时尚"品牌的西班牙品牌ZARA已经早于2006年进入中国市场，作为竞争力度相当大的对手的H&M也不甘落后，"ZARA的进入肯定对H&M是有影响的，而且同时ZARA在进入之后市场表现也相当不错，可能更坚定了H&M的信心"，该业内人士进一步指出。

也是从此刻开始，国际"快时尚"品牌逐渐进入中国人的视野。鞋服行业的独立评论人马岗在其微博"商场招商变迁之路"中体现了这一改观："2002年左右，流行的是国际的大众品牌，国内品类老大，如耐克、杰克琼斯和百丽；2007年左右，时尚大行其道；2012年左右，奢侈品大热。"

2007年进入国内后，H&M的开店数目每年递增。据H&M集团历年年报数据简单计算，每年在中国开店的数量以60%以上的速度增长，有些年头甚至增长100%，这明显高于H&M门店年增长速度10%～15%的增长目标。

2013年H&M将全球开店的计划从325家扩大至350家，其中大部分在中国和美国。H&M首席执行官Karl-Johan-Persson估计中国将取代德国成为世界最大市场，在中国市场的开店速度将超过世界其他任何国家。

除此之外，消费者对"快时尚"品牌忠诚度偏低的事实，也让H&M尽可能拓展渠道，增加市场份额。贝恩管理咨询公司发布的2013年中国购物者报告中显示，购物者通常倾向于尝试多个品牌，同时企业如果希望建立一个强大的品牌，就必须让更多的消费者购买其产品。

贝恩公司全球合伙人兰娜认为，品牌商要确保自己的品牌进入购物者“备选清单”，同时，要完美地保证店内执行，所以提高各渠道零售终端的覆盖率相当重要。同时，报告还指出，“未来，品牌在中国的发展也将和在其他发达国家一样，更加倚重其自身市场份额的提高”。

在市场的选择上，H&M显然将更大的希望寄托在二线、三线城市。据H&M集团提供给《新金融》记者的数据计算，至2013年7月18日，中国大陆所有店面中，北京、上海、广州、深圳之外的二线、三线城市门店数量占约70%，这也更加契合了人们对发展二线、三线城市市场潜力的预期。

《经济学家》杂志曾预测，直到2020年，中国66%的中等收入消费者将来自数量众多的中小城市。如此巨大的市场显然是不易错过的。

中投顾问零售行业研究员杜岩红也对《新金融》记者表示，H&M积极布局二线、三线城市，一方面，它的经营成本相比一线城市要低；另一方面，二线、三线城市消费需求正不断释放，这样能分得二线、三线城市居民消费升级下的蛋糕。

三、H&M公司供应链管理的实施

（一）供应链管理模式下H&M公司的内部管理

1. 供应链管理模式下H&M公司的信息分享

H&M公司最大的目标是以最优惠的价格提供时尚和品质，吸引追随潮流的年轻大众消费者。时尚最大的特点就是善变，然而H&M公司并不想做时尚的创造者，而是选择做时尚潮流的快速反应者，以求尽快识别并抓住每一个跃动的时尚信息。H&M公司拥有超过100位的设计师，他们无时无刻不在关注全球时装界的流行趋势和特征，公司的设计团队还会不定期地在各大时尚之都取材，如东京、巴黎、纽约。设计师们的时尚灵感通常来自T台时尚和街边流行，他们一边吸收时尚的流行元素，一边设计出具有吸引力的服装产品，只是为了更快地将迎合时尚流行趋势的新款时装摆到店内，让更多的消费者做时尚的主人。

H&M公司为了满足庞大的消费者的购物需求，要求买手们打破传统服装企业季节变化性采购这一形式，他们1年内会采购十多次，来对抗流行趋势进行快速反应。H&M公司为了支持服装市场的快速反应，采取了一种灵活采购的方式，即H&M公司总部和22个生产办事处的所有部门间的沟通都在ICT平台上完成。ICT是指应用各种通信软件和装备来提供各类应用及服务，如远程学习、远程作业、视像会议、管理信息系统和存货控制等。它会贯连整个供应链，以便达到压缩各个程序所需要的时间，令程序间的衔接更为顺畅。在这个ICT平台上，H&M公司的采购部和销售部之间紧密合作，库存、采购计划和生产能力等信息也可以在全公司共享。ICT平台还能让所有门店都知道它们的销售情况以及时进行货物划分；采购和物流部门能跟踪每一产品的销售和库存情况，方便及时补货。

由于H&M公司第一任CEO提出"taken（同步）"的理念，所以公司每周都会更新它们的明细列表，让每个采购部门、每家店都能知道每款产品卖出的数量。在伦敦的零售业分析师考克若说："ICT为H&M建立了一个环型的反馈机制系统，它能够让销售、库存、采购计划和生产能力的信息变得完全透明，并且这一理念在ICT上贯彻至今。"

2. 供应链管理模式下H&M公司的管理策略

H&M公司一直倡导"一流设计，二流面料，三流价格"的理念，以最低的价格让顾客感受到流行特点。但是当H&M公司发现自己与竞争对手ZARA、GAP和C&A一起被称为世界四大"时装杀手"的时候，H&M公司意识到要想突破自身企业的创新性，只追求每件服饰的设计与采购都以时尚为标准是不够的。于是公司设计了两条供应链：管控亚洲生产的高效供应链、管控欧洲生产的快速反应供应链，这两种供应链打响了服装企业"双响炮"。这个创新供应链管理模式系统的实施使得速度与盈利相互影响，同时也竭力在效率和成本之间寻找利润平衡点。H&M公司通过对已销售的服装趋势以及消费者的购物需求，再次结合服装对时尚的敏感程度研究分析发现，H&M公司认为服装可分为三种类型：

（1）第一类是基础服装，这类服饰的特点是很简单又很耐搭，对于消费者来说基本上人人都应当拥有至少一件，所以这类衣服的需求量是相当大的；

（2）第二类是当下的流行服装，这类服装对于消费者来说，拥有了它则站在了时尚道路上；

（3）第三类是流行趋势的服装，反映最新的时尚趋势，代表着设计师们带领消费者前往未来的流行方向。

由此，H&M构建了"时尚三角"，对这三种不同类型的服装进行了分类管理。需求量最大的常规基础款服装位于三角最底部。H&M公司利用每年年底的销售记录来预测下一年的销售数量从而进行稳当的采购和生产，而且在上一年的款式上添加特色原料，以此保证市场的需求供应；对于第二类的当季流行服饰，H&M公司则快速识别和迅速响应流行潮流，多款式、少批量，最大化降低库存风险，同时让消费者买到让自己感到独特的服装；最后一类流行趋势趋势性服装，H&M公司则携手顶级大师展示平价时尚，通过与炙手可热的顶级设计大师之间的合作，将时尚、品质和低价完美结合，以便让大众与奢侈不再是完全对立的元素。只要适当调整各个层次的比例关系，H&M公司可以很容易地做到既扩大销量，又反映时尚元素。

（二）H&M公司供应链合作伙伴的管理

1. H&M公司在供应链中扮演的角色

供应链管理中的企业角色一般有三类：一是供应链协调企业，是帮助供应链上所有企业进行供应链协调和管理的企业，通常由一些管理咨询公司、信息服务公司等充当，如果供应链上核心企业在管理和技术方面的能力极其强大，也可能没有这样的角色。二是核心企业，是供应链中实力最棒的企业，由它来开发供应链管理计划，其他的上下游之间合作企业通常只能被动加入计划。三是供应链中除核心企业外的成员企业。

协调企业与独立的第三方服务企业的关系，从事对供应链的整体协调和管理工作，为供应链开发利润共享、成本相互共担机制，并从中进行协调，有时也提供物流、资金流、信息流等方面的优化或者是实操服务。核心的企业开发供应链管理计划和决策，并且是供应链存在的核心要素。由它来聚集更多的上下游企业加入到核心的供应链管理体系，并且扮演管理和协调的角色。成员的企业主要是完成供应链上的具体的功能。配合核心企业的供应链管理计划，做好配套和服务。因为H&M的所有服饰都由公司内部的设计师亲自设计，所以要求H&M与供应商之间必须紧密合作，并严格控制整个过程。除此之外，H&M还同时扮演进口商、批发商和零售商三个重要角色，尽可能减少产品转接的次数，简化整个供应过程，H&M把衣服从设计到上架的时间最短压缩到3周。这种速度在业界是突出的。

2. H&M公司供应链合作伙伴的选择

H&M没有建造厂，产品大约由1800家工厂生产，这些工厂分属于800家供应商，或为其分包厂。尊重人类与环境是H&M价值观中的重要组成部分，所以H&M积极运用自身的影响力来促进和提高整个价值链的工作条件，并且设法增强环保意识。H&M着重加强供应商主动关注可持续发展的问题和加大、加重工人参与度的能力。这也有助于促进生产国家的稳定，而且通常会提高经营效率和产品质量。

关于供应商，H&M所有的一级供应商在生产H&M产品之前都必须签署协议，同意遵守《行为准则》并接受监督。H&M的目标是，努力提高供应商在创造良好工作条件和环境绩效方面的主动性。同时H&M通过培训和能力建设等多种方式为他们提供支撑。此外，H&M还不断帮助他们制定和完善管理制度，以避免出现违规行为。战略关系的供应商是H&M重点关注的对象，供应商拥有的工厂可能不止一家，通常供应商也会将某些生产任务转包给其他工厂。不论是直接承包还是转包，H&M产品的工厂都必须遵守公司的《行为准则》然后接受程序审查。而二级供应商是指H&M供应商的供应商，如面料或纱线制造商。通常，H&M和这些公司没有直接的关系。所以，H&M的直接影响力较低。但H&M坚持通过其他方式来推动二级供应商上游价值链中的其他环节实现改进。

3. H&M公司与供应链合作伙伴的合作与发展

H&M于2013年4月公开宣布了其供应商名单，由此H&M成为世界第一个也是最大的将自己的供应商名单公开的品牌。这个举动是H&M致力于提高可持续发展力的重要的一部分。根据这份名单显示，H&M在全球有785个供应商，覆盖的地区非常广，其中340个位于远东，242个在南亚，203个在欧洲、中东和非洲。并且共有1798个工厂为H&M生产服装，远东760个，南亚499个，欧洲、中东和非洲共有539个。H&M在中国也有很多供应商，如北京梦福克斯服饰有限公司、上海花垣针织制衣有限公司、浙江伟星实业发展股份有限公司。H&M也希望此次名单的公布能让供应商的工人所处的工作环境得到全面改变，创造透明度，能让他们一起为可持续发展做出努力。浙江伟星实业发展股份有限公司上海分公司总经理表示，“H&M一般会采用他们指定的供应商，比如在辅料行业，H&M会选择做得好的1～3家进行合作，如YK公司做拉链，我们供应树脂扣”。当H&M将衣服订单给指定的成衣制造商时，会建议成衣制造商采用供应商名单上的辅料供应商。但这种情况在中国并不能严格执行，因为几乎所有的成衣供应商都有自己

的体系。所以，伟星和H&M的合作是半紧密联系形态的。它擅长在成本、效率和质量中玩平衡，对于这家将所有生产外包出去的企业，供应商名单的体制可以帮助H&M获得质量保证。但H&M在和中国的供应商的合作中，中国的供应商的利润已经越来越薄，归根结底在于没有自主能力，劳动密集型的生产已经不能带来更多的价值。同时为了扭转中国的供应商的现状，浙江伟星实业发展股份有限公司成立了自己的设计队伍，除了OEM以外，也做一些ODM的生产。依靠某种面料的特性，自主设计，然后交付H&M确认并制造，产品贴H&M的品牌。虽然目前浙江伟星发展股份有限公司的OEM还占多数，但ODM让他们看到了新的利润增长点。所以H&M的可持续发展策略与合作伙伴的能力提升互利共赢。

（三）供应链管理模式下H&M公司的经营特色

H&M公司没有自己的工厂，产品都是由大约800家独立供应商生产。H&M公司的核心竞争力是令顾客能以廉价消费享受顶级时尚，这保证了较高的社会和环境的标准可能具有一定的挑战性。H&M公司在其供应链的每个方面都进行了优化设计，不断寻求新颖的管理方式，建立起更高效、更低成本的供应链管理体系。H&M公司尽量减少中间环节，与供应商直接沟通、紧密联系，同时扮演零售商、进口商和批发商三个重要角色，并通过大量采购来降低采购成本。H&M公司在服装业长期积累的丰富经验，也令其熟知应该从什么地方采购哪种商品才是最优选择。由此，对于以上这三种类型的服装，H&M公司创新地采用了并行采购的双供应链管理模式来进行采购。H&M公司将款式变化不大、交货周期长的常规服装的生产放在生产成本最低的亚洲地带，以尽可能最大化地降低成本。通常H&M公司会给每个供应商每单至少十几万件的业务量。H&M公司将设计图纸通过电子邮件发给供应商，同时供应商首先要做样衣给H&M公司确认，等待修改意见返回之后，供应商开始生产推销，一般是20多件，等再次确认无误后，才进行大批量的生产。H&M公司的工作人员会在生产的初期、中期和后期到供应商厂里检验。等验货完毕后，H&M公司的员工会将生产进度录入OFS（Offer Follow up System）系统里，同时汇报给瑞典H&M公司总部让他们知道亚洲供应商的生产状况。然后在推销样品确定后，H&M公司的订单数量会同时出来，供应商可以计算出需要多少原料，再准备原料。虽然H&M公司的高效率供应链是以成本为主导的，但是为了提高效率，仍然尽可能对每个环节进行紧密的衔接。

对那些流行服装和趋势服装，其特点是生产量小，需要快速生产、极速上架，如果把生产放在亚洲国家，肯定造成生产地与H&M公司的主要销售地欧美市场相距太远。H&M公司把这类产品的生产放在了欧洲地区，以快速反应供应链来应对市场需求。除了采用OFS系统跟踪欧洲供应商的生产计划外，H&M总部和20多个生产办事处的所有部门间的沟通还基于ICT平台完成。同时在H&M公司总部，设计与采购部门共同工作，每个设计理念都有一支设计师、采购员、助理、打版师、财务总监及部门经理组成的团队，这样可以在设计的初期便着手在价格、市场反馈和流行时尚之间取得平衡的支撑。

通过这一巧妙设计，亚洲生产的低成本供应链与欧洲生产快速反应供应链相互联系，H&M公司轻松玩转了时间和成本，结合“时尚三角”的理念，H&M公司有效地控制着前导时间（leadtime，即产品从设计到销售上架的时间）。资料显示，竞争对手 ZARA 公司的前导时间为 15 天，H&M 公司的前导时间最快为 20 多天，比中国服装企业的通常前导时间至少提前 60 天。和 ZARA 公司相比，H&M 公司最快的前导时间晚了 5 天，但也正因为这推迟的 5 天，反而让 H&M 公司赢得了成本优势，它的服装售价比 ZARA 公司便宜了 30%～50%，而且在低售价的同时，毛利率仍然能够维持在 50%左右。

在物流方面，H&M 公司也采用了物流外包的模式。物流系统是外包给 DHL 和 GREECARGO 这样的专业公司，同时，一般的货物运输则转包给各个运输公司。H&M 公司的物流管理系统还能够对货品的运送线路做出很好的规划。通常 H&M 公司供应商生产的产品会被运送到德国汉堡的仓库，进行整理后运送到每个地点销售，但是如果这款产品是针对某个区域市场的，H&M 公司会通过物流信息系统做出快速反应，将产品直接送达该国分部，甚至直接运送到店里。H&M 公司的配送系统每天能处理的货品达到 160 多万件，每天有 10～50 件新货品进入店铺以保证新鲜感。

H&M 实行低成本运输。对于远途运输，H&M 公司采用水运的方式，更好地控制成本。从中央仓库到分流中心的货舱，H&M 公司选择用卡车运送。运送的全过程都由 ICT 全程操作，共有 2300 多名员工负责该系统的全程操作，该系统每天能处理的货品达到 164 万件。企业多元化也是多年来坚持的经营策略。它的产品策略是多款、少量，保证了低库存率、高淘汰率和快速时尚反应力。从心理学来说，“多款、少量”的策略会给消费者造成心理上的一些威胁，由于这种方式可以创造一种稀缺，从而也诱发对顾客的无形购买的吸引力。越是不容易得到的，就越能激发消费者的购买需求。对于同一种款式的服装，零售店里的库存一般只有几件，如果消费者不及时抢购，就会失去这次机会，因为第二天又会摆放出新的货架代替抢购一空的旧货架。H&M 从基本服装到经典款式，再到时尚前沿，从年轻人到少年，再到儿童和孕妇，涵盖领域相当之广，颜色也非常周全，而且所有的基本款都有不同的颜色可挑选。它的多元化的产品线使品牌的消费群体变得广大。尽管 H&M 产品线在不断地丰富，但也始终坚守着一个原则：低价快销。

（四）H&M 公司的创新供应链管理

1. H&M 公司供应链的信息化

服装行业中“快、准、狠”成为大多企业的生存之道。快：也就是快速响应流行动态；准：也就是准确把握时尚脉搏；狠：也就是很快速，很准确地覆盖大片区域。正是这一原因，使得竞争日益激烈的服装业在管理、订料、生产和销售等各供应链环节中都突出“信息”二字的重要和紧迫。以快制胜，迅速应对市场，供应链的信息化更是成为服装企业占据主导地位的关键词。在各环节的交互式的紧密协调运作上都非常优秀，是一个商业成功的关键元素。在这一点上，H&M 表现得十分出色。H&M 把注意力主要放在信息系统的整合上，并且无论在各程序本身或各程序之间的连接，H&M 都能够十分依靠所建立的信息沟通技术系统，各种通信软件和装备的应用提供了各种服务，如能将远程学习、远程作业、视像会议、管理信息系统及存货控制等活动贯穿整个供应链中，从而达到压缩各个程序所需要的时间，使程序间的衔接更为流畅。H&M 的 ICT 系统连通了包括设计、采购、生产配送和销售在内的所有供应链，而且一环紧接着一环，环环相扣。据相关统计，

在2004年时H&M平均每天要处理160万件货物，即使每天以运作24小时计算，平均每小时也要处理将近7万件货物的分类和运送。同时，H&M坚持自营所有分店，从而保证了信息能够更加流畅地流通。

2. H&M“双响炮”供应链管理研究分析

H&M在ICT上的信息化快速反应成功后，又引入了高端设计引领时尚，全方位的双供应链管理模式让H&M在国际服装界越来越好。与日本的优衣库和西班牙的ZARA相比，H&M选择的路线比较一般。从基础款、时尚款到潮流款，从婴儿装、童装、女装再到男装，从服装、配饰、鞋包再到化妆品，H&M不放过任何能够吸引顾客驻足的商品。随后还将服装细分出男士、女士内衣，孕妇装，运动装等一系列的产品，门店内容丰富，应有尽有。所以，H&M的商业理念是“以最优的价格，提供时尚和高质量的产品”。这句话被大家解读为“一流的设计，二流的品质，三流的价格”。然而实际上，H&M的商业模式更应该被描述成“设计驱动”，与执着于基本款的优衣库不同，它提供更多的时尚选项，对待时尚的态度是设计驱动。通常大众服饰品牌都不会选择“引领”时尚，我们甚至能找出很多曾经的时尚引领者退居时尚追随者的例子，然而H&M多少有点反其道而行之。2004年，它邀请来自Channel的Karl Lagerfeld携手打造“Karl Lagerfeld for H&M”系列，在H&M门店平价销售，开创了与顶级设计大师跨界紧密合作的先例。H&M试图以此向消费者传达一个要素：设计与价格无关。这跨国界的合作取得了巨大的成功，据说该系列产品在所有的城市一个小时之内就卖断货了。从那个时候起，这些平价跨国设计系列成为H&M每年一度的招牌。先后与H&M合作过的设计师包括Roberto Cavalli、著名歌手麦当娜、EMINEM。2011年，H&M与著名国际奢侈品牌范思哲联手打造了“Versace for H&M”系列，获得市场热捧。

和顶级设计师跨界紧密合作对H&M最大的意义莫过于打造品牌知名度，提升品牌形象。早在20世纪90年代，为了达到同样的目的，H&M就曾将报纸、杂志等大众传媒的市场推广渠道转移到了室外广告牌，而且所有广告都选用知名模特拍摄。它将自己的产品组合总结为“时尚三角”：在终端市场限量供应顶级设计师跨界合作的产品，这类产品时尚度最高用以打造品牌良好形象；中间产品由众多买手根据当季流行因素研发，和各大时尚品牌同一步伐；在底层还有一定的基本款可以为大众消费者展示。H&M是这个时尚三角的平衡发展的典型品牌。与只注重基础款服装的UNIQLO相比，H&M在时尚的道路上走得更远更好；与ZARA相比，H&M更注重设计端的推动力；与奢侈品牌相比，明星设计师只不过是H&M的一个点缀。H&M就是这诸多元素的成功综合体。

四、H&M对国内服装企业供应链管理的影响

（一）国内服装企业供应链管理的问题分析

1. 国内服装企业供应链信息化问题分析

在中国具有世界竞争力的行业中，服装行业属于少见的先锋行业之一。但令人遗憾的是，中国的服装企业在国际的核心竞争力不过是极为低廉的人工劳动力成本，管理水平和管理制度、模式都有待提高。家族管理是国内服装企业一直采用的古老模式，他们的员工

大多没有受过优良的高等教育，员工过低的文化素质也是影响企业信息化建设处在瓶颈期的重要原因之一。国内服装行业信息化建设的成功案例几乎没有，再加上服装行业本身业务相当复杂的特点，使得国内外软件公司望而生畏，在整个行业的信息化建设一直困难重重。但近年来，随着行业的不断发展，经过市场的筛选，通过行业内部的整合并购，一些服装企业越做越大，管理的水平也日益提升，尤其是近年来企业第二代继承人接掌企业，这些少老板们大多受过国外或国内较好的文化教育，素质非常高，并且对信息化工具应用水平很高，对利用信息化工具改造企业的现时需求，自然远远超过其父辈，也比很多创业者更迫切。

然而，主要由于实力弱小，发展速度缓慢，国内各专注服装行业信息化建设的专业厂商对于一些行业的关键问题却不能全面覆盖，很难让企业的信息化建设有本质的提升。

服装行业信息化应用中的一个最基础的应用特征是：二维录入和查询。一些大型服装企业的管理水平很高，不仅要求二维录入要有颜色尺码，而且还要包括品牌、面料、产地等，所以这也要求服装管理软件需要支持多维录入的功能。如今已经有基本能有效解决服装颜色尺码录入、查询问题的专业服装管理软件，但是对于更多维的快捷录入还没有理想的解决方案，依然存在烦琐的操作，应用效率非常低。目前我国的服装企业大多属于劳动密集型企业，自动化程度低，很大程度上给服装行业信息化的实现造成困难。而且服装企业的业务流程非常复杂，许多服装企业每天需要处理成百上千的存货单位，并要管理无数的款式、结构、客户标识甚至更多的数据，所以供应链管理能够精确地预测、生产计划、采购管理、分销管理的特点在这种复杂性极高的经营管理中尤为重要。除此之外，我国服装行业业务多以 OEM 为主，这需要我国服装厂商必须按订单准时交货。如果在不太确定交货时间或库存没有货物的情况下不负责任地交货，必然会失信于客户并且使客户满意度大打折扣，从而造成客户流失。如果企业建立一个高效一体化的供应链管理体系，就如同在企业自己和供应商、分销商和客户之间建立了一条顺畅的高速公路一样，有效地减少每个关系之间的转接时间，将这个转接的时间压缩至接近为 0。

2. 国内服装企业供应链的信息化方案

许多服装企业都想在繁杂的面料品种、款式、规格中体现自己的独特性，同时要求其销售环节和销售渠道多样性，这也使得我国服装企业供应链管理的难度越来越高。随着公司规模不断壮大，公司业务也多方面发展，各地分公司不断增加，公司在存货周转、库存管理、内部控制、销售流程与采购的监控方面非常困难，公司财务业务信息的反馈也依然存在越来越多非常难以解决的问题。因此体现出内耗严重、内控低效、管理失调、信息缓慢，造成存货大量浪费和积压等不好解决的问题，使我国服装企业每年在这些方面的损失很大，又无法提前获得信息警报。从而某些公司决定先实现采购、库存销售的信息化管理体系，从供应链环节下手来解决这些困难和矛盾状态，同时将业务和财务实现集成，以此为基础再分阶段，在 ERP 系统里逐步全面实施业务以实现企业信息化管理的集成。

海辰的 ERP 系统就是一款适合大多数服装企业实施供应链管理的系统，是多语言的操作系统。它不但能适应公司简单的业务需求，随着公司业务扩大，为满足公司未来的需求，也会不断更新 ERP 系统。该系统满足服装行业特性，通过不同尺寸、颜色、款式和

面料等多属性的组合来确定物料清单，从而运用综合计划、预测、分配和补给加强企业供应链的有效性；运用电子商务的多功能性来进行供应商协同和客户联系；通过多种销售渠道和合理的市场竞争提供优质服务以确保客户的满意度；加强库存的控制，减少库存的损耗；加强对生产过程的有效控制，降低损耗；增强项目控制能力。

（二）中国服装企业如何效仿H&M公司的供应链管理模式

目前市场上有多种多样的供应链管理模式，但对于时装行业和时尚行业来说，企业成功的关键因素就是找准适合自己企业发展的管理模式。

国内七匹狼是最早通过品牌运营和经销商渠道脱颖而出的企业，如今已经是福建服装集群的龙头。七匹狼负责人周少雄十分赞赏H&M的供应链管理体系，店铺在经历了早先几年的高速扩张后，只有加强后台管理，不断地发挥管理的边际效应，才能降低扩张的成本和风险。同时，周少雄也向H&M这家欧洲零售业巨头学习，将“时间、品质和价格”作为商业理念，竭力在效率和成本之间寻找新的平衡点。比起另一家同样迅速占领中国服装市场的欧洲服装业巨头ZARA来说，H&M由于成本控制得当，商品价格比ZARA便宜近1/3，因而吸引了更多的消费者，并且H&M的管理模式是以直营店为主，这样可以加强对渠道终端的控制。但七匹狼目前还是以批发和加盟业务为主。这两种企业相比，直营模式的确能够实现更精细的管理以及更快反映市场。所以七匹狼将以前的批发模式改造为零售直营模式。在这一改变后，七匹狼总部对于每个店的补货的建议、促销的时间和价格的改变都可以及时通知。从管理上来说，零售直营模式更为主动。但仅仅从批发模式转为零售直营模式，不能全面提升供应链效率。同时，无论是以哪种模式发展，对于零售业而言，最为重要的是对最终端的控制。

H&M成功的供应链管理模式已经成为我国部分服装企业的效仿目标，但也不能盲目跟从，要参照国内国情，打造适合本土最好的供应链管理模式。Lawson就是专门针对国内服装行业，利用纯Java技术在先进的技术操作平台开发的一种解决的方法。这一解决方案利用行业针对性的产品属性和数据管理功能，使我国服装企业信息化管理更简化。它运用纯B/S构架的开放式企业信息门户，能与Windows和微软互联网技术紧密结合，支持免费的个性化浏览器，支持多语言的功能，有强大的报表设计及输出管理功能，可以配置业务流程，还有流程驱动的业务功能。就像我国美特斯邦威、森马这类走量的品牌和成衣价格比较低的服装企业，他们需要利用这个企业信息平台，针对上下游的供应链以及企业内部的进销存各环节进行有效的管理，并且协助各部门进行日常运作，进而全面协调各部门及各地分支机构之间的工作联系。通过这个系统，可以帮助服装企业了解在什么时间销售什么产品，这些信息是企业制订商品采购计划的关键。

五、H&M供应链管理的不足之处

（一）供应链管理的疏忽导致H&M在国内的产品出现质量问题

2012年，上海市质监局通报H&M旗下子品牌“DIVIDCD”的一款针织毛衣，经检测，该款毛衣纤维含量实测结果与标注的不相符，存在虚标现象。据统计，H&M已经连续三年被曝产品质量不合格。H&M 和 ZARA 相似，都是以对时尚的快速反应和遍布全球的非常强大的供应链而著称。而 H&M 与 ZARA 在生产环节最大的不同在于，ZARA 拥有自己的生产厂，但 H&M 并不自建工厂，而是与代工企业开展合作。相比 ZARA，H&M 的高效供应链策略是在满足产品供给的同时，将成本控制到最低。伦敦市场研究公司的分析师表示："不拥有任何自有工厂，H&M 的确比其他许多零售商在降低成本方面更加灵活，但是对代工厂的管理可否做到丝丝入扣、毫无偏差是一个值得思考的问题。"所以，快而不精会出现衣服质量问题。

（二）H&M 设计师系列遇冷

H&M 在与 Channel 设计总监推出设计师系列时的确获得顾客的疯狂抢购，可是这种模式的火热程度正在逐年递减。从川久保玲到马丁·马吉拉，再到范思哲，从"粉丝们"彻夜排队抢购，到限量款的时装几乎一个小时就被抢购一空，H&M 昔日限量款发售的火爆场景还让人记忆犹新，可如今，在发售遇冷这个活生生的事实面前，H&M 与大牌合作限量款似乎已经风头不再。

（三）H&M 的运动系列未引入中国

H&M 在欧洲大卖的运动系列其产品分类专业详细，涉及跑步、网球、瑜伽等，而且价格远低于 adidas 和 Nike。运动衣在 2013 年补货率达 36%，打折只占 10.4%。但是其运动系列尚未引入中国，对其销量造成了一定的影响。

（四）供应商合作关系需要改善

H&M 在全球拥有 800 多家供应商，1600 多家工厂为其服务，如此多的供应商，其管理对 H&M 是一个很大的挑战。据中国供应商上海伟星实业经理说："目前，H&M 的代工利润很低，如果工厂停工，便将面临亏损局面。"因此，中国供应商通常会在原材料与制造过程中节省成本，但这给衣服的质量造成了极大的隐患。

（五）缺少与网络平台的合作

目前，淘宝在中国的销售量逐年增加，网上购物逐渐成为年轻人购买渠道的主战场，越来越多的国际品牌进驻天猫商城，来增加自己的网络影响力与销量。据统计，国际十大"快时尚"品牌已有九家在天猫有旗舰店，只有 H&M 没有加入。优衣库在 2014 年"双 11"，一天的销售收入就超过 2 亿元人民币，H&M 的老对手 ZARA 在去年也入驻天猫，开始网络销售。H&M 在中国缺乏与电商平台的合作，对其销量产生了很大的制约。

六、建议与改善

（一）产品高质量是发展的基石

质量问题是全球"快时尚"品牌的通病，拥有高质量的产品才能使品牌拥有长足的发展。H&M 可以采取以下三项措施来改善产品质量问题。

（1）增加供应商的主动权。H&M 作为供应链中的中心企业对供应商拥有绝对的话语权，对供应商的过于强势大大削弱了其话语权。好多供应商为了继续保持与 H&M 的合作被迫接受低利润订单，而供应商为了更大利润将寻求更低成本的原材料，如此下去便形成

恶性循环。H&M给予供应商合理的议价权，不仅能够改善与供应商的关系，还能从源头处理产品质量问题。

（2）增加质检人员的培训。公司培训部门加大对质检队伍的技能与职业素养的培训，质检人员能直接控制上市产品的质量。只有拥有一支高职业素质的质检人员，才能更好地把控质量关，大大降低产品出厂的次品率。

（3）优化质检流程。H&M服装检测一次需要3～5天，不合格后重检需要7～10天，这么长的检测时间对于“快时尚”来说是致命的等待。公司应该积极改进检测方法，优化检测流程，尽最大努力去缩短检测等待时间，只有这样才能避免质检人员害怕推迟产品上架而放松标准。

（二）增加营销新玩法

H&M推出第一款设计师系列已经是2004年的事情了，十年的时间已经让粉丝们逐渐出现厌倦的心理。对于这种“快时尚”，其目标客户大多是年轻男女，他们追求时尚，追求新奇的事物。因此H&M在保留设计师系列的同时，应该寻求营销新手法，比如与国际巨星合作推出明星款，只有保持营销的创新，才能更好地抓住年轻人追求的好奇心，创造新的销量神话。

（三）不同地区合理引入新品

H&M面对不同的地区，采取不同的销售款式，这种因地制宜的方式的确可以更准确地面对客户需求。然而在全球化的今天，H&M应该尝试在不同的时期，将某地区的热销通用款系列放到其他地区销售，在经过一段时间尝试后，再进行短期划区销售。比如，中国在2008年之前与近几年的穿衣风格是有很大的变化的，以前受奥运会的影响，运动系列销量一飞冲天，而近几年休闲装成了服装销售的主力军。H&M也应该时刻关注不同地区的服装变化趋势，在不同地区尝试不同新品系列的销售。

（四）改善供应商合作关系

为了供应链的长久发展，中心企业必须协调好与上、下游企业的关系，目前，H&M出现质量问题就是一个充分的证明。H&M应该提高供应商的话语权，使供应商能够拥有合理的利润空间，保证其正常的运营发展。在低成本的前提下，仅靠严格的约束条约是难以长久维持与供应商的合作关系的，H&M应该积极寻求新的合作方法来改善与供应商的合作关系，营造一种良好的共赢局面。

（五）加强与电商平台的合作

面对网购兴起的大趋势，H&M应该紧跟社会的发展，跟随年轻人的潮流，积极拓展网上销售的渠道。其中，与天猫、京东、亚马逊等电商巨头合作是快速融入网上销售的最便捷的方法，这些电商巨头基本控制着国内的网购流量。H&M可以认真研究学习优衣库在天猫成功的经验，尽快追赶优衣库、ZARA在中国电商销售的脚步。

七、H&M的供应链启示

速度快、款式多、批量少、迅速而准确地占有信息资源，有效地减少库存是H&M这类“快时尚”公司取得成功的共同特征。

在供应链中，H&M既是进口商，又是零售商，控制大部分的供应链。H&M并没有像ZARA一样拥有庞大的生产系统，但是其生产过程、产品运送均是外包方式，为其节省了大量的固定资本投入。同时，先进的信息系统根据销售数据利用ICT对未来需求做更准确的预测，预先大批量采购布料，节约了大量原材料成本。染色和裁剪放在后面的延迟策略，提高了原材料的利用率，同时极大地缩短了产品的前导期。总之，H&M竭力在效率和成本之间寻找利润最佳平衡点，是国内乃至世界服装行业的成功典范。

服装作为快速消费品，产品的潮流性决定了其销量的大小，因此，设计是服装行业的基础，也是企业利润的决定因素之一。另外，库存是供应链中的最重要的部分，库存过高必将引起大幅降价来提高销量，过多次数的降价将降低企业的品牌影响力；库存过低，便会失去购买客户，影响客户的满意度。因此，合理的库存是服装企业稳步发展的基本保证。合理的库存需要有良好的供应链来支撑，需要多方面因素的共同努力。H&M的库存控制主要集中在两点：快速的产品导入期和强大的信息系统。快速的产品导入期使店里的产品能满足绝大部分的客户需求，提高销量。ICT信息系统负责整条供应链系统信息的管理，通过分析专卖店的销售数据可为产品的设计以及产量提供准确的预测，同时，也为产品在何时做促销活动提供依据。

H&M的成功为我国休闲服装行业提供了一个新的发展之路，对于一些实力较弱的企业可以考虑轻资产的发展道路，放弃大而全的发展思路，重点打造供应链中的设计和销售信息控制管理，抓住服装行业利润最大点，获得企业的长期发展。

第十一章　耐克供应链管理案例及点评

在愈演愈烈的市场竞争环境中，越来越多的服装企业逐渐加深了对供应链管理的认识，从供应链的各个环节入手，进行流程的优化与再造。作为标杆企业的耐克公司无疑是供应链管理中成功的典范，其之所以高效运营，取得今天令人瞩目的成就，归功于背后完整高效的供应链管理体系。本章重点研究了耐克的供应链管理模式，并分析了其成功之处。

一、服装行业发展现状与趋势

（一）服装行业的发展背景

服装产业日趋成熟，国际竞争力也由劳动力成本优势向产品质量创新优势、产品开发创新优势、品牌创新优势、文化创新优势的高层次优势转变。

（1）用先进技术化解劳工问题。迫于劳动力紧缺危机，借助人民币升值换汇优势，新一轮技术改造设备更新之风在服装行业悄然兴起。科技贡献的作用在本轮产业升级中彰显出来。成熟的服装企业在技术改造中扮演的不仅仅是买家的角色，而是通过引进先进设备对工序和工艺进行优化配置的设计者，往往是企业对设备或软件制造商提出要求进行定制采购。提高劳动生产率；化解劳工荒问题；解决熟练技工紧缺问题；解决制造过程中人为因素产生的质量问题；提高制造水平和管理水平是这次技术改造的主要目的。吊挂生产线、电脑缝制设备、电脑控制专业工艺设备、产品信息条码分拣设备、后整理设备、产品检验检测设备等都成为被引进的热门设备。

（2）品牌和市场细分时代到来。伴随新一轮市场“重新洗牌”而来的品牌和市场细分不仅仅局限于品种、档次、区域的进一步细分，更表现在以产品风格和消费群细分为特点的深度细分。主要体现为品牌在市场中的横向细分，即同一品种或相同档次产品层中通过“产品风格”和“消费群”进行的横向再细分。市场被拉平，占据各个市场位置的品牌个数将被摊薄。可以看出，新一轮细分的竞争焦点是“文化”“创新”和“研发”，最终的目标是“销售收入”和“市场份额”，“差异化”之剑在这一时期格外锐利，缺乏科技投入和市场研发的盲从行为，在这个市场机遇和挑战面前都将十分危险。

（3）加工商与经销商进一步分化。近年来，耐克首创的“轻资产运营”模式在服装行业大行其道，一个直接结果就是加速了“职业经销商”行业的诞生和成长，从而加速了加工商与经销商的分化。“轻资产运营”模式能够实现品牌在短期内获得销售收入的高增长，使品牌迅速扩张市场份额，同时降低企业的库存和负债率，使企业有可能将主要力量投入到“产品研发”和“市场推广”环节，而对产品制造和零售分销业务的外包则借力于广阔

的产业资源，达到多方共赢的目的。

（二）运动服装行业的供应链特点

基于微笑曲线的物流与供应链分析。微笑曲线为运动服装企业物流与供应链分析提供了全新的视角，如图 11－1 所示。在微笑曲线的两端，具备高附加价值的分别是专利、技术和品牌、服务，耐克、李宁等优秀企业纷纷集中有限的资源，通过研发和营销来实现。而在微笑曲线的底端，仅有低附加价值的组装、制造，以及中间的物流。在这种企业运作模式中，供应链管理显得尤为重要，通过供应链的有效整合，使得上下游企业无缝对接、高效运作，最终使企业乃至整条供应链在激烈的全球竞争中立于不败之地。

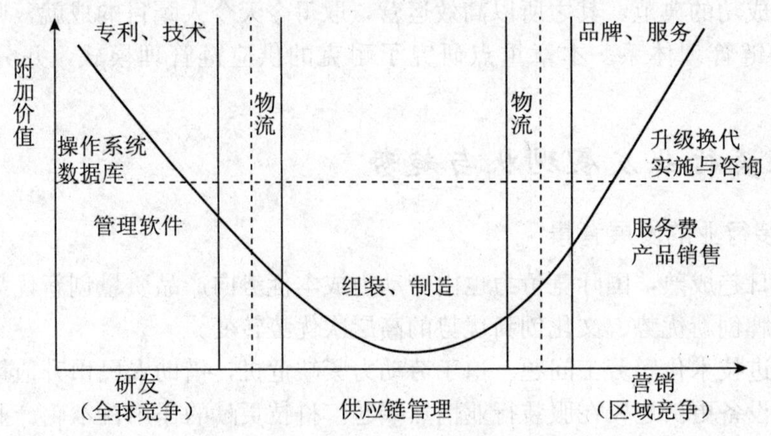

图 11－1　运动服装行业的微笑曲线

费舍尔的供应链匹配模型。宾夕法尼亚大学沃顿学院的马歇尔·L. 费舍尔教授提出了供应链匹配模型。他将产品按需求性质分为实用性产品和创新性产品两类，将供应链功能分为实物功能和市场协调功能两种。形成一个供应链战略与产品战略的四象限组合，这就是费舍尔的供应链匹配模型（图 11－2）。

	实用性产品	创新性产品
高效供应链	匹配	不匹配
快速供应链	不匹配	匹配

图 11－2　费舍尔的供应链匹配模型

所以运动服装属于创新性产品。根据费舍尔的供应链匹配模型，运动服装企业应建立高度快速反应的供应链体系与之相匹配。

（三）运动服装行业的发展趋势

随着全球对运动健身的认识逐步增强，运动服装行业也逐步成熟，未来的运动服装行业有以下发展趋势。

（1）专业性将增强，很多经销商目前代理不同行业品牌产品的现象将会大大减少。

（2）运动服厂家群体进一步分化——有实力的经销商将承载起市场推广和渠道运作，以及售后服务的功能，从而成为超级经销商；另一部分经销商将会成为厂家指定的专业资金平台和物流承包商；其他没有资金和网络的经销商将不可避免面临退市的命运。

（3）经销商与厂家的对等地位将会逐步达成。现在存在着一种非常不合理的现象，即厂家与经销商之间的合作协议是单方面由厂家拟定，经销商直接签字盖章的“不平等协约”。在国外，厂商之间的经销合同更多的是基于双方真正的地位平等、友好协商。

（4）以区域性经销商为主，目前由于连锁业态的发展，不少经销商跨区域经营，由于区域消费的差异和复杂的物流现状，未来的经销商将以区域性经营为大多数。

（5）运动服品牌代理更多地成为渠道和品牌的服务商角色定位。由于资金平台的逐步淡化，经销商的概念和职能将会被逐步淡化，日渐突出的是作为分销渠道、厂家及消费者三者的服务桥梁。

（6）拥有品牌的经销商将会在与运动服厂家的合作中享受更多的资源，而没有品牌的经销商将会错失更多的发展机遇，并且两者之间的差距将会不断加大。

二、耐克公司背景

（一）耐克的销售情况

毋庸置疑，耐克已经是世界上最大的国际服装品牌之一，无论在设计上还是在销量上，耐克所获得的赞誉都不胜枚举。从进口日本虎牌运动鞋开始，耐克一步步走过来，不断创新、奋斗，成为了美国最大的制鞋公司，也成为了世界上最成功的运动鞋公司。在2014年中国服装行业最具影响力品牌排名中，耐克以总得分545.1分占据C－BPI排名第一的位置（图11－3）[①]。

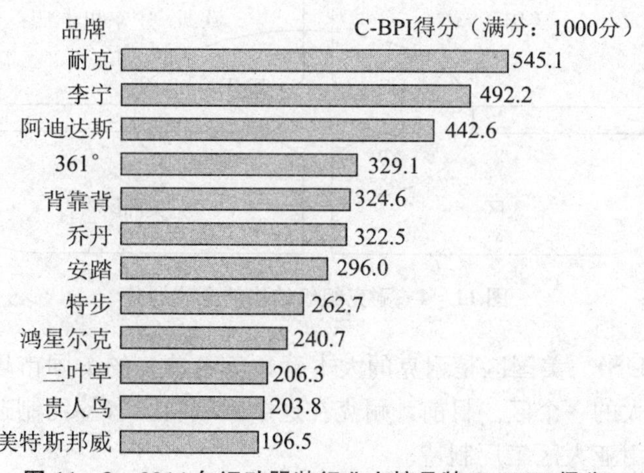

图11－3　2014年运动服装行业上榜品牌C－BPI得分

① 数据来源于中国报告网，网址：http：//jingzheng.chinabaogao.com/fuzhuang/04111O 5342014.html。

据世界体育用品联合会调查显示，中国的体育用品生产份额占到全世界的六成以上，中国的运动鞋产量更是达到全球的80%以上。在2013年的数据调查中，耐克在体育用品的全球份额占据了三成，其中运动鞋占据了近一半的全球份额（见下表）①，这让很多公司，尤其是国内起步较晚的运动品牌难以望其项背。耐克先进的供应链管理模式有很多值得中国企业学习的地方。尤其是在当代，"飞人乔丹"等耐克品牌已经成为新兴一代的成功、品位、地位的象征。

运动服装行业主要品牌占据的市场份额 单位：%

运动鞋			运动服		
品牌	2014年	2013年	品牌	2014年	2013年
耐克（Nike）	46	45	耐克（Nike）	31	27
乔丹（Jordan）	14	12	安德玛（Under Armour）	16	14
阿迪达斯（Adidas）	6	8	乐斯菲斯（The North Face）	7	6
亚瑟士（Asics）	4	4	阿迪达斯（Adidas）	6	8
思凯捷（Skechers）	4	3	乔丹（Jordan）	5	5
安德玛（Under Armour）	3	2			

（二）耐克的全球矩阵式组织结构

从纵向来看，耐克的全球组织结构分为三个层次：全球总部、区域总部和国家/地区总部。按照地理位置和市场特性，耐克将全球划分为四大区域（见图11-4）。

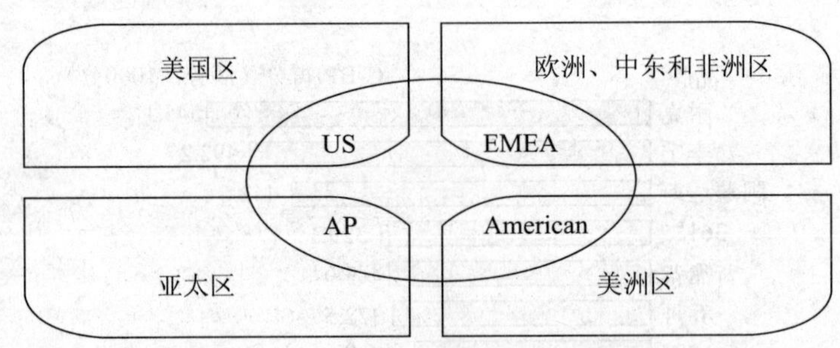

图11-4 耐克组织结构的全球划分

(1) 美国区（US）。美国区是耐克的大本营，负责单一的美国市场，是四大区域中收入占据公司比重最大的一个区。目前，耐克在这个区域内没有签约制造工厂，该区域所销售的产品绝大多数由亚太区工厂制造。

① 数据来源于新浪财经网，网址：http://finance.sina.com.cn/stock/usstock/c/20141002/130420462777.shtml。

（2）欧洲、中东和非洲区（EMEA）。该区负责欧洲各国、中东和非洲市场，在收入上仅次于美国区。该区域中签约工厂所制造的产品数量在四大区域中排名第三，在该区域制造的产品，主要用来满足该区域内的特定需求。

（3）亚太区（AP）。该区负责亚洲各国和澳大利亚的市场，在收入上排名第三。该区域中签约工厂所制造的产品数量在四大区域中排名第一。耐克全球绝大多数的签约工厂位于亚洲，在这个区域中制造的产品，供应到全球各个国家和地区的分销中心和零售网点。

（4）美洲区（American）。该区负责除了美国之外的南美和北美各个国家的市场，在收入上排名第四。该区域中签约工厂所制造的产品数量在四大区域中排名第二，而在该区域内制造的产品，和 EMEA 一样，是针对该区域特定市场需求而制造的产品，只供应给该区域内部。

从横向来看，耐克各个国家/区域总部和耐克全球总部，采用基本类似的部门组织结构，但在区域和全球总部，更多一些负责跨国家、跨区域协调与规划的部门；而在各个国家，则更多一些负责具体事务的部门。在耐克的各级组织结构中，都有人力资源、法务、战略计划、市场营销、产品事业单元、零售、销售、供应链、财务等部门。耐克采用矩阵式的管理方式，某个职位的员工，实线上向自己国内的上司汇报（实线汇报），同时，也向区域总部和全球总部的同样职位汇报。

三、耐克实施供应链管理信息系统前存在的问题

耐克采用全球统一的产品设计、采购和运送的模式，在供应链运营和管理中的挑战诸多，并且随着耐克业务的迅速成长、进入更多的不同市场、与更多的制造工厂和其他供应商进行业务往来，供应链运营和管理中的挑战因素不断增加。在实施最新一轮的供应链信息系统前，耐克在供应链运营和管理中存在着诸多问题。从耐克供应链系统中的不同利益相关者来看，这些问题主要有以下几个方面。

（1）对作为耐克供应链系统主体的耐克公司来说，根本的挑战来自如何让每个国家/地区的耐克分公司按照统一的供应链计划准确、准时而高效地运行。耐克将整个供应链细分为 11 个环节（见图 11－5），这些环节环环相扣。一个环节的延迟会影响下一个环节，进而可能造成所有的后续环节延迟。

图 11－5　耐克供应链的各环节

对于提高供应链的效率，确保客户服务的水平，耐克制订了一个全球各个国家/地区的分公司都遵循的统一的供应链时间表，全球的 100 多家分公司，需要严格按照供应链时间表完成相应的工作。但是，在最新的供应链系统信息化之前，耐克在内部的供应链运作上无法做到准确、准时和高效。每个耐克的分公司面对变化的市场，因为缺少数据和系统的支持，不能及时收集消费者和客户需求；不能及时将产品需求与公司的目标结合在一起；不能及时制订尽可能正确的需求计划。无法制订及时的需求计划的原因在于：不能通

过统一口径，找到准确的历史数据为需求预测提供基础；需求预测没有系统的方法和工具，完全依赖人工进行需求预测分析；在分公司与区域/全球总部的沟通上，由于时间、空间和语言的限制，沟通效率和准确性都不高，造成需求预测不准确、不及时，从而直接影响供应链后续的产品供应，降低了客户服务的水平，提高了过季产品的库存水平。

在供应计划上，因为需求计划在不断进行调整，而供应链系统信息化之前没有一个单一的系统和工具对签约制造工厂的产能、生产提前期、最小订单量进行追踪，所以，根据不断变化的需求计划，制订可执行的供应计划是一个耗费大量人力和时间且容易出错的工作，而不能依赖系统自动完成。

在产品入仓上，因为缺少系统之间的整合，耐克各个分公司、区域/全球总部不能及时知道产品的在途状态；不能预见在何时会有什么产品运送到耐克的分销中心；由于没有未来入仓商品信息，所以无法确定在未来的某个时间点，是否可以满足某个客户的某个紧急订单需求；在产品分销和出库上，因为缺乏系统的支持，耐克经常发生不能准时将产品递送到客户，将错误的商品或错误数量的商品递送到客户，或将产品递送到错误的地点或客户等情况；因为缺乏系统的支持，而大量客户的订单也在不断变化，对客户的信用额度、应收账款进行管理是一项很复杂的工作。

从耐克内部的流程上看，整个供应链的大体 11 个环节在每个国家是一样的，但在每个环节的具体操作流程上，各个国家还存在一定的差异，没有一个标准化的、合理化的操作和流程被所有的国家接受。鉴于供应链的整体环节在每个国家是一样的，而耐克业务模式在每个国家都相同，所以，应该可以制订一个适合所有国家的、最优化的供应链操作流程出来。从耐克内部的系统上看，在最新的供应链系统信息化之前，耐克在全球拥有 27 个订单管理系统，而这些系统都是高度定制，没有很好地整合在一起，要将所有这些订单管理系统里的信息手工整合在一起，是一大挑战。

（2）从耐克签约制造工厂的角度来看，在供应链系统信息化之前，因为耐克签约制造工厂的系统没有与耐克的系统进行有效整合，耐克的制造工厂只能通过传真或者邮件的方式接收耐克的生产订单。这些订单需要手工输入耐克签约制造工厂的系统中，而这增加了人工错误的可能。耐克为了追踪给工厂的生产订单的状况，要求制造工厂每隔一个星期向耐克相应的代表处和耐克总部报告订单的生产进度。虽然制造工厂有信息系统对生产进度进行追踪，但还是需要人工的工作，从工厂的信息系统中获得数据，手工制作订单进度报告，并以传真或邮件的方式，传送到耐克相应的代表处和耐克总部。同样的，由于欠缺整合平台，签约制造工厂在生产订单中的产品全部完成以后，需要手工制作相应的交货单，给第三方物流公司、耐克代表处和耐克总部。因为没有一个整合的平台，供应链中的相关利益方不能及时共享信息。

（3）从耐克物流服务提供商的角度来看，由于耐克委托众多的第三方物流服务提供商提供物流和仓储服务，虽然那些都是大的物流服务提供商，都有他们自身的系统对产品运输和仓储进行追踪，但耐克没有一个统一的平台与他们的信息系统进行数据交换。耐克要获得产品的运送信息，也只能按照手工的方式与物流服务提供商进行信息交换。而伴随着耐克业务量的剧增、时空和语言的限制，这种手工的信息交换方式造成效率和准确率低

下，也耗费了第三方物流提供商和耐克大量的人力和时间。

（4）从耐克的客户角度来看，耐克的客户要获得耐克信息系统中的信息是非常困难的。因为耐克没有提供一种直接的信息访问方式给客户，耐克的客户无从知道耐克最新的库存情况，需要依赖耐克的员工手工提供信息给客户。因为没有给客户使用的订单系统工具，耐克的客户只能手工制作订单，将订单传送给耐克的员工，由耐克的员工输入信息系统之中。在订单进入了耐克的信息系统以后，耐克的客户也不能知道自己订单最新的处理状况。

四、耐克实施供应链管理信息系统中面临的挑战

面对激烈的市场竞争，耐克为了将供应链打造成为竞争优势，需要在全球化生产的挑战中，比竞争对手更快地将产品推向市场；保证有适当的库存以满足客户的需要；按照计划，精确地安排商品的流动；准确地传送产品、服务和信息；在与客户的交易往来中，以高性价比的服务，提高客户满意度。耐克所设定的供应链的目标就是：在持续最小化成本和最小化库存风险的前提下，将“准确数量”的“准确产品”，在“准确的时间”，递送到“准确的地点”。在全球化生产和运作的背景下，要达到上面供应链目标中的“两个最小化”和“四个准确”，耐克所面临的最大的挑战来自三个方面。

1. 准时性

要准时地将产品递送给客户，需要准时地完成产品创造，准时地制订出需求与供应计划，准时地工厂生产、准时地分销与运送。耐克庞大的制造与业务网络和供应链环环相扣，对达到准时递送的目标的挑战不言而喻。

2. 准确性

要实现最小化库存风险和供应链成本，需要耐克准确地制订出需求与供应计划，准确地生产、分销和运送。而供应链环节中存在的客户需求不确定性、环境变化的不确定性，对供应链准确性的挑战是明显的。

3. 整合性

耐克的全球统一设计、采购与分销模式，对于内部资源和外部资源的整合要求相当高。耐克要整合各个国家/地区的产品需求和供应计划；整合工厂产能，最大程度地利用好工厂产能；整合第三方物流公司资源，从而最高效地利用第三方物流公司的产品运送和仓储能力；整合客户的业务和耐克的存货等。

五、耐克的供应链流程与计划

从供应链运作的各个环节来看，要达到“两个最小化”和“四个准确”，必须深入从整个供应链的各个环节，将这些目标分解到整个供应链不同环节的计划与实施中。耐克基于运动产品行业的“期货”模式和“拉动型”市场特性，结合自身全球化生产和分销的特点，将自己的供应链环节细分为以下几项。

（1）计划。按照市场的需求制订计划。

（2）开发。按照产品计划，开发初步的需求计划。

（3）预测。制订销售预测。

（4）客户购买。召开订货会，将未来季节的商品呈现给经销商，而经销商根据市场发展趋势和历史经验，向耐克下“期货”订单。

（5）购买。对订货会中获得的客户订单进行汇总，对每个产品的需求规模进行分析和筛选，并结合市场发展趋势，定案最终的产品需求计划。以定案的产品需求计划为基础，综合签约工厂的生产能力，制订产品供应计划，并依据产品供应计划，向签约的工厂下生产采购订单。

（6）制造。各签约工厂依据耐克的采购订单，进行产品制造，按时按质按量生产出耐克所需产品，并将生产出来的产品交给物流服务提供商。

（7）分配。在产品递交给耐克以后，耐克将产品分配到每张客户订单中。

（8）运送。签约工厂生产出来的产品，由物流服务供应商递送到耐克的分销中心，或由物流服务提供商直接递送到耐克的客户。对递送到耐克分销中心的产品，由耐克供应链的部门，依据客户订单中所输入的需求时间递送到客户。

（9）服务。向耐克的客户提供服务。

（10）产品呈现。耐克的零售商或耐克自营零售网点，将产品以耐克的陈列标准呈现给消费者。

（11）产品销售。耐克的零售商或耐克自营零售网点，将产品销售给最终的消费者。

从供应链计划的各个方面来看，耐克的供应链计划包括以下几方面。

（1）库存网络计划。根据公司的库存、分销战略，结合需求、供应变动、供应提前期、期望达到的客户满意度，制订耐克的库存网络计划。

（2）销售和运营计划。根据需求信息、供应计划及库存信息，对销售和运营进行计划管理。“库存网络计划”和“销售与运营计划”的好坏，与客户服务水平、存货水平和供应链的成本有直接的关系，所以，客户服务水平、存货水平和供应链的成本是衡量以上两个计划以及供应链战略计划的指标。

（3）需求计划。根据公司成长的战略目标、从订货会上收集的客户需求信息及历史数据，制订需求计划。需求计划的好坏决定了预测与实际之间的差异。所以，预测准确性是衡量需求计划水平的指标。

（4）供应计划。根据未受限制的需求预测、客户的订单、公司制订的安全库存、供应限制，制订未来应该并且可行的产品供应计划。供应计划的好坏，决定了产品供应与总需求之间的匹配程度。所以，供应计划准确性是衡量供应计划的指标。

（5）采购订单管理。根据供应计划，制订采购订单，并对采购订单进行管理。

（6）库存管理。通过现有库存信息、采购订单和对客户的销售订单，对库存进行管理。库存管理的好坏，决定了客户需求覆盖的程度，也决定了准时全部递送率。所以，需求覆盖率和准时全部递送率是衡量库存管理水平的指标。

六、耐克的供应链管理模式

耐克没有自己的直接供应商，甚至没有自己的工厂，只在各个拥有廉价劳动力的区域

寻找供应点，将生产交给当地的工厂，并使用工厂原有的供应商。耐克公司供应链主要分为产品计划，外包与制造，产品入库与分销出库三部分（见图 11-6）。

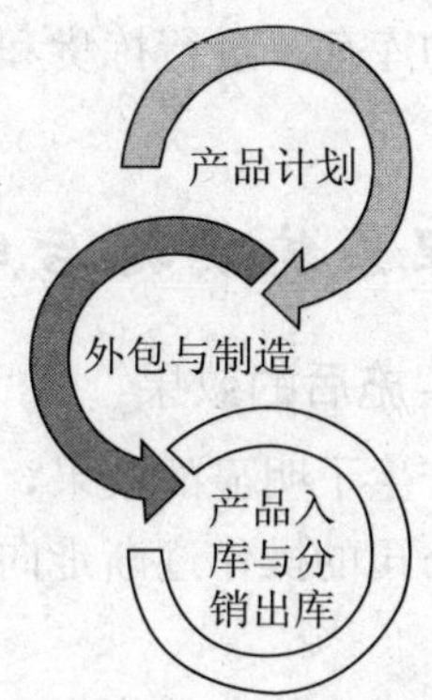

图 11-6 耐克供应链的三个部分

（一）产品计划

耐克的产品有三类：鞋类、服装和运动装备。对应地，由三个不同的业务单元负责相应的产品创作、计划（需求和供应）、外包制造等产品计划业务。

（1）产品创作。是将产品概念转化成为商业化产品的过程。它包括产品设计，制订产品价格和外包策略，从设计出来的产品中挑选适合市场需求的产品，以使产品能够最大程度地满足市场的需求。

（2）需求计划。是基于产品创作的基础上，根据未来的业绩目标和对未来需求的预测，确定未来不同类的不同款式/颜色产品需求量的过程。

（3）供应计划。是基于需求计划和外包计划的基础上，考虑签约工厂的产能、提前期和最小量等供应链中的限制因素，制订产品供应计划的过程。

（二）外包与制造

进入供应链中的“外包与制造”环节，耐克开始了与外部不同的供应商之间的沟通。供应链信息系统项目最大的价值，是使供应链的各个利益相关者之间，更快、更准确地共享信息，从而使得供应链的速度能够提升，同时，成本能够维持不变或者下降。

（1）产品外包。是根据原始产品外包计划、产品供应计划、确认外包价格、提前期、最小量等因素，确认最终外包的过程。

（2）产品制造。是工厂接受耐克的生产订单，进行产品制造的过程。

（三）产品入库与分销出库

进入供应链中的“产品入库、仓储、分销和出库”环节，耐克将制造工厂中生产出来的产品，运送到在全球各个国家/地区的分销中心，然后耐克在各个国家/地区的业务分支机构与分销中心合作，根据客户的期货订单，配送相应的产品到耐克的客户。供应链信息系统在“准时递送全部产品”的策略中所扮演的角色是至关重要的，它对于耐克的供应链的运营水平和提高客户的满意度有重大的影响。

(1) 产品入库。是将工厂生产出来的产品，运送到耐克各个国家/地区的分销中心的过程。

(2) 产品分销与出库。是录入客户的订单，制造出来的产品进入分销中心后，系统给订单分配库存，分销中心按照分配的库存，进行拣货和产品运送包装，最终将产品递送给客户，并收取客户费用的过程。

七、耐克的供应链管理系统实施后的效果与成功之处

(一) 耐克的供应链管理系统实施后的效果

耐克供应链管理系统实施后，产生了明显的效果，对效率有了很大的提升。无论是信息的收集还是生产管理部分，耐克公司的操作逐渐走向更加正规的道路。

1. 信息的收集和整理

有效的供应链管理可以帮助企业对于信息的收集和整理更加通畅；使得企业的业务流程更加规范；大大地减少企业运营和管理中的成本；令企业可以更加完美地做到控制和支持工作。顶尖的供应链管理系统通常采用全球通用的网络标准，可以与各相关信息的系统对接，能够使企业和商业伙伴之间构建一个无缝的、自动的供应链，从而使耐克的供应链就像一个整体一样运作。通过运用电子供应链，企业之间信息的传递时间大大缩短了，并且数据也可以更加精准，因此能够很大程度上缩短提前期，进而带来库存和运输效率的较大改善。运用跨组织企业流程的整合，可以令各种库存补充计划有实施的基础。

2. 管理生产与销售计划

从供应链的各个环节来看，供应链管理可以帮助耐克公司记录和追踪供应链中的各个环节，这首先就要从产品计划的产品创作开始，到需求计划、供应计划的制订，到产品外包、产品制造、产品入库、产品仓储、库存管理、产品分销，再到最后的产品运送。对于耐克这种业务覆盖范围广泛、顾客数量多、产品线广泛的企业来说，整个复杂的供应链流程，如果没有一个运行良好的管理系统帮助企业进行内部记录，那么整个公司的经营将会无法进行。

对于耐克来说，要打造一个准确、高效的供应链，就必须要在耐克公司、制造工厂、第三方物流厂商和耐克顾客之间进行有效的整合和信息共享。在耐克公司与耐克客户之间，供应链管理可以帮助耐克的顾客及时了解到耐克公司的最新产品库存，从而使客户做订货参考、客户订单的处理情况、客户订单产品运送信息可以提前做收货准备、客户在耐克的财务状况等；耐克通过整合的管理系统，接收客户来自网络，或者通过 EDI 方式发送过来的电子订单，按流程对顾客的订单进行处理和追踪，在耐克公司与制造工厂之间，管理系统可以将耐克在全世界每个国家或者地区的产品需求信息进行汇总，从而统一、大批量地向制造工厂下达订单，进一步减少采购和制造成本；通过互联网和 EDI，制造工厂能够很容易地收到电子订单；而制造工厂的订单生产状况，也可以通过 EDI 的方式，准确地反馈到互联网平台，耐克可以看到最新的订单生产状况，从而预测到未来产品的交付日期是提前或者可能导致延误；对于制造工厂的产品生产进行实时监控，以便以后选择制造工厂时，可以有准确的数据作为参考。在耐克公司与第三方物流公司之间，通过信息交换，

耐克可以及时跟踪产品运送的情况、预测产品到达时间、对物流和仓储成本进行控制。

3. 交易与绩效管理

可以通过供应链追踪和记录交易。交易的详细和历史信息，是对供应链运营绩效进行分析的基础。耐克的供应链管理将供应链中的交易进行记录和追踪。这些交易的详细信息，为耐克创造的供应链记分卡提供数据来源。而有了数据支持的供应链记分卡系统，耐克可以对供应链的绩效进行管理，从管理系统中，找到做得不好的地方以及优秀的地方，扬长避短，进而找到可以长久提升供应链效率和准确率的方法。对供应链的绩效进行管理主要集中在三个方面：业务与供应链运营绩效管理；外包与采购绩效管理；库存、产品运送和分销管理。在业务和供应链运营绩效的管理上，耐克运用净收入、物流成本、空运费、物流成本占净收入比等一些指标来衡量；对于外包与采购绩效的管理，耐克运用设计与实际生产款式比、工厂准时生产率、款式生产率等指标来衡量；而对于库存、产品运送和分销管理，耐克运用库存周转天数、分销中心产品库存数量、准时运送率、期货覆盖率、销售账款未清天数、订单取消率、产品退货等指标来衡量。耐克引进最新的供应链管理系统只是个开始，各个业务和管理部门对信息需求增长，耐克已经对供应链管理进行完善。在之前导入的 SAP R/3 信息系统后，耐克最新的供应链升级改善目标主要集中在两个方面：一方面，对于新出现的业务和流程的完善与改进，这需要供应链管理从根本上进行支持。新业务，如顾客可以提出在耐克的产品上进行属于自己的独特的设计——签上消费者的名字等。新流程，比如直接运输，这个流程可以令耐克直接将产品从工厂运送到耐克的顾客、零售商、经销商的手中。另一方面，将管理系统作为耐克商业智能战略的最主要的工具。因此，耐克制定并且启动了一个 NBIS（NIKE Business Intelligence Strategy）项目。该项目的主要目标是耐克在它经营的全世界范围内，统一各种概念和指标，为业务和管理部门提供唯一的数据决策支持系统，使得它的所有员工和合作者都说同一种语言，都使用统计口径进行数据统计。

（二）耐克供应链管理的成功之处

作为服装行业标杆企业的耐克之所以取得今天令人瞩目的成就，无疑是耐克的供应链管理起着举足轻重的作用。

1. 企业目标明确，供应链管理统筹兼顾

耐克的企业战略的出发点是抓住产品研发、控制供应网络，以低成本将产品销往世界各地。因此，一般一个消费地域只由一个大型配送中心来服务，这使得耐克在工作效率、服务水平和物流控制上都取得了傲人的成果。耐克公司首先会关注先进技术、设备和信息系统等的使用，尤其在物流技术方面会及时更新，积极采用新的高效的科技、科学的管理方法，来降低成本和提高工作效率。

2. 合理外包，集中发展核心竞争力

核心竞争力是一个企业能够长期获得竞争优势的能力，是企业所特有的、能够经得起时间考验的、具有延展性，并且是竞争对手难以模仿的技术或能力。耐克的核心竞争力是产品设计，因此它一般会与拥有廉价劳动力的发展中国家的工厂合作。耐克的产品被源源不断地生产出来但生产厂却不属于耐克。耐克的这种放手外包策略无疑取得了巨大的成功，而这种成功在很大程度上是建立在“大采购”战略成功的基础之上的。对耐克而言，从生产到广告，从飞机票到午餐，从仓储到市场调研，这些都是可以通过采购得来的。

3. 在全球布局物流网络以快速响应市场需求

耐克在世界的很多地方都建立了配送中心，采用实时的仓库管理系统，使用手持式和车载式无线数据交换器，使得无纸化分拣作业成为可能，增加了吞吐能力和库存控制能力，同时还尽力从自动化中获取效益而不会产生废弃物。在亚洲，耐克在巩固日本的配送基础上，设计了世界上最先进的高密度的配送中心，这种设施可以满足未来七年销售量增长的需要。耐克在中国的运输方式主要是公路运输，在中国境内生产的产品委托第三方物流公司以公路货运的方式运往设在中国主要城市的耐克公司办事处的仓库。各个代理公司自备车辆，到耐克公司当地的办事处仓库提货，运往自己的仓库，再运往代理公司的各个店铺。

4. 优化整合供应链，彰显竞争优势

打造强势的品牌，供应链是保证；现代企业的竞争，是供应链的竞争。由于运动服装行业产品种类数量繁多、生命周期短、市场反应迅速，所以建立高度快速反应的供应链是运动服装企业提高竞争优势的有效手段。优化整合供应链，提高供应链管理水平，关键在于借助供应链管理信息化平台（ERP、EDI、电子商务等），增强上下游企业之间的互联性，全方位实现供应链体系的升级。具体来说，企业管理者要从战略高度认识供应链管理，将供应链战略融入企业战略；形成一个以满足用户需要为目标的供应链体系，整合上下游供应商和企业内部的供应链条；通过信息化工具升级管理平台，通过供应链人才培养和物流基础设施升级，提升企业供应链管理能力。

八、耐克的供应链管理对我国运动服装企业的启示

目前，我国运动服装企业的供应链管理情况与耐克这种巨无霸运动服装企业相比，还存在着相当大的差距。无论是在信息、流程还是效益等方面，耐克的供应链管理对我国运动服装企业都具有重要的借鉴意义。

1. 信息共享充分

运用系统的整合，最大程度集成供应链上的所有要素信息，通过相对应的数据访问和数据整合控制，在不影响数据安全的情况下，极大地提升信息在公司内的各个部门、公司与上下游合作企业之间的共享程度。

2. 供应链自动化与同步化

运用企业与上下游供应商、合作伙伴之间的管理系统进行适当并且充分的整合，供应链中的各个环节可以在最短的时间内获得自己想要的信息，进而完成企业与上下游供应商、合作伙伴之间的自动工作流。

3. 业务流程的变革

从产品计划到产品购买，再到产品生产和产品物流活动，在这些活动中，供应链中的每个公司成员，尤其是核心成员必须做到按照整体合作的要求实施企业内部和企业与企业之间的业务流程重组，以便应对一体化供应链的要求，极大地提高供应链的效率和弹性。

4. 供应链效益

运用信息共享、供应链自动化和业务流程重组，可以缩短顾客的响应时间，提高客户满意度，减少供应链费用。

企业进行供应链管理，应当是一个循序渐进的、不断改善的过程。一般地，供应链管理的建设需要经历以下五个阶段。

(1) 企业内部的ERP/MIS系统。只有供应链成员尤其是核心企业拥有完善和成熟的管理系统、内部业务流程和顺畅的信息流，才有可能在供应链成员之间实现切实可行的系统对接，保证上下游系统对接后数据的通畅交换和自动工作流的实现。因此，企业内部的EPR/MIS系统是企业供应链管理的前提。

(2) 与供应链上下游成员企业制订实施协作计划，共同订立项目实施进程表。供应链管理是一个整合的管理，应该在核心企业和合作伙伴企业之间成立联合项目组，来共同确定项目采用的技术标准、平台，以及需要交换的数据和数据格式。在上面的事项确定以后，各个成员企业可以自己开展内部的系统整合工作。

(3) 对供应链工作流程实施业务流程重组，最大化系统将来会带来的效益。供应链管理的建设，应该能够给相关的成员企业带来充分的效益。而能否带来充分的效益，这便要看能否对供应链流程进行充分的优化，剔除和整合无效率环节，对业务流程进行重新设计，并在供应链管理中，依靠技术的手段，完善业务需求和业务流程。供应链管理在业务流程再造上有所区别的地方在于：供应链的流程再造既包括了自身企业内部的流程再造，又包括了自身企业与上下游企业之间的流程再造。

(4) 整合企业之间的管理系统。在预先定义的技术平台、数据交换格式的基础上，依靠企业内部和企业之间的流程再造，真正实现供应链成员企业之间的信息系统整合。

(5) 对供应链管理的运作情况进行评估，进一步协调成员企业之间的运作方式，并依据实际需要，对管理系统和业务流程进行调整，使之能够更加高效地为供应链服务。

对于像耐克这样的大型、跨国企业集团来说，要在整个集团范围内进行供应链管理，更是一个循序渐进的过程。盲目迅速地大范围内进行供应链管理是一个高风险也不切实际的活动。大型、跨国企业集团对供应链管理，应该先筛选一个有代表性的公司做试点，在试点公司成功了以后，再在集团的其他公司实施。

第十二章 “快时尚”背景下我国休闲服装企业库存管理研究

在全球“快时尚”服装迅速发展的背景下，传统服装业模式受到极大的挑战。“快时尚”品牌不仅货品更新速度更快，而且其管理与库存的要求严于传统服装企业。本章分析了“快时尚”服装的基本特性，以服装巨头 ZARA、H&M 为例，研究其独特的供应链管理模式。同时，通过国内休闲服装企业运营模式以及近几年库存情况，分析了其在供应链管理中的突出问题，并针对其库存问题提出了相关的改进意见。

一、绪论

(一)“快时尚”

时尚界以“快、狠、准”为主要特征的“快时尚”迅速兴起，带动全球的时尚潮流。“快时尚”服饰始终追随季节潮流，新品到店的速度奇快，橱窗陈列的变换频率更是一周两次。与速食年代“求速”的特点如出一辙。流行的“快时尚”品牌包括 ZARA、H&M、UNIQLO（优衣库）等。

“快时尚”每一款衣服的生产数量都非常少，这样不仅可以减少单款的陈列，避免一种款式的诸多重复，同时可以人为地制造稀缺，带动消费者的购买欲。“快时尚”每年生产的服装款式，其数量是一般企业的 3～4 倍，并且服装产品每周更替，产品售完不会再有重复款上架。

(二) 供应链

供应链的概念是从扩大的生产（Extended Production）概念发展而来的，现代管理教育对供应链的定义为“供应链是围绕核心企业，通过对商流、信息流、物流、资金流的控制，从采购原材料开始，制成中间产品以及最终产品，最后由销售网络把产品送到消费者手中的，将供应商、制造商、分销商、零售商，直到最终用户连成一个整体的功能网链结构”。

供应链管理的经营理念是从消费者的角度，通过企业间的协作，谋求供应链整体最佳化。成功的供应链管理能够协调并整合供应链中所有的活动，最终成为无缝连接的一体化过程。

供应链的概念是从扩大生产概念发展来的，它将企业的生产活动进行了前伸和后延。日本丰田公司的精益协作方式中就将供应商的活动视为生产活动的有机组成部分而加以控制和协调。哈理森（Harrison）将供应链定义为：“供应链是执行采购原材料，将它们转

换为中间产品和成品，并且将成品销售到用户的功能网链”。美国的史蒂文斯（Stevens）认为：“通过增值过程和分销渠道控制从供应商到用户的流就是供应链，它开始于供应的源点，结束于消费的终点。”因此，供应链就是通过计划（Plan）、获得（Obtain）、存储（Store）、分销（Distribute）、服务（Serve）等这样一些活动而在顾客和供应商之间形成的一种衔接（Interface），从而使企业能满足内外部顾客的需求。

（三）供应链管理

供应链管理，指使供应链运作达到最优化，以最少的成本，令供应链从采购开始，到满足最终客户的所有过程。

供应链管理就是协调企业内外资源来共同满足消费者需求，当我们把供应链上各环节的企业看作一个虚拟企业同盟，而把任何一个企业看作这个虚拟企业同盟中的一个部门时，同盟的内部管理就是供应链管理。只不过同盟的组成是动态的，根据市场需要随时在发生变化。

（四）库存管理

库存，是仓库中实际储存的货物。可以分为两类：一类是生产库存，即直接消耗物资的基层企业、事业的库存物资，它是为了保证企业、事业单位所消耗的物资能够不间断地供应而储存的；另一类是流通库存，即生产企业的原材料或成品库存，生产主管部门的库存和各级物资主管部门的库存。此外，还有特殊形式的国家储备物资，它们主要是为了保证及时、齐备地将物资供应或销售给基层企业、事业单位的供销库存。

库存管理主要是与库存物料的计划与控制有关的业务，目的是支持生产运作。

二、“快时尚”特性分析

（一）产品特性研究

时尚产品的突出特性是生命周期较短，显然它应归属于短生命周期产品的范围；然而短生命周期包含的产品种类很多，产品间的特性差异较大，比如生鲜食品和服装产品，虽然同样都可以归属为短生命周期产品，但是两者的特点显然不同。一般商品的价值由两部分组成，分别为物理价值和时间价值。物理价值就是产品本身的基本功能所具有的价值，时间价值是消费者购买一些流行商品而额外获得的一些价值。任何一部分价值的丧失，都会造成产品价格的急剧下降，进而使得商品生命周期结束。根据产品价值损失原因的不同，短生命周期产品可以分为时尚产品和易腐品。由于新技术引入或者消费者需求变化而引起产品时间价值下降占主导的产品为时尚产品，也可以称之为易逝品；由于变质、过期、挥发等原因造成产品使用价值逐渐下降的产品称为易腐品。

根据其价值丧失原因的不同，时尚产品和易腐品可以进一步细分。对于价格主要由时间价值决定的时尚产品来说，其价值丧失的原因有两个：一是由于市场需求发生了重要变化，如服装、鞋帽、玩具等商品；二是主要由于新技术的引入，出现了更具性价比的商品，如手机、电脑等。对于价格主要由使用价值决定的易腐品来说，其价值丧失的原因也有两种：一是产品有一定使用期限，否则就会变质而失去价值，可称之为易变质性物品，比如蔬菜、水果等商品，另外类似报纸的商品由于其基本使用价值也是在于其内容的时效性，所以也归为此类；二是由于挥发等物理作用而引起使用价值的减少，可称之为易挥发物品，如酒精、汽油等商品。

相对于20世纪80年代之前，企业面临的商业环境发生了巨大的变化，其中一个显著的特征就是产品生命周期大大缩短，从而产品从引入到成长、成熟直到衰退，过去也许要3～5年，甚至10年的时间。现在很多产品在引入市场后，大概仅仅经过1～2年甚至几个月之后，就被生产商推出的新款产品挤出了市场。

而在所有商品中，有一类商品其生命周期之短更为突出，如服装、玩具、手机、计算机等商品往往只有短则数月的销售周期，此类商品我们可以称之为时尚产品，一般指生产提前期较长而且销售周期较短的产品。这类产品的设计和开发往往需要较长时间，但销售周期往往由于可替代产品的快速出现或者消费者偏好的改变而逐渐缩短。

许多学者都对时尚产品进行了关注，比如著名学者 Alan Hunter 曾经结合零售业的运作经验，将商品分为基本产品和时尚产品两种类型，前者需求变化不大，可预测性好，生命周期长，价格竞争使得边际利润较低；后者需求变化较快，生命周期短，需求难以预测，但是边际利润高。他在进行深入研究之后，将两种产品的特性进行了全面比较，如表12-1所示。随着时间的发展，现在又诞生了一种生命周期甚至小于3个月的产品——“快时尚”产品。

表12-1　　产品生命周期表

	基本产品	时尚产品	“快时尚”产品
产品的需求	确定	不确定	不确定
生命周期	＞2年	3～12个月	＜3个月
边际收益率	5%～20%	20%～60%	20%～60%
产品的变化	低	高	非常高
预测误差	10%	40%～100%	10%～100%
平均缺货率	1%～2%	10%～25%	0%～2%
季节末打折	0	＞15%	不确定

时尚产品区别于普通产品的特征有以下几方面。

（1）预测缺乏历史数据或根本没有历史数据。显著的产品需求数据是不可得的，因为出现显著的需求数据时产品生命周期已经到了晚期。这表明初期预测信息不足，初期预测的信息要通过其他方式来补充。

（2）库存存在变质率。目前研究较多的变质率是有形变质，产品变质后已经不同于原产品，价值的减少不是由于市场变化，而是由于产品本身的变化，如腐烂、挥发等。时尚产品的变质率实质上为过时率，是一种无形变质，产品本身一般没有腐烂变质等形态上的变化，还是原来的产品，价值的减少是由于市场的变化。库存变质率高，同样的库存必然

带来更高的成本，为了减少库存损失，必然要求更高的预测精度。

（3）提前期长。市场竞争激烈，企业为了获得成本优势不得不从生产运作的各个方面考虑。在采购方面，由于提前批量订货能够获得批量订货折扣、延期支付等成本优势，企业采购往往要提前进行，加上订单递送，供应商的备货、运输时间等，提前期往往比较长。例如计算机处理芯片，显示器等的提前期一般要6～9个月。提前期会影响库存水平、企业的柔性乃至整个企业的服务水平，提前期长表明预测驱动活动不可避免，不确定性增加。

（4）需求不确定性强。时尚产品往往存在于竞争激烈、市场比较成熟的行业，市场变化、竞争对手的策略、企业内部突发事件、供应商的意外变故等原因引起的需求不确定要比其他产品更明显。在非静态需求方式下混杂着随机的动态需求波动，必然增加了预测需求的困难。

（5）多产品环境。如果产品是相互独立、用于满足不同需求的，那么产品单独预测可以得到比较好的预测结果。但是对于时尚产品，很多产品的核心功能是相同的，关联性很强，某个单独产品策略会影响其他产品，预测也要考虑这些因素。

（6）产品库存保持单元（Stock Keeping Unit，SKU）复杂。由于本章所研究的短生命周期产品为时尚产品，消费者需求日趋个性化，所以除了每季新品品种多以外，SKU更为复杂。比如服装，其SKU由款式、尺寸、颜色等属性共同定义，所以同一款服装可能有几十个SKU单元，而这也增加了预测的复杂性。

（二）供应链特性研究

美国的Fisher教授也曾根据产品的生命周期、需求稳定度和可预测性等特征将产品分为两类：功能型产品和创新型产品。稳定和可预见的市场需求，较长的产品生命周期，使得用来满足日常需求的功能型产品的边际利润较低；创新型产品的边际利润较高，但是其需求的不确定性高，而为避免因为竞争加剧而带来的利润下降，只能通过不断引入新产品来维持其经营，因此带来的短的生命周期和产品的多样性进一步增加了其产品的难以预见性。

无论是时尚产品还是创新型产品，在其定义中都强调了生命周期较短的特点。此外，为了维持价格体系，新产品不断推出；而其需求受消费者消费偏好变化的影响比较大，又因多为新品缺乏销售数据而难以预测；同时，相对于其生命周期较长的供应提前期使得商家在实际销售前不得不提前订货。这些都加剧了企业运作的困难，企业在需求预测、采购、生产等运作环节面临着巨大的挑战。

由于目前缺乏对于此类商品运作的系统性指导，企业遭遇了一系列问题，而这些问题集中表现为突出的库存控制问题。企业不得不按照需求预测提前采购，需求预测的准确率又比较低，同时较短的生命周期使得无法如对待一般产品一样，依赖补货来补偿预测误差，使得库存积压、缺货损失成为了企业的心头之痛。虽然此类产品的边际利润较高，但是库存过剩和缺货带来的损失大大削减了企业的盈利能力。

Fisher教授认为企业在供应链管理方面所发生的问题大多是由于产品类型和供应链类型的不匹配所引起的，短生命周期产品所对应的应该是响应型供应链，此供应链运作的关键是控制库存。降低市场协调成本——由缺货和库存积压引起的费用，而不是效率型供应链所关注的物理成本——即产品的生产、运输和库存费用的控制。然而，对于供应链环境下时尚产品的库存控制问题还缺乏系统有效的论述，所以对于此类产品库存控制问题的研究有很好的理论意义。

另外，作为一个制造大国，无论是劳动密集型的服装、玩具行业，还是手机、计算机等高新技术产业，在我国的产业分布中占据了极为重要的地位。我国企业由于产品异质性差，消费者的品牌忠诚度差，使得其产品溢价能力差，居高不下的积压库存严重削弱了企业的利润，甚至威胁着企业的生存。虽然很多企业已经意识到了品牌的重要性，然而品牌的树立非一日之功，更需要企业强大造血功能的支持。通过改进企业的运作，降低由缺货和库存积压引起的费用，提高企业的盈利水平，对于我国经营时尚产品的企业有着极为重要的现实意义。

(三) 库存管理特性研究

选择什么样的库存控制策略，首先要看产品的需求状态。如果是需求稳定型产品，则在其库存控制策略决策时主要考虑的是如何平衡采购成本和库存持有成本，也就是经济订购批量 EOQ 模型所反映的内容。当产品需求具有不确定特征时，那么其库存控制策略的选择就要受到产品补货提前期和产品生命周期的限制，特别是具有短生命周期特征的时尚产品，传统的依赖不断补货为主的运作方式无法适应该类产品的运作要求，使得企业由于缺乏相关指导而面临部分库存积压、部分商品缺货的尴尬。

1. 短生命周期产品的库存控制策略具有以下特征

(1) 所有的模型是随机的，因为此类商品的需求是不确定的。

(2) 该类商品都有一个有限的销售周期，在销售周期的末期需要以打折的方式处理积压剩余库存，甚至以低于成本的价格销售。

(3) 需要利用销售数据更新需求预测。

2. 产品生命周期与采购提前期对比分类

由于需求特征、消费特点等不同，不同的短生命周期产品的运作规律也有着显著的不同，不过补货次数与补货提前期以及产品的销售周期有着密切的关系。所以按照产品生命周期与采购提前期之间的对比，商品可分为三种类型，分别是生命周期远远大于采购提前期的商品、生命周期远远小于采购提前期的商品和生命周期大于采购提前期但是也有限制三种情形。

(1) 生命周期远远大于采购提前期的商品。当生命周期远远大于采购提前期时，销售生命周期足够长，我们可以根据初期销售记录获得需求的分布情况，进而可以利用以不断补货为主的传统运作方式进行库存控制。

(2) 生命周期远远小于采购提前期的商品。对于生命周期远远小于采购提前期的商品，相对于其补货提前期，生命周期很短，使得零售商只能在销售季节开始前接受一次订货，无法补货。这种产品的采购，通常在销售季节开始之前，决定采购多少不是根据产品的实际销售，而是根据对产品的主观判断和采购人员对商品的了解情况。这种预测的平均误差通常是50%或更多。结果，零售商经常购买太少，导致销售和利润的丢失，或者购买

太多，导致过量供应，在销售季节时不得不打折销售。一般有两类商品属于此种类型，如报纸等使用价值过期下降很快的商品和销售量只集中在特定日期的节日商品。

(3) 生命周期大于采购提前期但是也有限制的商品。对于生命周期大于采购提前期但是也有限制的商品，一般典型的时尚产品大多属于此类产品。由于其生命周期大于补货提前期，理论上其可以进行补货，但是二者差距较小，只能支持一次或者几次补货操作。也许因为缺乏理论上的指导，使得实业界往往会忽略补货机会。然而一些企业实践证明，即使是进行一次补货运作，也可以大幅提高利润。但是这样的库存管理更适用于电子商务环境下的库存管理，而现实中大多数零售商都不允许延迟交货，否则顾客就会选择其他商品或者干脆走出商店。

3. “快时尚”产品归属

对于“快时尚”产品，根据企业营销策略选择而不同。严格意义上的“快时尚”产品创新性应该属于生命周期远远小于采购提前期的商品来进行研究。

(四) 我国“快时尚”发展状况

众所周知，ZARA 和 H&M 都是“快时尚”销售模式的代表性企业，其突出特点就是“时尚设计、优质平价、限量发售、快速流通”。H&M 建立了产品“时尚三角”：三角的底端是顾客需求量最大的产品；中端代表着当季正在流行的产品；位于顶端的是反映最新时尚趋势的产品或者拥有顶级设计的产品。

“自 2006 年进入中国市场以来，ZARA、H&M 等品牌以速度快、品种多、数量少、制售一体的效率化经营受到白领和时尚人士青睐。‘快时尚’的商业模式已经成为服装业中众多‘快时尚’或者运动品牌竞相模仿学习的榜样。”

有网购行为的女性不仅在数量上多于男性，而且她们进行网络购物的频率也更高。78%的受访女性有过网络购物经历，而且在 3 个月内进行过至少 6 次网络购物的消费者中，女性所占比例超过半数（57%）。在来自澳大利亚、中国大陆、中国香港、印度、日本、新加坡、韩国和泰国的 4157 位消费者中，61%有过冲动性网络购物经历的女性消费者承认，诱人的折扣和低价往往是导致冲动购物的诱因。对中国的女性消费者而言，低廉的商品价格、仅供网络销售的特许商品和促销活动往往会促使她们进行冲动购物。“快时尚”的特点在服装行业中表现得较为明显，特别是在消费更新频率高的女装行业。这也将成为国内女装行业的市场突破口。

伴随着中国商业地产的大肆扩张和零售空间的迅速增长，从 2006 年 ZARA 在上海的南京西路开设首店被追捧，快速复制的“快时尚”品牌店迅速成为同样被快速复制的中国商业地产项目的宠儿。尤其是从 2012 年开始，这些“快时尚”品牌越发扎堆比赛一般，加快了开店的步伐。从一线城市深入二线、三线、四线城市、从一线城市的核心商业圈到非核心商业圈，截至 2013 年 6 月，短短一年半时间，UNIQLO、ZARA、H&M 和 C&A 以旋风式的速度开设新增门店共计 207 家。除此以外，核心商业圈的旗舰店越开越大，优衣库于 2013 年 9 月 30 日登陆上海淮海路的全球旗舰店，被戏称为“优衣库宇宙旗舰店”，因为一至五层的卖场面积超过 8000m^2，气势之磅礴令人咂舌。

当然“快时尚”品牌也非一概而论，按柳井正的说法，他把“快时尚”品牌分为三代：第一代如GAP等将休闲服大众化商品作为卖点的自有品牌零售商；融入时尚元素的ZARA与H&M为第二代；注重服装性能、面料以及服饰搭配的优衣库则是第三代。想到一直在寻求模式突破的国内品牌美特斯邦威从早前南京路店的装修风格恍如H&M，到之后的“新热量—纳米绒”概念，大概我们也能依稀看出些端倪了。

（五）我国服装企业库存状况

我国既是服装的生产大国，也是服装的消费大国。截至2013年，我国服装类商品零售额达9978亿元，同比增长18%。我国纺织服装制造行业规模以上企业数量达15212家，有1290万从业人员，每年生产500多亿件服装。截至2013年，就服装企业80家上市公司上报的数据分析，上半年库存总额671.66亿元，其中66家公司的库存总额超过亿元；有近10家公司的库存超过10亿元，美特斯邦威服饰、鄂尔多斯、红豆股份这样的知名企业库存皆超过10亿元，李宁、Kappa等运动品牌，库存都在30%以上。中国服装行业规模以上企业2012年前三季度产成品存货2569.66亿元。以美特斯邦威服饰为例，其近5年的库存量可谓逐年跳升。2008年时，美特斯邦威服饰库存总量6.6亿元，2009年增加到9亿元，2010年美特斯邦威的库存已经高达25亿元，这意味着仅一年的库存增长幅度就远远超过了以往，库存量环比增幅甚至高于100%。

20家上市服装企业2008—2013年库存情况如表12-2所示。

表12-2　20家上市服装企业2008—2013年库存情况　单位：万元

品牌＼年份	2008	2009	2010	2011	2012	2013
美特斯邦威服饰	66407.30	90199.50	254838.00	255984.00	200595.00	201421.00
报喜鸟	29456.50	30071.40	36001.30	51108.20	78361.80	98929.10
浔兴股份	19474.20	18743.30	22369.20	22746.40	20732.00	22029.30
美尔雅	8557.29	23375.40	27571.00	31733.60	40970.30	44427.60
鄂尔多斯	305641.00	271223.00	301272.00	408470.00	412026.00	404063.00
开开实业	10589.10	10465.00	13427.40	12687.80	10855.00	13087.30
中国服装	18270.90	20788.10	18077.40	13657.40	24536.90	28803.40
伟星股份	14606.80	16027.00	25666.90	23741.90	18878.90	20922.70
老凤祥	132136.00	204162.00	320089.00	449671.00	527726.00	336976.00
东方金钰	69050.40	81094.20	195779.00	243446.00	422427.00	407711.00
宜科科技	7070.49	8177.82	10844.50	13452.20	15666.00	15262.00
江苏三友	3077.63	4768.36	7645.66	7154.68	7280.24	15896.70
大杨创世	16995.20	12900.30	14275.00	18253.70	19846.10	25567.00
七匹狼	40376.80	30169.90	39529.30	64247.70	56562.70	66657.50
红豆股份	143271.00	172698.00	266291.00	363659.00	425916.00	450120.00

续 表

品牌＼年份	2008	2009	2010	2011	2012	2013
杉杉股份	50664.00	54461.00	65891.70	81458.80	88022.20	99825.80
瑞贝卡	95387.20	112547.00	124738.00	178364.00	206488.00	202444.00
雅戈尔	1333500.00	1825660.00	1872740.00	2330690.00	2347300.00	2325710.00
浪莎股份	4589.88	9760.41	18041.30	21942.30	16659.10	18757.20
凯诺科技	21563.20	19617.90	21785.60	33221.10	45042.30	46289.90

根据21家上市企业年报披露的数据，服装品牌企业的存货量在最近五年普遍保持高位，以2009年和2010年为起点，库存开始陡增。以大众休闲品牌美特斯邦威为例，2009年年底美特斯邦威公司存货超过9亿元，同比增长35.8%；到了2010年，存货更是飙升到了25.48亿元，美特斯邦威陷入难以突破的高库存境地。截至2013年9月底，美特斯邦威服饰的存货价值依然在20亿元以上，背负着如此庞大的存货包袱，美特斯邦威面临生存艰难的窘境。

从总量上看，2008年以前服装行业的库存数量基本保持在较低水平，2008—2011年，四年间呈直线增长趋势，存货量从2007年的168.62亿元上升到2011年的463.06亿元，年均增长率达29%。面对市场景气度下滑和前几年行业大肆扩张留下的诸多抵消终端，品牌服装企业不得不把去库存工作提上日程并予以高度重视，有的扩大与电商合作，有的开始做渠道下沉，也有的选择特卖和开辟新市场。品牌企业各显神通，尽管所采取的措施没有从源头上解决不合理的库存问题，但2012年存货增速放缓至7.78%，2013年存货未增反降，相比2012年减少约2.84%，服装行业内的库存数量基本得到控制。

随着市场经济的快速发展，人们对于服装产品的需求也在快速增长，并且在消费支出中所占比例逐年上升，人们对服装产品的需求不单单是满足日常生活必需，而是逐渐趋向时髦化和现代化。我国服装的生产也逐渐地由单纯数量的增加转向质量的改善，逐渐进入高档服装市场。服装市场商业经营也由数量巨大转向注重质量，从而适应市场快速发展的需求。

三、我国“快时尚”企业的管理——以美特斯邦威为例

美特斯邦威是我国“快时尚”品牌中的翘楚，它的管理模式在我国服装企业中极具代表性。通过美特斯邦威库存管理问题的分析，我们能够对我国服装企业的管理水平与国外先进管理水平的差距有所认识。

（一）美特斯邦威公司简介

美特斯邦威服装品牌创建于1995年，经营范围主要为休闲服饰类。从美特斯邦威成立并开办第一家专卖店以来，美特斯邦威就坚持走品牌连锁经营的可持续发展道路。美特斯邦威采用的“虚拟经营”就是把生产和部分销售环节外包出去，只保留自己的品

牌，主要进行商品企划、服装设计，但公司在整个存货供应链中处于核心位置，大量的信息数据由美特斯邦威自己掌握，该和上游哪个仓库进行物流运输，美特斯邦威完全自己主导。美特斯邦威依靠这样先进的业务经营模式为自己的核心竞争力，在市场上迅速发展壮大。

美特斯邦威以虚拟经营的商业模式，以品牌软实力作为虚拟经营基点，将自身做成一个轻资产服装企业，并具备高度的关键资源管理能力。在销售环节方面，美特斯邦威采用"直营+加盟"复合型销售模式。最初主要以拓展加盟店的方式快速提升了销售业绩，获利颇丰，短时间内美特斯邦威加盟店覆盖了全国大部分重点省市，并在某些地区占据了市场的主导地位，为美特斯邦威现如今的发展奠定了坚实的基础。

上市之后的美特斯邦威在不断提升自己品牌的同时，也在积极拓展直营店的建设，较上市之前，直营店的数量增长了一倍以上。截至 2012 年年底，美特斯邦威总资产已经达到 70 多亿元，存货资产 20 多亿元，实现营业收入 95 亿元，在全国拥有直营店和加盟店共计 5220 家，其中加盟店 3914 家，加盟店占销售渠道 75%，仍是销售渠道中的大头。而随着美特斯邦威上市，发展规模壮大，盲目追求拓展的战略也产生了消化不良的后果，一直被忽略的存货管理问题浮出水面，特别是针对加盟商方面的存货管理问题受到业内外广泛关注。

（二）美特斯邦威供应链

设计耗费时间：至少需要一个月。美特斯邦威的模式是设计人员在全国范围进行大规模市场考察，并与国外的服装品牌资讯公司合作，相应对服饰产品进行细分。即美特斯邦威是在复制潮流，且其设计团队在设计能力、团队机制方面，相较于"快时尚"巨头 ZARA 都处于劣势。

采购面料需 14～21 天。美特斯邦威的服装面料、辅料全部外包，成衣厂掌握着服装材料的采购大权，而出于库存考虑，成衣厂一般不储备大量布料，而是在收到美特斯邦威的订单后，再向上游采购。

经营模式的选择。由微笑曲线（见图 12-1），只保留高利润的设计及销售环节，其余环节外包。支持轻资产观念，同时规避风险。

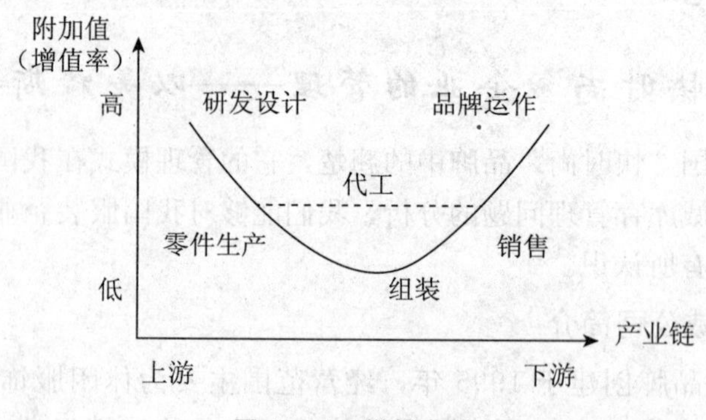

图 12-1　微笑曲线

美特斯邦威公司外包与自营分配如图 12－2 所示。

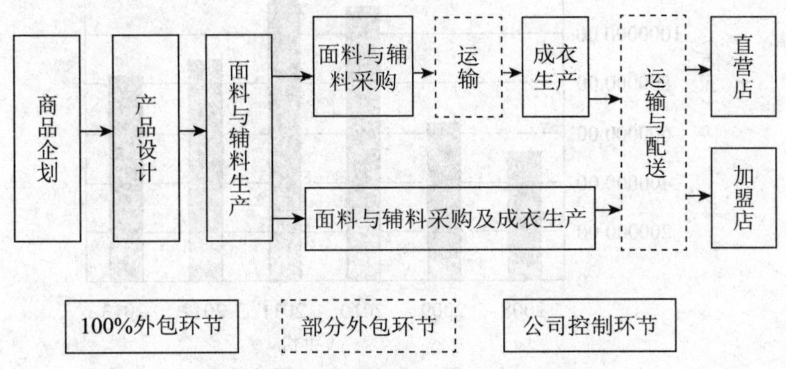

图 12－2 美特斯邦威外包与自营分配

由图 12－2 可看出，美特斯邦威公司自己控制的供应链环节为：生产企划、产品设计及直营店的经营；而 100％外包的环节为面料及辅料的生产、成衣的生产及加盟店的经营；部分外包为部分自己控制的面料及辅料的采购，成衣的生产及运输配送环节。

订货环节。其中有 70％左右的订货量以及订货需求都是由每年的订货会决定的。在订货会上，美特斯邦威展示设计的服装款式，然后由加盟商来决定生产哪些款式，以及每个款式和每个型号生产多少。美特斯邦威公司根据各加盟店以及直营店的数据，再根据公司规划，安排生产。

信息流。美特斯邦威自己建立了销售信息的反馈，主要由直营店来完成。

(三) 美特斯邦威库存情况

根据美特斯邦威服饰近几年的年报数据整理，可得出以下对比分析。

表 12－3 **美特斯邦威服饰库存分析数据** 单位：万元

年份	存货量	存货占总资产百分比（％）	总资产
2008	66407.30	14.51	457696.31
2009	90199.50	16.55	545116.18
2010	254838.00	29.68	858671.43
2011	255983.62	28.82	888248.90
2012	200595.12	28.63	700634.02
2013	157974.82	23.55	670730.40

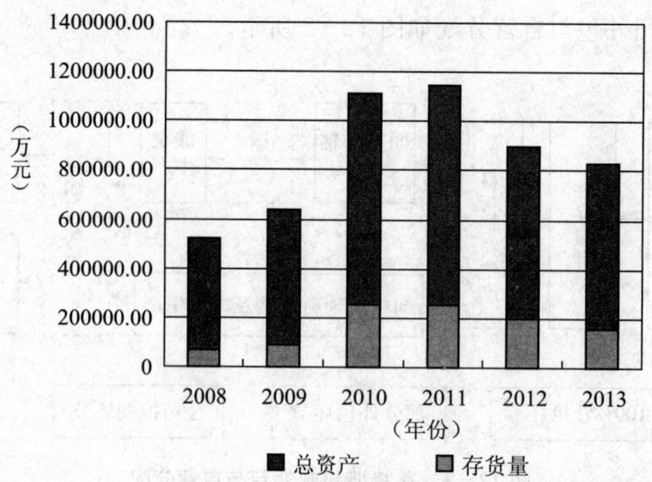

图 12－3　美特斯邦威 2008—2013 年服装库存与总资产占比情况

表 12－4　　美特斯邦威服饰货物周转表

年份	存货周转天数（天）	存货周转率（%）
2008	80	4.5
2009	97	3.7
2010	151	2.3
2011	165	2.1
2012	156	2.3

以上图表分别反映了 2008—2013 年，美特斯邦威服饰的存货量、资产总额及存货占资产总额比率、存货周转天数，以及存货周转率的变化数据。从数据可看出，美特斯邦威服饰从 2010 年开始，存货量的增加已经明显高于 100%。存货占总资产的比率也接近 30%，若按照净资产对比，比例将更高。存货的周转天数大幅提高，存货周转率大幅降低，周转率已经低得不太正常。美特斯邦威服饰由于库存所引发的危机由此看出。

四、库存危机分析

（一）情况综述

（1）不合理目标的制定：国内好多企业在前几年看到市场占有一定份额时，便制订了走规模扩张的发展计划，一方面需要更高的存货支持销量的增长，另一方面实现规模经济。为此，在存货量上做了一个过度的估计。

（2）向加盟商强制转移存货：品牌总部多与其加盟商签订了加盟合同，其中有一条强制规定了进货量每年增加，否则将不能享受退换货和折扣处理服装的补偿。许多加盟商在堆积大量存货之后向总部反映，但由于企业强大的实力，为保存自身利益，态度强硬，不顾加盟商反映的情况。

(3) 新旧货周转率低：由于存货积压太多，新旧货品周转率非常低，造成了销量急剧下滑。

(二) 库存管理问题原因分析

1. 存货管理模式

国内休闲服装企业为了追求短时间内扩张，多采用的是复合型销售渠道，较加盟商而言，直营店的存货管理较容易操控，公司以先进的计算机技术为依托，能有效地掌握存货由生产到销售出去这一过程的动态。但对加盟商采取的存货管理方式却有些缺乏远见，将存货压力转移给加盟商承担，实际上只是把存货堵塞在销售渠道中，并没有从根本上解决存货管理问题。公司对加盟商这一块的库存管理采用的是传统的订货会模式，该存货管理模式实际上制约了美特斯邦威供应链存货管理的发展需要。其弊端主要表现为：弱化供应链核心企业美特斯邦威与加盟商之间的协作关系。订货会这种存货管理模式下，企业与加盟商之间仅仅是合约的关系，并不注重这种合作机制下的沟通。存货管理的着重点仅放在将产品出售给下游加盟商，供应链终端市场销售环节同核心企业之间的联系缺乏协同性。

2. 缺乏共赢理念

公司为削减库存，谋求企业自身利益，忽视多方利益的坚固，将库存压力转移给了加盟商。尽管加盟商自己的库存压力也不小，但只能依照规定，完成总部的订货指标。

表 12－5 是某加盟店 2009—2013 年的营业情况。

表 12－5　　某加盟店 2009—2013 年营业情况

	2009 年年末	2010 年年末	2011 年年末	2012 年年末	2013 年年末
存货数量（件）	380	630	730	850	920
营业收入（万元）	36	22	20.5	17	19.5
店面面积（m^2）	168	168	113	113	113

由表 12－5 可以看出，该加盟店在 5 年间营业收入不断减少，而存货数量却在不断增加。对于营业收入降低，但其品牌总部却置之不理的合作关系，该加盟店只有减少店面面积，以减少租金的支出。

3. 存货销售预测准确性差

在加盟商订货会上，加盟商根据企业展示设计的服装样式，凭借自己的经验确定订货品种、大小及数量。企业再根据加盟商的数据组织供应链后期环节。这种自下而上的订货模式，很容易使订货量的“牛鞭效应”更为严重。

4. 存货周转速度慢

目前，传统的服装企业的订货会频率为一年四次，这样的周转速度对于时尚产品来说，则是致命的缺点，难以适应变化多样的市场需求。

(三) 缺乏有效的绩效评估

国内休闲品牌的存货管理绩效评价方式主要是传统的财务指标评价。这样的评价方式有一定的缺点。

（1）滞后性。它只能对现有的状况结果进行评价，以会计分期为准进行期末指标分析，不能在运营过程中及时发现和进行控制。由于服装企业采用的是期货采购模式，加盟店则是在提前一个季度举行的订货会上进行期货式采购，因此存货周准率等评价指标出来时，存货管理问题已经是一个结果，不能及时调整控制。

（2）不利于下游加盟商对自身库存情况进行评价。企业采用的是订货会形式，再由订货会产生的数据安排生产。所以在供应链下游的加盟商不能自行控制进货速度和进货金额。

（3）财务指标重视情况不同。对于企业财务指标，大多会偏重于企业的角度，更重视销售量等指标，而不关系存货所带来的进一步的影响。

五、针对我国“快时尚”服装企业库存管理的建议

服装业的库存问题不仅仅局限在库存本身，很大程度上是供应链运作不畅造成的。任何企业在目前市场增速放缓的现实环境下，依靠单打独斗、独善其身解决效率问题在现阶段已不大可能。可能的出路是探索改变传统的服装业分工组织方式和业务流程关系，运用供应链管理技术手段，充分释放存量资源效能，提高资源配置效率，努力开发、探索适应服装市场多品种、小批量、短交期要求的新型业态。

（一）抓住“快时尚”的基本特性

以美特斯邦威为主的追求时尚的企业，应该准确把握好“快时尚”的概念以及其“快、准、狠”的基本特征。美特斯邦威虽然一直在追随和模仿 H&M 等巨头的设计理念，但是其企业的体制并没有发生根本性的变化。所以美特斯邦威的学习只注重外在的内容，没有进行深入供应链的体制改变。所以，要想真正做到“快时尚”，必须做到快的供应链的模式，打破传统理念，学习 ZARA、优衣库、H&M 的快速供应链体系，根据中国的实际国情，打造自己独特的快速供应链，为追求“快时尚”奠定良好基础。

（二）建立先进的信息系统

订单总量大，少批量、多批次，是“快时尚”企业的订单特征。“快时尚”服装企业通常会有巨大的订单需求需要处理，面对庞大的数据信息，单纯依靠人工操作已经无法满足企业的发展需求，依据企业自身的供应链情况，为企业量身打造信息系统已经迫在眉睫。先进的信息系统不仅有利于企业更好地管理订单的预订，而且有利于内部人员的沟通和协调，例如 H&M 的 ICT 平台。

（三）改变订货模式

国内企业现在的订货模式依旧主要依靠一年四次经销商订货会，这也是全国服装企业的一个真实写照，这种提前一个季度的预订模式早已跟不上“快时尚”的脚步。“快时尚”巨头 ZARA 每周都会有 250 款新品推出，国外的“快时尚”品牌分店在国内的布局正在逐渐加快，ZARA 与 H&M 的扩张已经深入到二线、三线城市，因此，国内休闲品牌如果不积极改变传统订货模式，必然会在产品更新速度上被对手远远甩在身后。面对国内休闲

品牌代表的美特斯邦威、森马等公司“直销＋加盟”的模式，笔者认为可以通过以下途径来改变订货模式。

1. 将传统订货渠道改为网上订货

公司可以通过内部网络每周将要发布的新品发布给经销商，新品发布信息要求详细，并附有样品的真实照片，并在每周固定的期限要求经销商上报自己的订货量。这种订货方式不仅大大缩减了订货的周期，增加了订货的频次，为经销商不断提供最新的时尚新品，而且大大减少了经销商与公司因为每次订购会而产生的巨大的开支。

2. 新面料产品的发布可以邮寄样品

通常，每个经销商对于普通面料的状况已经非常熟悉，普通面料新品发布只要详细标明产品材料即可。对于新面料的产品，公司可以将样品邮寄给经销商，让其体验之后再下产品订单。

3. 推行门店销售系统联机

公司应该要求自己的直营门店以及加盟商，将销售POS机内置公司信息系统，将所有的销售数据传到美特斯邦威数据库。公司数据库可以根据每个门店的数据信息，预测未来一周的销售数量，并向店长推送产品补货数量，店长可以根据实体店的实际情况来决定订单的必要性。

4. 限制订货次数

“快时尚”的性质决定了产品的订单应该趋于少批量、多批次，公司也应该限制经销商的订货次数，最多补一次货。这样不仅会使经销商更好地去预测消费需求，也会给消费者造成一种不买就没有机会的表象，增加顾客的购买欲。

(四) 缩短产品的前导期

国内休闲品牌巨头美特斯邦威的新品设计至少要一个月，面料采购需要14～21天，再加上成衣的外包生产以及公路运输，新品的发布需要2～3个月的时间。美特斯邦威、森马可以学习H&M在保持成本和品质的前提下，最大程度地缩减新品的前导期。

1. 新品设计方法的改善

(1) 产品设计外包。众所周知，中国许多优秀的设计师都有自己的工作室，美特斯邦威、森马可以与国内以及国际设计师签署合作合同，将部分产品的设计工作外包出去，来提高自己的设计效率。

(2) “众筹”设计。模仿现在火热的“众筹”概念，鼓励全民设计，国内休闲品牌可以设立设计评判小组，并通过奖金或抽奖等形式来吸引全民设计，这样不仅可以增加公司品牌的知名度，而且也将促进大众对品牌的热爱与追随。

2. 面料采购改善

对于普通款式的面料，企业可以大量采购，留有一定量的库存，这样不仅可以获得更低的采购成本，也能大大缩短采购时间，从而减少新品的前导期。对于库存面料，可以采取延迟策略，不要急于将布料染色与裁剪，通过先期经销商的订单先部分制作，之后再根据市场反映，做进一步的安排。

3. 产品的物流改善

由于中国地域辽阔，企业可以根据国内不同城市的销量，在全国不同地区设立不同规模的物流分拨中心，分拨中心的建设应该符合现代物流的要求，能够拥有先进的分拨和仓储系统，高效地处理服务地区的物流需求。对于成衣的运输，可以与国内领先的零担运输公司如德邦，开展战略合作关系，利用第三方物流企业的全国网络及其高效的运输效率来快速完成新品的铺货。

（五）通过新的营销方式积极处理库存

本章前半部分已经介绍了国内休闲服饰品牌企业的库存逐年增加的情况，库存对于服装企业来说是至关重要的。目前，企业库存已经严重威胁着公司的利润增长，为了长远的发展，必须寻求可靠的营销方式来解决高库存的局面。对此，本章提出三点建议。

1. 回购部分长期积压库存

库存对于加盟商来说，不仅加大了资金的压力，而且也影响了对新品的订购，容易造成恶性循环。对此，企业通过回购加盟商的长期库存，来缓解加盟商的压力，为新品的推出以及新的模式的运营扫清障碍。

2. 增加库存货的网上销售

网上渠道是销售库存产品的极佳渠道，由网上消费低价的特性决定，网上的产品一般会比实体店有一定的折扣，而尾货的处理正好符合网购群体的消费理念。同时，网上消费对于实体店的冲击远比设立品牌工厂店的冲击小，这样最大限度地避免了渠道内部的竞争现象。

3. 用奖品增加网络粉丝群

在不久的将来，网络消费以及移动消费必定会改变国人的消费结构，美特斯邦威面对的青年群体更是网络消费的主力军。为此，企业可以利用自已的库存产品积极在微信、微博、论坛等平台举办抽奖活动，以此来打造自已的强大的粉丝群，增加客户的黏合度。

（六）提升与加盟商的合作关系

由于库存的问题以及企业强硬的态度，企业与加盟商之间关系逐渐疏远，对于国内传统服装企业来说，如果占主要销售渠道的加盟商失控，那么对于“轻资产”运营的企业将是致命的打击。因此，与加盟商保持良好的关系是公司发展的基础，积极改善与加盟商的关系有利于企业的长久发展。对于一般企业，可以从以下途径来改变。

1. 消除工厂直销店的存在

工厂直销店短期内确实可以改善库存积压的情况，但是容易与当地加盟商形成恶性竞争，并对加盟商造成很大的成本损失。因此，消除工厂直销店是保证销售加盟商的生存空间，只有保证加盟商有利可图，有良好的生存环境，才能从根本上缓解企业与加盟商的紧张关系。

2. 定期组织加盟商活动

公司可以在销量较大的地区开展奖励优秀加盟商的活动，资助经销商去工厂参观，或者到著名景区免费旅游，甚至可以请专家举办健康讲座。通过这些活动可以拉近与加盟商

的关系，同时提高公司加盟商的成就感。

六、总结

现如今，服装产业是一个永不日落的产业，随着经济和产业环境的变化，服装企业的竞争已经从企业内部转向了外部，服装企业管理的触角已经延伸到了整个行业、全中国，乃至全世界。服装企业要想获得长远发展，保持低库存是基础，目前以“快时尚”为代表的企业均采用先进的供应链管理模式来控制库存。“快时尚”越来越占据市场的主流，主导着服装行业。随着服装行业竞争的加剧，运用科学系统的思想管理服装企业，已经是大势所趋。学习国外“快时尚”企业的先进经营理念，积极改造国内企业运营模式已经势在必行。国际“快时尚”品牌无论是 ZARA、H&M，还是优衣库，都有自己独特的供应链管理模式，他们无论采用哪种模式都坚持以快来追赶时尚，用时尚抓住年轻一代。因此，服装企业在这种“快时尚”环境下应实行何种供应链管理模式来提高库存周转率，是一个关乎企业发展的现实问题，也是本章重点研究的内容。本章通过对国际“快时尚”巨头的研究，以及对我国服装企业现状的分析，指出了高库存产生的原因，并且提出了基于供应链管理的解决方案，希望对我国服装企业供应链管理具有借鉴意义，并且对今后我国服装市场的繁荣带来一定的价值。

参考文献

[1] 斯樊锋．食品供应链管理［J］．物流科技，2006（1）．

[2] 刘同利．食品供应链运作分析［J］．物流技术，2011（19）．

[3] 李慧．英国食品供应链管理特点及对中国的启示［J］．世界农业，2010（10）．

[4] 赖涪林．日本食品供应链管理模式的经验借鉴［J］．科学发展，2012（11）．

[5] 肖振锈．我国食品供应链销售物流的研究［J］．现代妇女，2014（12）．

[6] 张秀萍．我国食品安全的供应链质量管理［J］．经济界，2011（5）．

[7] 刘洁．饮料制造企业物流外包管理策略研究［D］．天津：南开大学，2010.

[8] 吴勇．武钢饮料公司供应链管理的应用研究［D］．武汉：华中科技大学，2007.

[9] 赵慧．湖南中可供应链管理改进研究［D］．长沙：湖南大学，2006.

[10] 潘旭东．中国可口可乐供应链模式研究［D］．厦门：厦门大学，2002.

[11] 雨雁．可口可乐物流“无处不在”［J］．中国储运，2007（4）：62-64.

[12] 冯爱辉．论吉林中粮可口可乐饮料有限公司的柔性采购策略［D］．长春：吉林大学，2005.

[13] 靳圣君．饮料企业有效供应链的特征及构建［J］．物流技术与应用，2009（6）：103-106.

[14] 瞿业海，李虎，保文武，等．可口可乐供应链研究［D］．兰州：兰州理工大学，2009.

[15] 刘宗发．长沙百事可乐基于供应链质量管理改进研究［D］．长沙：中南大学，2011.

[16] 龚明雷．基于情景分析的供应链风险管理研究［D］．上海：上海交通大学，2008.

[17] 王尚科．百事饮料湖北分公司物流运作方案改进的分析与研究［D］．武汉：华中科技大学，2007.

[18] 龚健．百事中国发展战略研究［D］．上海：复旦大学，2007.

[19] 徐国良，王剑．百事可乐在中国营销策略的分析［J］．中国校外教育（理论），2008（12）：105-109.

[20] 底真真．福喜事件引发麦当劳供应链“蝴蝶效应”［J］．农村·农业·农民（B版），2014（8）．

[21] 柏雨竺，麻红晓．麦当劳企业战略管理分析［J］．企业导报，2014（7）．

[22] 边江．快餐行业的市场定位以及营销策略［J］．经营管理者，2014（13）．

[23] 吴昱潼，徐尉．连锁经营模式在快餐行业中的应用——以麦当劳公司为例[J]．企业研究，2014（6）．

[24] 辛松林．我国中央厨房产业发展现状与发展趋势［J］．食品研究与开发，2014（6）．

[25] 刘玲艳．中国快餐业的分析初探［J］．企业家天地（下半月刊），2014（4）．

[26] 赵博．麦当劳标准化管理的典范［J］．中国标准导报，2014（2）．

[27] 唐鸿鸣．连锁餐饮供应链信息化建设的三个方向［J］．信息与电脑，2013（7）．

[28] 逯文娟．麦当劳——从“田间”到“餐桌”打造食品安全管理体系［J］．食品安全导刊，2011（12）．

[29] 刘向．麦当劳：卖汉堡的“房地产公司”［J］．印刷经理人，2010（6）．

[30] 沈志莉．麦当劳：“营”在文化，“赢”在本土化［J］．中国流通经济，2007（5）．

[31] 缪传江．麦当劳靠什么支撑［J］．中国物流与采购，2003（8）．

[32] 曹细玉，宁宣熙．易逝品供应链管理中的风险分析及应对策略［J］．现代经济探讨，2008（1）．

[33] 韩景丰，章建新．供应链风险的系统性识别与控制研究［J］．商业研究，2006（20）．

[34] 张成海．供应链管理技术与方法［M］．北京：清华大学出版社，2001.

[35] 张小兵，徐叶香．论企业的供应链管理［J］．商业研究，2004（4）．

[36] JOEL D WISNER，KEAH - CHOON TAN，G KEONG LEONG. 供应链管理原理［M］．北京：清华大学出版社，2010.

[37] 范丽君，郭淑红，王宁．物流与供应链管理［M］．北京：清华大学出版社，2011.

[38] 卜卫兵．乳品产业链组织模式及效率研究［D］．南京：南京农业大学，2007.

[39] 刘敏．供应链战略合作伙伴的评估及风险防范［D］．武汉：武汉理工大学，2003.

[40] 叶伟龙．供应链管理是为客户创造新的价值［J］．中国储运，2011（8）．

[41] 赵俊贵．加强供应链的管理具有战略意义［J］．化工管理，2011（8）．

[42] 孟庆岭．供应链中的库存优化管理实践［A］//上海烟草系统 2006 年度优秀学术论文集．上海：上海市烟草学会，2006.

[43] 兴磊，劳帼龄．供应链中联合库存管理模式的特点与实施分析［A］//信息经济与国民经济增长方式的转变——中国信息经济学会 2006 年学术年会论文集．北京：清华大学，2006.

[44] 李克．霍华德·舒尔茨和他的 Starbucks［J］．中国对外贸易，2004（11）．

[45] 洪其华．Starbucks 全球 CEO 霍华德·舒尔茨：如何彻底颠覆传统商业模式［N］．第一财经日报，2006 - 6 - 8（8）．

[46] 徐会玲．Starbucks 的公司文化［N］．中国文化报（团队文化），2006 - 5 - 17（8）．

[47] 郭建杭．体验 Starbucks 文化［J］．东方公司文化，2008（1）．

[48] 丁依囡．谈谈 Starbucks 文化的成功塑造和传播［J］．上海商学院学报，2005（3）．

[49] 钱星博．舒尔茨与他的“Starbucks”［J］．公关世界，2002（3）．

[50] 申榕．Starbucks 沁人心脾的咖啡文化［J］．浦东开发，2003（9）．

[51] 孙伟．Starbucks 演绎文化魅力［J］．国际市场，2004（10）．

[52] 巴罗．公司物流管理——供应链的规划、组织和控制［M］．王晓东，胡瑞娟，译．北京：机械工业出版社，2006.

[53] 何尔锦．浅析跨国饮料企业在我国的物流策略——以百事可乐公司为例［J］．福建广播电视大学学报，2010（6）．

[54] 王成．现代物流管理实务与案例［M］．北京：企业管理出版社，2000.

[55] 王战．食品饮料行业的库存管理和决策研究［J］．现代管理科学，2003（7）．

[56] 郎咸平．本质——破解时尚产业战略突围之道［M］．北京：东方出版社，2007.

[57] 郎咸平．本质Ⅰ——战略突围凭什么成功［M］．北京：东方出版社，2011.

[58] 张彤，王渊．服装供应链中的长鞭效应分析［J］．西安工程科技学院学报，2004（4）：31－13.

[59] 康涵滋．我国服装行业供应链研究［J］．商业论坛，2014（6）：114－116.

[60] 邵扬，姚薇娜．基于快速反应机制的纺织服装供应链策略研究［J］．长春理工大学学报，2014（10）：75－76.

[61] 杨丹辉．纺织服装业国际产业转移的特征与我国利用外资的趋势［J］．中国经贸导刊，2004（1）：20－21.

[62] 刘晓红．服装行业的盈利模式［J］．中国纺织，2005（3）：160－162.

[63] 杨丹辉．纺织服装业国际产业转移的特征与我国利用外资的趋势［J］．中国商贸导刊，2004（4）：20－21.

[64] 吴篁．服装业：倾倒行业的“快时尚”［J］．中国商贸，2009（5）：18－19.

[65] 佚名．艾莱依的时尚品牌制胜之道［J］．公关世界，2013（6）：82－83.

[66] 郑友敬．电子商务：21 世纪巨大的经济增长点［J］．数量经济技术经济研究，2000（7）：3－8.

[67] 藤蔓．ZARA“快速时尚”的奥秘——ZARA 快速高效的供应链运作体系［J］．商场现代化，2013（8）：32－33.

[68] 刘俐，苏力．谈 ZARA 成功营销平价时尚［J］．文艺生活，2013（9）：279.

[69] 卢安．ZARA 时装品牌策略对中国本土服装品牌影响研究［J］．中国商贸，2011（10）：10－11.

[70] 朱桂林．ZARA 贩卖最新鲜的鱼［J］．新晋商，2013（11）：74－75.

[71] 梁燕．从 ZARA 看服装品牌的全新经营［J］．山东纺织经济，2005（12）：33－37.

[72] 冯世栋，陈东芳．从 FAST FASHION 行业供应链的成功案例看李宁公司如何转型［J］．中国科技投资，2013（13）：226.

[73] 吴华丹，焦娇．ZARA 的神经系统式快速响应［J］．中国商贸，2010（14）：16－17.

[74] 余孝炉．需求驱动的快速供应链——解析 ZARA 成功之道［J］．市场经济，2009（15）：86－88.

[75] 苏磊．ZARA：线上与线下供应链的融合［J］．信息与电脑，2012（16）：53－56.

[76] 周颖．服装零售业态创新——基于 ZARA、H&M 等快速时尚品牌的研究［J］．

改革与战略，2011（18）：143－145.

[77] 蒲燕．浅谈服装品牌竞争力［J］．文学与艺术，2010（1）：50－53.

[78] 法磊．中国服装行业的现状与发展路径［J］．中国化纤，2012（2）：42－43.

[79] 魏学红．关于中国服装行业未来走向的思考［J］．江苏纺织，2013（3）：50－53.

[80] 孔祥梅．浅谈我国服装产业发展现状与不足［J］．集团经济研究，2007（4）：1－3.

[81] 倪振年．中国服装不应该被设计［J］．纺织服装周刊，2012（5）：71－73.

[82] 王琴．浅论中国服装的当前状况及未来发展方向［J］．科技创新导报，2010（15）：256.

[83] 郭倩．让国产女装面料担起时尚重托［J］．纺织服装周刊，2012（7）：12－15.

[84] 李娟，黄培清．H&M的双响炮供应链［J］．企业管理，2007（8）：60－61.

[85] 徐曼．H&M——欧洲连锁服饰店的龙头［J］．连锁与特许·管理工程师，2004（9）：24－25.

[86] 江立新．H&M：以快制胜的时尚品牌［J］．企业改革与管理，2009（10）：67－69.

[87] 韩睿．H&M的创新供应链管理［J］．商业研究，2009（11）：66－67.

[88] 于翠翠．浅谈新时期下的时尚营销［J］．现代营销，2012（12）：60－61.

[89] 田超杰．时尚消费价值的维度分析与实证研究［J］．企业管理，2013（13）：114－116.

[90] 范佳静，朱军，毛华．基于第三方物流企业为核心的供应链协调机制探讨[J]．商业研究，2008（14）：144－146.

[91] 黄浩．H&M的时尚供应链［J］．中国信息化，2010（15）：62－63.

[92] 郭烨炜，赵洪珊．基于买手机制的快时尚模式探讨［J］．山东纺织经济，2011（16）：37－39，103.

[93] 王永强．NIKE：智能物流规划接力［N］．中国经营报，2011－02－26.

[94] 陈建勋．NIKE借助信息系统管理供应链之研究［D］．上海：上海交通大学，2007.

[95] 丁心基．耐克公司的品牌战略［J］．北方经贸，2006（12）．

[96] 赵昆．品牌精神的传播——看耐克体育营销策略［J］．科技信息，2010（4）．

[97] 李钢．耐克与阿迪达斯的营销大战［J］．经营者，2004（Z4）．

[98] 蒯治任．论我国体育赞助营销存在的主要问题与对策［J］．中国市场，2008（27）．

[99] 郭珊珊．耐克品牌的战略探析［J］．现代商贸工业，2008（1）．

[100] 王琴浅．论中国服装的当前状况及未来发展方向［J］．科技创新导报，2010（15）．

[101] 何小燕．财务会计的服务功能分析与实践［J］．现代商业，2014（2）：16－17.

[102] 胡伟．A公司供应商选择与评价研究［D］．青岛：中国海洋大学，2012.

[103] 贾延喜．WEL公司原料仓库流程重组研究［D］．苏州：苏州大学，2013.

[104] 陈士昂．供应链环境下时尚产品库存控制研究［D］．上海：同济大学，2007.

[105] 常娥．基于一次补货条件下的时装库存控制优化研究［J］．物流技术，2010（10）：53－55.

[106] 张艺童．ZARA：说声OK不容易［J］．品牌与标准化，2014（6）：37－38.

[107] 何佳 . ZARA：以“快”征服世界 [J] . 企业改革与管理，2011 (5)：31 - 33.

[108] 梁燕 . 从 ZARA 看服装品牌全新运营模式 [J] . 山东纺织经济，2005 (7)：67 - 69.

[109] 姜改格 . 浅析企业价值评估的收益法和成本法 [J] . 时代经贸，2011 (6)：57 - 59.

[110] 阎迪 . 浅谈 ZARA 的品牌价值及其营销策略 [J] . 山东纺织科技，2008 (6)：27 - 30.

[111] 董煜 . 应用 ERP 思想对财务工作进行模块化管理 [J] . 现代经济信息，2012 (7)：57 - 59.

[112] 杨沙沙 . 基于供应链环境下的服装企业库存管理研究 [D] . 北京：北京服装学院，2009.